欧洲新闻与传播研究文丛

欧洲传媒概览：产业·规制·教育

European Media: Industry, Regulation and Education

刘昶 甘露 主编

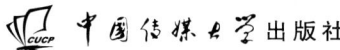

中国传媒大学出版社

European Media:
Industry,
Regulation
and
Education

目 录
Contents

阿尔巴尼亚	1
奥地利	5
白俄罗斯	14
比利时	19
波斯尼亚和黑塞哥维那（波黑）	25
保加利亚	31
克罗地亚	38
捷克	43
丹麦	47
爱沙尼亚	53
芬兰	58
法国	64
德国	73
希腊	89
匈牙利	98
意大利	105
拉脱维亚	111
立陶宛	115

卢森堡	119
马其顿	124
荷兰	129
挪威	136
波兰	140
葡萄牙	151
罗马尼亚	161
俄罗斯	167
塞尔维亚	184
斯洛伐克	188
斯洛文尼亚	192
西班牙	196
瑞典	208
瑞士	221
土耳其	229
乌克兰	233
英国	237
后记	260

阿尔巴尼亚
Albania

一、国家概况

阿尔巴尼亚共和国位于欧洲东南部,巴尔干半岛西南部,面积 28748 平方公里,人口总量 283 万,首都地拉那,官方语言阿尔巴尼亚语。

阿尔巴尼亚有 150 家报纸,包括 23 家日报,各政党有自己的报纸。公营广播阿尔巴尼亚广播电视机构(RTSH,Albanian Radio and TV)运营全国广播电视网,目前面临着来自私营广播电视的竞争。在阿尔巴尼亚,电视是最有影响力的媒体,许多观众可以通过地面数字信号看到意大利和希腊的电视节目;广播听众可以通过 FM 调频收听到英国广播公司(BBC)、德国之声、法国国际广播电台和美国之声(VOA)。截止到 2012 年 7 月,阿尔巴尼亚网络用户达 140 万人,其中 Facebook 用户超过 100 万。

二、主流媒体

1. 报刊

- 《世纪报》(*Shekulli*)

《世纪报》创刊于 1997 年 9 月 12 日,隶属传媒集团 Sh. A. Spekter,商营日报。

政治上倾向于独立的中道左派(Unaffiliated Center Left)。

网址:http://www.shekulli.com.al/

- 《阿尔巴尼亚人》(Gazeta Shqiptare)

《阿尔巴尼亚人》创刊于1993年,商营日报。政治上倾向于独立中间派(Unaffiliated Center),是阿尔巴尼亚发行量最大的报刊之一。

网址:http://www.balkanweb.com/gazetav5/

- 《我们时代报》(Koha Jonë)

《我们时代报》创刊于1991年5月11日,被认为是阿尔巴尼亚最早获得新闻自由的报刊,商营日报。政治上倾向于右派和自由党。

网址:http://www.kohajone.com

- 《民主重生报》(Rilindja Demokratike)

《民主重生报》创刊于1991年1月5日,是一份民主党日报(周一停刊),免费发行。

网址:http://www.rilindjademokratike.com/web/

- 《人民声音报》(Zëri i Popullit)

《人民声音报》创刊于1942年8月25日,初为阿尔巴尼亚官方报纸,是劳动党的宣传机关,1992年后成为一份社会党日报。

网址:http://www.zeri-popullit.com/

2. 广播电视

- 阿尔巴尼亚国家广播电视公司(RTSH,Albanian Radio and TV)

阿尔巴尼亚国家广播电视公司,1938年成立于首都地拉那,公营性质。1938年11月28日开播广播,1960年4月29日开播电视。运营三个电视台(TVSH、TVSH2、TVSH Sat)、4个数字电视台(RTSH HD、RTSH Sport、RTSH Muzikë、RTSH Art)、3个广播电台(Radio Tirana)、4个地方广播台。

网址:http://www.rtsh.al/

- +2广播电台(+2 Radio)

+2广播电台创办于1998年2月25日,全国性商营广播电台。

网址：http://www.plus2radio.com.al/

- 顶级频道（Top Channel）

顶级频道创办于2001年，隶属于顶级传媒集团（Top Media Group），全国性商业电视台。2008年获得全国覆盖频段，因而成为阿尔巴尼亚第三家全国性电视台。2009年，该频道成为阿尔巴尼亚第一家提供高清信号的电视台。

网址：http://www.top-channel.tv/

- 克兰电视台（TV Klan）

克兰电视台创办于1997年，是一家法、阿合资创办的全国性商业电视台。2012年3月4日，克兰电视台成为东南欧和阿尔巴尼亚第一家全天24小时播放高清节目且不增加额外费用的全国性电视频道。

网址：http://www.tvklan.al/

- 数字阿尔巴尼亚电视台（Digit-Alb）

数字阿尔巴尼亚电视台是阿尔巴尼亚一个数字卫星及地面电视平台。地面电视平台于2004年7月开始运营，年底开通卫星电视服务。

网址：http://www.digitalb.al

3. 通讯社

- 阿尔巴尼亚通讯社（Albanian Telegraphic Agency, ATA）

阿尔巴尼亚的官方新闻通讯社，提供阿尔巴尼亚语、英语和法语新闻服务。

网址：http://www.ata.gov.al/

三、教育·科研

- 地拉那大学历史与语文学院（Faculty of History and Philology, University of Tirana）

成立于1957年的地拉那大学是阿尔巴尼亚唯一有资格颁发传媒相关专业学位的高校。历史与语文学院包含历史、地理、阿尔巴尼亚语、阿尔巴尼亚文学及新闻等专业。

网址:http://www.unitir.edu.al/

四、管理·规制

1. 管理机构

● 国家广播电视委员会(Keshilli Kombetar I Radio Televizionit, KKRT)

国家广播电视委员会正式成立于2000年,是一家独立管理机构,管理私营和公营广播公司,主要管理执照发放、节目产品制定和广播标准,监察全国或地区广播公司的新闻节目。

● 电信管理实体(Enti Rregullator I Telekomunikacioneve, ERT)

根据第8618条法规,阿尔巴尼亚2000年6月14日成立电信管理实体,用于管理有线广播公司,对广播公司进行技术检查等等。

2. 法律法规

● 《新闻职业道德规范》(Code of Ethics)

阿尔巴尼亚1998年制定了《新闻职业道德规范》,但它很少被使用。因为对记者和编辑的抉择起到决定性作用的往往是利益而非道德。媒体行为更多地表现为自律性行为,主要受到主编新闻风格和管理特点的影响。

奥地利
Austria

一、国家概况

奥地利共和国（通称奥地利）位于欧洲中部，内陆国家，面积 83858 平方公里，人口总量 848 万，首都维也纳，官方语言德语。

奥地利有 136 家报纸，包括 16 家日报及 120 家非日报，日均阅读时间为 57 分钟；63 个广播台，608 万听众，日均收听时间为 61 分钟；45 个电视台，日均观看时间为 221 分钟；个人电脑拥有量 227 万台，约 614 万网络用户，占奥地利人口总数的 75%。

奥地利的公营广播电视由奥地利广播公司（Österreichischer Rundfunk，ORF）掌握，约占整个广播电视市场份额的 77%，而大部分私营广播电视由奥地利报业协会掌握，约占整个广播电视市场份额的 23%。奥地利对外国媒体持欢迎态度，在奥地利境内采集信息不需要特别许可，因此美联社、路透社、法新社、塔斯社、德国新闻社等国际通讯社均在维也纳设有分部。外国报纸可在大城市流通，最受欢迎的电视网包括德国德广联（ARD）、德国电视二台（ZDF）、德国卫星一台（SAT1）、德国 Pro 7 台（Pro. Sieben）、德国 RTL 电视台（RTL Television）、美国的 CNN，以及欧洲新闻（Euronews）。临近德国、瑞士和意大利的边区地带能收看到相邻国家的广播电视节目。

二、主流媒体

1. 报刊

- 《皇冠报》(*Kronen-Zeitung*)

《皇冠报》创办于1904年,1904年11月2日(周二)第一次发行。该报创刊之初是以广大民众为阅读群体,主要以一般的地方新闻为主题,售价十分便宜。现在《皇冠报》主要隶属于Styria媒体集团公司,是奥地利发行量最大的报纸,日发行92.95万份,占全国报刊发行总量的43.7%。

《皇冠报》在政治上倾向于社民党,特点是版面小,国内新闻与消遣性新闻多,有地方版。大量的评论专栏及短小文章是其特色之一。该报定期组织活动,支持一些问题的公投,如动物保护、反对捷克核电站的建设以及奥地利政府购买战斗机等,其中最成功的一次是反对19世纪80年代水力发电工厂的建设。

网址:http://www.kleinezeitung.at/

- 《信使报》(*Kurier*)

《信使报》于1945年8月27日由美国占领军创办,1954年改为奥地利人自办。该报的特点是国际新闻报道较多,非常关注欧洲地区和世界范围的大事,尤其是苏联和东欧各国的动向,常报道有关东欧国家的独家新闻,在英、美、德等国派有记者,或聘请当地记者为其撰稿,因此反应迅速,常在重大国际事件发生前,发出预告性的"信号"。《信使报》在维也纳出版,现日发行约21.1万份。

网址:http://kurier.at/

- 《新闻报》(*Die Presse*)

《新闻报》是德语日报,于1848年7月3日创刊,在维也纳出版。该报经历了很长一段时间的财政问题斗争,最终奥地利商会成为它的主要股东。

《新闻报》以一般新闻为主,经常转载一些国际新闻媒体上涉及奥地利的新闻。虽然不是最大的报纸,但拥有35万读者,是奥地利日报的领头羊,也是奥地利唯一一份大版面报纸,平均每日发行10—16版。

自 2009 年 3 月 15 日以来，《新闻报》增加了周报，还增加 "万花筒" "文艺橱窗" 等副刊。该报的政治主张是古典自由主义，主要强调自由市场经济和小政府主义，反对奥地利传统的联合政府，所以与其他奥地利报纸形成鲜明的对比。在巴黎、雅典、罗马、开罗、伦敦、华盛顿等 20 个城市驻有记者。该报在财政上由奥地利联邦商会和工业家协会资助，以经济界和知识界人士为主要传播对象，截至 2010 年的官方数据，发行量为每天 77000 份。政治性强、评论水平高、影响超越国界，被称为 "世界名报" 之一。

网址：http://diepresse.com/

- 《标准报》（*Der Standard*）

《标准报》是在维也纳出版的金融日报，1988 年 10 月 19 日由奥斯卡·布罗纳（Oscar Bronner）创办，布罗纳是该报的发行人和总编辑。2007 年 7 月，伏德尔·施密特（Föderl-Schmid）担任该报总编辑，使《标准报》成为奥地利第一家由女性做总编辑的报纸。

《标准报》认为自身是欧洲大陆自由和独立的象征。该报上的评论经常被外国媒体转载，是奥地利最畅销的报纸之一。《标准报》秉承着奥地利新闻的诚信规章，该报的主要编辑立场是社会自由，虽然特约作家有着不同的政治倾向，但多数的定期专栏作家还是坚持这立场。2007 年该报有读者 352000 人，多数读者是大学学历，该报的网络版也同时发行。从 2005 年开始，该报每周一出版《纽约时报》国际周刊，主要是精选《纽约时报》的英语文章。

网址：http://derstandard.at/

- 《维也纳日报》（*Wiener Zeitung*）

《维也纳日报》于 1703 年 8 月 8 日创刊发行，1812 年成为政府官方报纸，二战后于 1945 年 9 月 21 日发行了恢复其独立身份后的第一期报纸。《维也纳日报》是欧洲有名的报纸之一，是历史悠久且仍在出版的报纸之一。其发行量从 1855 年的 4500 份增长到现在的大约 24000 份。1998 年该报私有化，虽然政府仍然是发行人，但已经被 GmbH 股份有限公司收购。作为奥地利政府机关报，《维也纳日报》多刊登官方消息、公文及外事活动等。

网址：http://www.wienerzeitung.at/

- 《萨尔茨堡新闻》(Salzburger Nachrichten)

《萨尔茨堡新闻》是较严肃的报纸,刊登一些颇具参考价值的文章。

网址:http://www.salzburg.com/nachrichten/

- 《趋势》(Format)

《趋势》杂志是奥地利的经济月刊。

网址:http://www.format.at/

2. 广播电视

- 奥地利国家广播台(ORF)

奥地利交通广播有限公司(Österreichische Radioverkehr AG,RAVAG)总部设在维也纳。1924年开始广播运营,82%的股权归属公有。该广播台1937年开始播出广告。二战之后,同盟国四成员在奥地利建立公营的奥地利广播公司(Österreichischer Rundfunk, ORF),由联邦政府管理,受奥地利广播协会(Österreichische Rundfunk Gesellschaf)监管。

20世纪80年代,奥地利开始酝酿成立私营广播公司。1988年,在奥地利报业协会的推动下,奥地利最初两家私营广播开播。其余43家直到1998年才陆续开播。这些私营广播大部分隶属于报业巨头。在报业巨头们的力推下,奥地利国家广播台不允许播放广告,其主要资金来源于用户缴费。

奥地利国家广播台是公营性质,运营奥地利广播1台(Radio Oesterreich 1)、流行音乐电台OE3、青少年电台FM4,并提供地方广播服务。

网址:http://www.orf.at/

- Krone Hit 电台(Krone Hit Radio)

私营性质,全国性广播,流行音乐电台。

网址:http://www.kronehit.at/

- Energy 104.2 调频广播(Energy 104.2)

私营性质,维也纳流行音乐电台。

网址:http://www.energy.at/

- 维也纳音乐电台（Radio Arabella）

私营性质的音乐电台。

网址：http://www.radioarabella.at

- 奥地利国家广播电视台（ORF1、ORF2）

ORF 1 创建于 1955 年，是奥地利四大公共电视台之一，播放电视剧、电影以及重要体育赛事。由于通过电缆和卫星与更大受众范围的德国私营电视台竞争，ORF 1 致力于吸引主流受众。ORF 1 的主要内容包括：新闻与信息（包括新闻、时事、政治局势、评论等）、科教、体育、娱乐（歌舞、电影等）和家庭（专门针对儿童、青年和老人的节目）五大部分。其中娱乐节目所占比重最大，其次是新闻信息类节目。

网址：http://www.orf.at/

ORF 2 于 1961 年 9 月 11 日作为科技测试项目开播，直到 1970 年才一周连续播放。如今，ORF 2 已成为奥地利三大公共电视频道之一，主要播放文化节目和地区信息。

奥地利国家广播电视台与德国 ARD 电视台的竞争主要表现在：一方面，其两个主要频道 ORF 1 和 ORF 2 的节目通过卫星加密，关闭大部分德国市场；另一方面，德国私营频道在奥地利境内与其竞争，因为德国私营频道可以通过电缆电视和不加密的卫星台进行广播服务。ORF 台定位为奥地利的主流受众，很少尝试新的节目类型。2008 年 1 月 28 日，该台开始提供高清视频服务，独特的 HDTV 技术覆盖 ORF 所有站点。

- TW1（ORF 3）

TW 1 是奥地利数字电视频道，主要播出的节目类型有新闻、文化、休闲、旅游与天气。TW 1 播出的节目类型多样，通常都是播放奥地利及欧洲大陆新近发生的事件，包括政客访谈、辩论演讲、实时天气信息、旅游信息。2005 年 10 月，TW 1 所有权完全归 ORF 所有，2011 年 10 月 26 日改为 ORF 3。

网址：http://www.oe3.orf.at/

- ATV

ATV 是奥地利最大的商业电视台，是当地第一家通过信号传送器播出的商业电视台。虽然国家公共电视台 ORF 垄断了电视广播市场,通过奥地利当前的广播立法,ATV 可以和国家公共电视台 ORF 一样通过数字电视和卫星传输。奥地利所有的电缆公司必须向他们的用户提供至少三个频道。卫星广播和 ORF 一样被加密了,但人们可以通过 ORF 提供的解码卡收看 ATV,这种解码卡只有奥地利当地居民才能使用,向电视运营商支付一定费用即可。

网址:http://www.atv.at/

3. 通讯社

- 奥地利通讯社

奥地利通讯社(Austria Presse Agentur,APA)是奥地利最大的新闻社,成立于 1946 年,总部在维也纳,奥地利国家广播公司是其最大的股权所有者。主要向奥地利报纸和电台提供世界各大通讯社的消息,有时也发布奥地利官方消息。

网址:http://www.apa.co.at

三、教育·科研

- 维也纳大学新闻与传播学院

维也纳大学(Universität Wien)建校于 1365 年,是奥地利最大的教学和研究中心,现存最古老、最大的德语大学,也是中欧最大的学校之一。维也纳大学的新闻与传播学院(Institut für Publizistik und Kommunikationswissenschaft)属于社会科学学院,设有大众媒体与传播研究学、新闻学、传播学理论、传播学研究方法等学科。

新闻与传播学院有超过 60 名教职员工,包括教授、副教授、讲师等,师资力量雄厚。新闻与传播学院的研究项目包括:"移动电视的内容感知编码"(Content-Aware Coding for Mobile TV);"维也纳的年轻移民对互联网的使用以及他们的交友结构"(Internet Use and Friendship Structures of Young Migrants in Vienna);"欧洲的专业传播者"(Professionelle Kommunikatoren in Europa);"记者的道德守则:可行和有效吗?"(Ethical Codes for Journalists:Feasible and Effective?)等。出版物包括:《传播理论》(Burkart, Roland/Hömberg, Walter: *Kommunikationstheorien*);《传播和理解》

（Hömberg, Walter / Hahn, Daniela/Schaffer, Timon, B. (Hrsg.): *Kommunikation und Verständigung*, 2012）；《极大的反感》（Gottschlich, Maximilian: *Die große Abneigung*, 2012）；《媒体眼中的东德》[Thomas Ahbe/Rainer Gries/Wolfgang Schmale (Hrsg.): *Die Ostdeutschen in den Medien*, 2010]；《欧内斯特·迪希特和动机研究》（Schwarzkopf, Stefan/Gries, Rainer: *Ernest Dichter and Motivation Research*, 2010）；《有激情的记者》（Schwarzer, Alice/Haas, Hannes (Hg.): *Journalistin aus Passion*, 2010）等。

维也纳是奥地利的首都，是古典音乐和歌剧的中心，有"世界音乐之都""多瑙河的女神"等美誉。该城市旧时为神圣罗马帝国、奥地利帝国、奥匈帝国的首都，因此留存着许多旧时的建筑。许多著名音乐家都在维也纳学习或生活过，如莫扎特、贝多芬等。维也纳的新年音乐会、歌剧院舞会、华尔兹、少年合唱团都举世闻名。

网址：http://publizistik.univie.ac.at/

电话：+43-1-4277-493 30

邮箱：publizistik.spl@ univie.ac.at（Studienprogrammleitung）

地址：WähringerStraße 29, 1090 Wien

- 萨尔茨堡大学传播研究系

萨尔茨堡大学（Universität Salzburg）建校于1622年，是该州最大最古老的大学。该校的传播研究系（Fachbereich Kommunikation Swissenschaft）隶属于文化与科学学院。该系的前身是新闻与传播理论系，建立于1969年。2004年改为现用名。

传播研究系有40余名教职员工，师资力量雄厚。传播研究系关于新闻与传播的研究项目丰富，成果颇丰。出版物有：《媒体建设比较视野中的金融危机》（Dr. Mark Eisenegger, 2012: "The Media Construction of the Financial Crisis in a Comparative Perspective". In: *Swiss Journal of Sociology* 37 (2), S. 241 – 258. Zusammenmit Mario Schranz）；《青少年移动传播中的性别礼制》（Peil, Corinna, 2011: "Gender-Rituale in der Mobilkommunikation von Jugendlichen". In: Grimm, Petra/ Zöllner, Oliver (eds.): *Medien-Rituale-Jugend. Perspektiven auf Medienkommunikation im Alltagjunger Menschen. Schriftenreihe Medienethik*, Vol. 9. Stuttgart: Franz Steiner, 59 – 80）；《传播管理：组织传播中公共关系的角色》

(BennoSignitzer,"Communcation Management：The Role of Public Relations in Organisational Communication". Gent：CERP-Education 1994. 290 Seiten, Herausgeber, zus. mit J. Williams und A. Consonni)等。

萨尔茨堡大学位于奥地利萨尔茨堡州的首府萨尔茨堡市。萨尔茨堡市是奥地利的第四大城市，位于阿尔卑斯山脉的北面，历史悠久。萨尔茨堡老城也被联合国教科文组织列入了世界遗产名录。市内的巴洛克式的建筑风格极具魅力，也是冬日的滑雪胜地。该市是伟大的音乐家莫扎特的出生地，拥有很多音乐厅、剧院和博物馆。

网址：http：//www. uni-salzburg. at/portal/page？_pageid=1867,764232&_dad=portal&_schema=PORTAL

电话：+43（0）662/80 44 – 4150,4151,4192,4193,4194

邮箱：mailto：sekretariat. kowi@ sbg. ac. at

地址：Universität Salzburg, Rudolfskai 42, A – 5020 Salzburg

四、管理·规制

1. 管理机构

● 传播联邦评议会（Bundeskommunikationssenat）

传播联邦评议会调查违反广播法（Broadcasting Act）的疑似行为，以及个人关于广播电视节目的控诉。

● 传媒委员会（Presserat）

1961年，奥地利报业协会和奥地利记者联盟成立独立监测机构传媒委员会，代表报刊、广播电视的利益，是传媒业与政府部门谈判的机构。2002年前，传媒委员会负责处理侵犯个人权利或违反新闻职业道德规范的行为，但不具有法律效力。2002年，该委员会因成员间的争执而宣告解散。至今在奥地利仍未出现一家可取代传媒委员会的正式机构。

- 奥地利通信委员会(Komm Austria)

2003年,依据电信法案(Telecommunications Act)和奥地利通信法案(KommAustria Act),奥地利通信委员会成立。该委员会接受总理府监管,负责私营广播公司的频谱分配和执照发放,以及观测公营、私营广告商是否遵循广告规程。

- 广播与电信规制委员会(Rundfunk-und Telekomm-Regulierungs GmbH,RTR)

该委员会类似奥地利通信委员会的秘书处,负责传媒津贴计划的执行,管理数字化基金以及其他职责。每年出版奥地利传媒与电信业发展年报(德文版)。

2. 法律法规

- 《传媒法案》(*Media Act*)

1981年实施,确保传媒进行客观、公正报道,以及记者与传播者的独立性,要求所有媒体公开其所有权。同时,法案保护个人的隐私和名誉不受侵犯。1993年修订后,要求传媒提供批判性观点,以及保护市民辩解的权利。

- 《新闻职业道德规范》(*Ehrenkodex für die österreichische Presse*)

《新闻职业道德规范》是所有媒体必须遵守的道德准则。它要求:传媒受众应能区分事实性报道和价值评价;记者不应受外界干扰,无论是来自个人的干扰还是来自经济方面的干扰;出版者的经济利益不能影响内容,特别是不能篡改内容或压制某种信息的传播;不允许有种族或宗教歧视;公众人物的私人空间应受到尊重,特别是少年儿童;关于汽车的报道应包含能源消耗、环境等信息;法庭的电视、广播直播及拍照被禁止,如有违反,违规者将面临6个月的监禁。

白俄罗斯
Belarus

一、国家概况

白俄罗斯是位于欧洲东欧平原的内陆国家,曾是前苏联加盟共和国,1991年8月25日独立,首都明斯克。面积207600平方公里,大约有946万人口。官方语言是白俄罗斯语。

白俄罗斯拥有663家报纸,其中218家为国有,445家为私有。在594家期刊中,179家为国有,415家为私有。绝大多数大众消费的印刷媒体使用俄罗斯语。158个广播电台,其中137个为国有,21个为私有。71个电视台,其中30个为国有,41个为私有。电视是新闻的主要来源,4家全国性电视频道均为国有,它们的主要竞争对手是俄罗斯电视网,共有440万网络用户。

二、主流媒体

1. 报刊

● 《苏维埃白俄罗斯报》(*Sovetskaya Belorussiya*)

《苏维埃白俄罗斯报》于1927年创刊,现为总统办公厅机关报,用俄、白两种文字出版,2001年发行量为35.99万份,是全国发行量和影响最大的报纸。

网址:http://www.sb.by/

- 《共和国报》(Respublika)

《共和国报》于1991年创刊,是白俄罗斯政府机关报。混用俄、白两种文字出版,发行量约9.4万份。

网址:http://www.respublika.info/

- 《人民报》(Narodnaya tlazeta)

《人民报》于1990年创刊,原来是议会机关报,现改为政府机关报,混用俄、白两种文字出版,发行量约2.8万份。

网址:http://www.ng.by

- 《星报》(Zvyazda)

《星报》是议会机关报,有工作人员80人。每周出版5天,只用白俄罗斯文出版。

网址:http://www.zviazda.by/ru/main

- 《为了祖国的荣誉》(Во славу Родины)

《为了祖国的荣誉》是白俄罗斯国防部的机关报,混用俄、白两种文字出版,发行量约1.7万份。

- 《青年旗帜报》(Komsomolskaya Pravda)

《青年旗帜报》是国家青年事务委员会和白俄罗斯青年爱国联盟机关报,混用俄、白两种文字出版,发行量约1.9万份。

- 《白俄罗斯田野报》(Наша Нiва)

《白俄罗斯田野报》是政府所属农业报,混用俄、白两种文字出版,发行量约3.5万份。

- 《新闻球报》(Прессбол)

《新闻球报》创办于1991年,属私营报纸,工作人员41名。每周出版3次。

- 《体育全景报》(спорт панарама)

《体育全景报》创办于1951年6月1日,是白俄罗斯体育和旅游部机关报。有工作人员37名。订户数为7600份。

- 《白俄罗斯实业报》(Белорусская деловая газета)

《白俄罗斯实业报》为独立报纸,用俄文出版,发行量约1.1万份。

- 《人民意志报》(Narodnaja Volya)

《人民意志报》是白俄罗斯的反对派报纸,混用俄、白两种文字出版,发行量约2.8万份。

网址:www.nv-online.info

2. 广播电视

白俄罗斯的电视事业起步于1956年,从1962年起开始播放两套节目,1972年起可播放3套节目。1977年有15个电视台能转播彩色电视讯号,覆盖全国90%的居民点。

白俄罗斯的广播事业起步于1925年11月15日,1931年有了广播录音设备。白俄罗斯把广播作为"通报、鼓动、宣传和组织群众的手段"。苏联时期白俄罗斯每个家庭都有有线广播收音机,接收四套节目,全天24小时播放节目。

- 白俄罗斯广播电台

白俄罗斯广播电台创建于1925年11月,在两个无线电波段上用单声道和立体声播出四套节目:第一套节目每天播出19小时,第二套节目每天播出16小时。此外,首都明斯克广播电台每天播出12小时。以上3套节目混用俄白两种语言广播,周边乌克兰、波兰、立陶宛、拉脱维亚与白俄罗斯相邻地区及俄罗斯乌拉尔以西地区均可收听。2001年,白俄罗斯广播电台有专业人员420名。

- 白俄罗斯国际电台

白俄罗斯国际电台每天用白俄罗斯语、俄语、德语、英语对美国、加拿大、澳大利亚及20多个欧亚和非洲国家广播4小时。

- 白俄罗斯电视台

白俄罗斯电视台建于1992年,现有各类专业人员890名。下设电视节目管理处及社会节目、少年儿童节目、科普教育节目、电视片和体育节目五个创作联合体和青年节目、文艺节目、音乐与娱乐节目3个编辑部。每天播放20个小时,用俄语和白俄罗斯语同时播放。其中40%为政治节目,40%为民间音乐节目,20%为优秀影片。主要新闻栏目是《全景》《共鸣》。除本国电视节目外，主要转播俄罗斯电视台的节目，如俄罗斯公共电视台、圣彼得堡电视台、俄罗斯电视新闻台等电视台的节目。

- 白俄罗斯国家广播电视公司

白俄罗斯国家广播电视公司下辖新闻部、电视台、电台、无线电技术中心和商业广告部，在各州设有分部，其广播电视服务覆盖全国，共有约3000名专业人员。白俄罗斯国家广播电视公司直属总统管辖，公司主席、副主席由总统任免。

3. 通讯社

- 白俄罗斯通讯社

白俄罗斯通讯社（简称白通社）的前身是1921年1月12日成立的俄罗斯电讯社白俄罗斯分部，1931年改称白俄罗斯通讯社。白通社现隶属于总统办公厅，是白俄罗斯国内最主要的通讯社。白通社共有160多名工作人员，其中记者70名，在莫斯科和斯德哥尔摩各有常驻记者1名。该社向国内和独联体等国家的170多家新闻单位提供白俄罗斯语、俄语和英语新闻。

网址：http://www.belta.by/

三、教育·科研

- 白俄罗斯国立大学新闻系（Journalism Faculty, Belarus State University）

白俄罗斯国立大学是白俄罗斯最早提供新闻教育的高等院校，设有新闻系，专门从事新闻相关职业教育、培训以及学位授予。

网址：http://www.bsu.by/

四、管理·规制

1. 管理机构

- 信息部（Ministry of Information）

1996年10月26日，白俄罗斯成立信息部，替代以前的传媒委员会，专职管理大众传媒。部长由总统指派,7人董事会履行管理职责。法律规定,信息部的职责包括:政府规范信息传播行为,向媒体推行政府政策,传媒业、出版业经济效益评估,媒介文化建构等等。信息部有向媒体发放运营执照的专权。

- 大众信息公共联合委员会(Public Coordination Council in Sphere of the Mass Information)

2009年2月,白俄罗斯政府成立大众信息公共联合委员会。成立该委员会的目的在于:协调政府、公共组织及其他组织在大众传播领域的活动;维护传媒法及其他传媒法律法规的正确、合理使用;充分考虑到传媒法实施中可能存在的问题。

2. 法律法规

- 《传媒法》(*Law of Belarus about Media*)

2009年2月,白俄罗斯《传媒法》正式生效。该法基于宪法规定,参照国际契约、条款、标准法等。《传媒法》重点对大众媒体注册及重新注册制度作出规定,媒体获得重新注册的相关权利。

比利时
Belgium

一、国家概况

比利时位于欧洲西北部,与德国、法国、荷兰、卢森堡等国相邻,面积 30528 平方公里,人口总量 1100 万人,首都布鲁塞尔。比利时分为讲荷兰语的弗拉芒大区、讲法语的瓦隆大区以及使用两种语言的首都大区,官方语言为法语。

比利时广电媒体监管反映了这个国家独特的政治和话语生态。比利时是由文化团体,而非联邦政府负责广播电视的管理。与其他国家不同,比利时的公营广播电视组织是两个独立机构,而非一个。它们按各自的规制,运营着各自的广播、电视和对外广播。95% 的比利时人使用有线电视,是有线电视使用比例最高的国家。报业也实行自律原则,编辑联合会是其最高管理者。媒体高度集中于少数传媒集团旗下。网络用户数 850 万人,是社交媒体平台 Netlog 的创始国。

二、主流媒体

1. 报刊

- 《最新新闻》(*Het Laatste Nieuws*)

《最新新闻》是一家总部位于布鲁塞尔,采用荷兰语的报纸。1888 年 6 月 7 日由尤里乌斯·霍斯特(Julius Hoste Sr.)创办。现今,该报成为荷兰比利时伯斯格鲁普集团(De Persgroep)公司的一部分,发行量达到292410份,是比利时最受欢迎的报纸。

网址:http://www.hln.be

- 《新闻》(Het Nieuwsblad)

《新闻》是用荷兰语发行出版的报纸,该报每天向读者提供关于政治、经济、社会、文化等方面的浏览。在报纸的某些地方还能看到由普通大众提供的新闻八卦,有专门的儿童版。2006年,该报平均每周的发行量达到了210000份。

网址:http://www.nieuwsblad.be

- 《安特卫普公报》(Gazet van Antwerpen)

《安特卫普公报》是在安特卫普和弗兰德斯地区发行的比利时报纸。于1891年11月3日出版发行第一期。其发行量一度攀升,1973年达到发行高峰——210000份。

网址:http://www.gva.be

- 《时代》(Het Belang van Limburg)

《时代》创办于1933年,是由几家杂志合并而成的,总部位于哈赛尔特,是比利时当地的报刊。

网址:http://www.hbvl.be

- 《标准》(De Standaard)

《标准》是弗兰德地区的日报,最初是荷兰基督教民主党的官方报,但报纸发展至今其政治立场已经偏右。该报由弗兰斯·范·库维拉尔特(Frans Van Cauwelaert)于1911年创办。二战爆发后由纳粹控制,1947年恢复发行并且改名为"De Nieuwegids",后又改为"De Standaard"。20世纪60—70年代,该报以对外事高质量和独立的报道闻名。2004年,该报将其传统的一面大版式报纸改变为论坛报。

网址:http://www.standaard.be

- 《晨报》(De Morgen)

1978年,《前进报》(Vooruit)和《大众报》(Volksgazet)两报合并后成立《晨报》。该报自称是一份独立且先进的报纸,曾多次获奖,在出版印刷方面提出高质量的印刷原则。

网址：http://www.demorgen.be

- 《最新时报》(La Dernière Heure)

《最新时报》是比利时一家传统日报，主要侧重于时事新闻与体育新闻。总部位于布鲁塞尔，在7个地区出版发行。

网址：http://www.dhnet.be

- 《晚报》(Le Soir)

《晚报》是比利时最受欢迎的法语报刊，1887年由艾米丽·罗素（Emily Rossel）创办。该报的成功很大部分要归功于互联网。

网址：http://www.lseoir.be

- 《比利时自由报》(La Libre Belgique)

《比利时自由报》创办于1915年2月，由路易（Louis）兄弟和世界报坛的活跃者维克多·吉尔丹联合创办。但二战期间由于受到纳粹德国统治，该报一直秘密发行。在战争结束前几周，三位创办人因自然原因死亡，二战后由维克多的两个儿子约瑟夫和保罗·朱丹继承，接手报刊发行事业。

- 《地下铁》(Metro)

《地下铁》是比利时发行的免费报纸，只在工作日发行出版，主要面向18—44岁的城市上班族和学生。在火车站、地铁站和大学校园经常会看见该报。该报报头有两种颜色，蓝色代表发行语言是荷兰语，绿色代表法语。广告是其主要的收入来源。

2. 广播电视

- 弗拉芒区国家广播电视台（Vlaamse Radio en Televisieomroeporganisatie，VRT）

弗拉芒区国家广播电视台1930年开始播出广播节目，1953年开始播出电视节目。VRT现有第一频道、儿童频道（Ketnet）和高清频道（Eén HD）。第一频道是主要频道，前身是VRT TV1。高清频道（Eén HD）在2008年北京夏季奥运会时开播。

网址：http://www.vrt.be

- 法语区国家广播电视台（Radio Télévision Belge Francophone，RTBF）

法语区国家广播电视台在1930年成立之初名为INR（Institute national belge de radiodiffusion），纳粹德国入侵后电台被占领，后改名为布鲁塞尔电台（BRUXELLES），战后重组继续使用。1953年，在布鲁塞尔开始每天两小时的广播。1960年，INR并入RTB旗下，改名RTBF。RTBF现有三个频道。第一频道是主要频道，于1953年开设；第二频道于1976年创立；第三频道于2007年开播，是该台较高水准的频道，无任何商业广告。

网址：http://www.rtbf.be

- 比利时人广播（Belgischer Rundfunk，BRF）

比利时人广播是为德语区服务的公营广播电视机构，1977年成立，运营一个电视台和三个广播频道。

网址：http://brf.be/

- 弗拉芒电视公司（Vlaamse Televisie Maatschappij，VTM）

弗拉芒电视公司成立于1989年，是比利时荷语区北部的主要商业电视台。

网址：http://www.vtm.be/

3. 通讯社

- 比利时通讯社（Belga Press Agency）

1920年，比利时通讯社开始提供新闻服务。1921年1月1日向政府、45家报纸、16家银行和9家商业公司提供最新国内外新闻。1970年分成法语部和荷语部。1981年，通讯社开始数字化，成为比利时最早的电子传媒公司。

网址：http://www.belga.be/

三、教育·科研

- 比利时布鲁塞尔自由大学媒体、信息与电信研究中心

布鲁塞尔自由大学（VUB—Vrije Universiteit Brussel）英文译名为布鲁塞尔大学，创建于1834年。全校分荷语区（VUB）和法语区（ULB），两区除各自采用荷语

和法语外,也有以英语授课的从本科到博士的学位课程。布鲁塞尔大学有三名毕业生获得诺贝尔奖,其中包括世界著名的布鲁塞尔学派创立者普里高津。

媒体、信息与电信研究中心(Studies on Media, Information and Telecommunication,简称 SMIT)和艺术与哲学系共同开办学制一年的国际硕士传播学英文项目,主要研究方向是新媒体与欧洲社会,开设课程有"传媒经济""欧洲媒体市场机制""欧洲媒体政策""新媒体用户研究"等。学生可以获得相关行业的实习机会。

布鲁塞尔自由大学媒体、信息与电信研究中心成立于 1990 年。2004 年开始,该中心成为跨学科宽带技术研究所 IBBT(现在改名为 iMinds)的一部分,研究重点在媒体与信息通信技术的社会科学,重视创新、用户、政策和社会经济等问题。在现阶段,研究中心有超过 60 位研究人员。研究中心的主要成果有:《走向数字:早期信息国际合作的历史视角》("*Going Digital*": *A historical Perspective on Early International Cooperation in Informatics*,2012)、《媒体与内容产业的数据、生态、竞争分析:电影部分》(*Statistical, Ecosystems and Competitiveness Analysis of the Media and Content Industries*: *The Film Sector*,2012)等。

卡洛琳·鲍维丝(Caroline Pauwels)博士 1995 年开始担任布鲁塞尔自由大学媒体与传播系教授,现任 iMinds-SMIT 主任。她开设国家和欧洲媒体与传播政策的讲座,主要研究领域包括欧洲视听政策、娱乐经济和媒介融合与集中。她也是几家有关媒体与文化委员会的委员,担任弗拉芒公共服务广播电视 VRT 政府专员。

布鲁塞尔是比利时政治、经济、文化中心,是北大西洋公约组织和欧洲联盟的总部所在地。布鲁塞尔位于荷比法铁路干线的心脏地带,被誉为"欧洲最美丽的城市",同时也是比利时第一大城市。布鲁塞尔拥有全欧洲最精美的建筑和博物馆,摩天大楼和中世纪古建筑相得益彰。

网址:http://smit.vub.ac.be/

电话:+32 2 629 16651628(Hans De Canck 项目协调人)

邮箱:smit@ vub.ac.be

地址:Pleinlaan 92nd floor 1050 Brussels Belgium

- 比利时维萨里学院

比利时维萨里学院(Vesalius College,VeCo)成立于 1987 年,与比利时布鲁塞尔自由大学合作办学。学校致力于在学术、专业和个人成才方面为学生提供一个开放宽松的环境,使他们今后能够适应不断多元化的国际社会。学校教师着重培养学生的思辨能力和职业道德责任感,激发学生的潜能。

维萨里学院开设"新闻学""大众传播学""商业传播""公共关系""政治传播""电影学""欧洲传播""媒体研究""文化研究""剧本写作"等课程,作为世界繁荣的媒体中心之一,在布鲁塞尔学习会有很多机会。

网址:http://www.vesalius.edu/academics/communications

电话:+32(0)2 614 81 77

传真:+32(0)2 614 80 50

Skype:vesalius.college

邮箱:vesalius@vub.ac.be

四、管理·规制

- 比利时邮政服务和电信服务院(Belgian Institute for Postal Services and Telecommunications,BIPT)

比利时邮政服务和电信服务院是比利时联邦层面的传媒管理机构,其传统角色是监管诸如电信频段等自然稀缺资源。它分配、规范和监管这些频段。当电信市场变得越来越自由后,该院获得了更大的权力。它现在监测该行业的竞争并保护消费者的权益。

- 弗拉芒传媒规范委员会(Vlaamse Regulator voor de Media,VRM)

弗拉芒传媒规范委员会是比利时最重要的正式的弗拉芒语区传媒管理和自律机构。实行两院制结构,第一院决定一般性事务,第二院裁决关于独立性的事务以及保护少数派。评估政府与公营广播公司的合约也是该委员会的责任。

- 高等视听委员会(Conseil Supérieur de l'Audiovisuel,CSA)

高等视听委员会是瓦隆区的传媒管理和自律机构,类似于弗拉芒传媒规范委员会,有广告咨询部、控制咨询部和执照咨询部三个咨询机构。

波斯尼亚和黑塞哥维那(波黑)
Bosnia and Herzegovina

一、国家概况

波斯尼亚和黑塞哥维那(简称波黑),是欧洲南部巴尔干半岛西部的多山国家,面积51129平方公里,人口总量383万,首都萨拉热窝,官方语言为波斯尼亚语和塞尔维亚语。波黑在行政及管理上被分成三个实体,分别是波黑联邦(又称穆克联邦)、塞族共和国和布尔奇科特区。

波黑有11家日报,全部为私营报纸,市场占有量最大的日报为《波黑之声》,其次是 *Euro Blic*。在广播方面,目前波黑有4个频道在公共服务广播系统下运营,分别是 BHRadio1(塞黑公共广播服务的一部分,在全国范围内运营)、Radio FBiH、Radio202(波黑联邦广播电视的一部分,在波黑联邦实体范围内运营)和 Radio Republika Srpska(塞族共和国广播电视的一部分,在塞族共和国实体范围内运营);另外还有144家广播电台活跃在市场上,其中65家为公共电台,79家为私营电台;从市场份额来看,公共服务广播系统占30%,公共广播占34%,私营广播占36%。在电视方面,波黑共有3家电视台在公共服务广播系统下运营,分别是在全国范围内运营的波黑电视一台(BHT1),在塞黑联邦实体范围内运营的联邦电视台(FTV)和在塞族共和国实体范围内运营的塞族共和国电视台(RTRS);另有45家电视台在地方和全国范围内运营,其中30家为私营台,15家为公营台;从市场份额来看,公营电视网占66%,私营电视网占19%,其他类型电视网占15%。波黑共有互联网用户230万人,所有的日报、周刊及广播电视台都有自己的网站,但他们中的大部分网站都比较简陋,只有小部分网站为进入Web2.0时代做出了实质性的努力,访问量最大的网站是一家不附属于任何媒体的独立网站Sarajevo-x.com。

二、主流媒体

1. 报刊

- 《波黑之声》(*Dnevni Avaz*)

波黑之声(英文名为*Daily Voice*)是波黑最重要的日报,创办于1995年10月2日,在萨拉热窝发行。

该报纸是由一份成立于1993年9月、按月发行的报纸《波斯尼亚之声》(*Bošnjački Avaz*)演变而来的。1994年该报以"Avaz"(声音)的口号开始声名大噪,在波黑、德国地区开始以星期为周期发行。1995年才正式以《波黑之声》的名称每天发行,并与当时的《自由报》和《SAN新闻日报》竞争。如今,《波黑之声》已经成为波黑最大的新闻发行机关的重要组成部分。

该报纸政治立场偏中右翼,近年来逐渐往海外发展,从2009年开始获得了在《纽约时报》国际周刊周四板块的发行权。

网址:http://www.avaz.ba/

- 《自由报》(*Oslobôdenje*)

《自由报》是在波黑萨拉热窝市发行的一份比较受欢迎的报纸。其主要的股东是萨拉热窝烟草工厂和萨拉热窝酿酒厂,创办于1943年8月30日,当时创办的初衷是为了反对法西斯统治。

在波斯尼亚战争和萨拉热窝围攻战期间,《自由报》的编辑们冒着危险躲避在一栋10层高的办公大楼的防空洞中开办战时新闻工作室,最后战争导致其中5名工作人员被炸死,25名受伤。由于这一贡献,该报在1993年被授予"萨拉热窝自由思想大奖"。2006年,该报被萨拉热窝烟草工厂和酿酒厂通过股票证券交易购买。

网址：http://www.oslobodjenje.com.ba/

- 《波黑日报》(Dnevni List)

《波黑日报》是一份国有日报，其发行单位是国家控股的柳布什基公司(d.o.o Ljubuski)，地点在莫斯塔尔(Monstar)市。

该报主要受到波黑克罗地亚民族和波斯尼亚民族读者群体的欢迎。

网址：http://www.dnevni-list.ba/

- 《独立报》(Nezavisne novine, Independent Newspaper)

《独立报》创办于1995年，是一份波斯尼亚塞族的报纸，所在地是巴尼亚卢卡(波黑的第二大城市，也是塞族共和国最大的城市，可以说是塞族共和国实际意义上的首都)。

该报的创办者泽利科·科帕尼亚在1995年波斯尼亚战争结束之后与当时的一份独立性周报《独立报》合作成立了现在的《独立报》，旨在"推进波黑塞族、穆斯林民族和克罗地亚民族关系的改善"。一开始只有4000份的发行量，到后来发展为一份日发行量高达18000份的日报。

网址：http://www.nezavisne.com/

2. 广播电视

- 波黑一台(BHT 1)

波黑一台是波黑公共广播电视运营商，也是波黑广播电视局(BHRT)旗下管理运营的主流频道，24小时不间断滚动播出由波斯尼亚语和塞族斯拉夫语两套语言体系的节目内容。该频道制作并播出许多种类的电视栏目，例如新闻、脱口秀、纪录片、体育赛事、电影、儿童节目等。

网址：http://www.bhrt.ba/120.html

- 联邦电视台(FTV)

联邦电视台(Federalna televizija, FTV)是由波黑联邦广播电视局(RTVFBiH)运营的公共广播电视台。该电视台成立于2001年10月27日，总部在萨拉热窝，附属频道还有FTV2台。

联邦电视台的电视节目大部分是使用波斯尼亚语和克罗地亚语制作播出的，

电视节目首播都是由 FTV1 台和 FTV2 台直播,从 2003 年 4 月开始,电视节目仅在 FTV1 台首播。根据 2012 年最新的电视频道收视率调查统计,FTV 是波黑收视率最高的电视频道,收视份额高达 14.4%。该电视频道的主要栏目是新闻、脱口秀、纪录片、体育赛事、电影、综艺节目、儿童节目等。

FTV 的新闻栏目主要包括《每日新闻》(*Dnevnik*)、《新闻》(*Vijesti*)、《今日联邦》(*Federacija danas*)和《平行线》(*Paralele*)。

《每日新闻》是一档主流新闻栏目,主要报道主流新闻、体育新闻、天气预报等,每天12:00、19:30、23:00播出。《新闻》则主要报道短篇新闻,每天8:00、10:00、14:15播出。《今日联邦》栏目主要是报道波黑当地的主要城市新闻,每周一至周五17:00播出,在波黑的五个城市设立了分站。而 *Paralele* 是一档杂志类世界新闻栏目,主要报道政治新闻,每周二20:05播出。

网址:http://www.federalna.ba/

- 塞族共和国电视台(Radio Televizija Republike Srpske, RTRS)

塞族共和国电视台隶属于波黑塞族共和国广播电视集团,运营电台、电视台,1992 年于巴尼亚卢卡成立,是一套 24 小时滚动播出的电视频道,并且有一个电台频道同步播出。

RTRS 台在波黑地方城市也有分站,主要是一些波斯尼亚民族的城市。电台和电视节目的制作和播出主要使用塞语,并且用两种语言(拉丁语言和斯拉夫语言)体系播出。从 2003 年 4 月开始,RTRS 在 Eutelsat 卫星台开始播出自己的节目。至今,RTRS 主要由以下三个部分组成:塞族共和国电台、塞族共和国电视台和 RTRS 音乐台。

网址:http://www.rtrs.tv/

3. 通讯社

- 波黑联邦通讯社(Fena)

波黑联邦通讯社(Federal News Agency, Fena)是 2000 年 11 月在波黑联邦政府委员会指令下建立起来的通讯社,总部设在萨拉热窝市。

网址:http://www.fena.ba

- 萨拉热窝独立通讯社(ONASA)

萨拉热窝独立通讯社是1994年成立的,当时处在萨拉热窝内战期间,为了向官方提供可靠的消息和情报,该通讯社为当时国内和国外相关新闻、情报的流通作出了贡献。

萨拉热窝独立通讯社是波黑全国和地方领先的新闻通讯社,总部设在萨拉热窝市,分部设在巴尼亚卢卡市和莫斯塔尔市。

网址:http://www.onasa.com.ba

三、教育·科研

波黑的传媒教育不发达,尽管整个国际社会都开始将目光放在波黑的传媒教育、培训和发展政策上,但是当地仍然由于财政上的入不敷出难以将这些落在实处。

波黑有几个具有国际性视野的传媒集团,并且它们都努力建立起以萨拉热窝为基地的国内新闻记者培训项目中心,但极少有培训是有效的。传媒界的专业人士大部分都没有意识到新媒体带来的冲击。并且,由于政府的腐败和审查制度、财政控制,记者的培养已经停滞不前好几年。许多优秀的记者都在战争期间离开波黑去国外发展,甚至被编辑和发行商解雇,因为他们遇到了党派权力争端的压力和威胁。波黑可以说几乎没有真正的传媒界精英和教育科研机构。

四、管理·规制

1. 管理机构

- 波黑通信监管委员会(CRA)

波黑通信监管委员会(Communication Regulatory Agency, CRA)是波黑主要的监管机构。到目前为止,它都扮演着明显独立于地方政治压力之外的角色。通信监管局的运作是很透明的,包括在尊重牌照制度的同时引进新的法规和条例。地面广播和电视的牌照是在竞争的基础上授予的。不过,目前还没有令人信服的理由使得通信监管局可以脱离国际保护而独立存在。

波黑通信监管委员会已经成功地由一个国际社会推动的组织向完全本国化的组织转型。其发展已经进入了一个相对稳定的时期,其独立性不再是一个紧迫的问题。通信监管委员会与内阁及其他政府部门对这类问题的关注正在日益凸显。欧盟理事会和欧洲委员会对波黑广播业发展的大力参与捍卫了它在政治和其他方面面临压力时所保持的独立性,然而,对于监督者这一角色而言,民间社会的力量仍然太过薄弱。

2. 法律法规

- 《通信法》

波黑目前的传媒法律框架是基于2002年的《通信法》,主要的监管机构是通信监管委员会。早在2004年,波黑就开始针对媒介所有权的集中化制定法规,最终建立了旨在提高竞争性、多样性和所有制多元化的框架体系。通信监管委员会关于媒介集中化和跨媒介所有权的规定已经成为《通信法》中一个独立的部分:关于所有权的多样性、跨媒介的所有权以及广播和电视机构的执照转让。目前在波黑尚无重大的媒介兼并事件发生。

保加利亚
Bulgaria

一、国家概况

保加利亚共和国位于欧洲东南部巴尔干半岛，东临黑海，面积110994平方公里，人口总量797.4万，首都索非亚，官方语言为保加利亚语。

保加利亚共有全国性日报14家，这些报纸融合了小报和严肃大报的元素，《劳工报》(*Trud*)和《24小时报》(*24Chasa*)是其中最典型的代表。保加利亚的广播主要由4家外国广播公司运营，共有17个主要广播网，15个地区性广播网和在不同地区的51个注册广播台，2家全国性的广播电台分别是私营的达利克电台(Darik Radio)和保加利亚国家广播。在电视方面，除保加利亚国家电视台之外，跨国公司如新闻集团、现代时代集团、中欧媒体公司和福克斯广播公司经营着该国最大、最受欢迎的电视台。保加利亚约有互联网用户360万人，大部分的全国性日报都开设了网络版，其中《标准报》(*Standart*)、《每日新闻报》(*Dnevnik*)、《SEGA报》和《塞加报》(*Sega*)的网络版读者人数超过了纸质版；主要的三家电视台也设有网站，吸引了大量居住在海外的保加利亚人，社交网站Facebook作为电视台与观众互动的手段大受欢迎；网站Mediapool在受良好教育的受众中享有盛誉。

二、主流媒体

1. 报纸媒体

- 《的涅夫尼克日报》(*Dnevnik*)

《的涅夫尼克日报》(保加利亚语 *Дневник*)是保加利亚一份商营的日报,从 2001 年开始每周一至周五大量发行。直到 2005 年年初,一直都是用宽型版面印刷。2005 年之后开始采用压缩式方法印刷,结果发现超过 50% 的读者更偏爱小型版面印刷的报纸。《的涅夫尼克日报》的办报宗旨是,政府应该尽量少干预报纸的内容,尤其是商业性的信息更应该拥有充分的自由。这一点和丹麦另一个有影响力的商业传媒周刊《资本报》相似。其政治立场偏右。

《的涅夫尼克日报》通过网站用保加利亚语和英语传播新闻,并且总结当日的头条新闻提供给所有登录该网站的用户。

网址:http://www.dnevnik.bg/

- 《保加利亚 24 小时报》(*24Chasa*)

《保加利亚 24 小时报》是保加利亚发行量最大的报纸之一。该报创立于 1990 年,曾经隶属于《168 小时》新闻集团。该报精心设计的版面模式独具风格,语言犀利,很快俘获了大量读者的心。该报还会报道一些简洁的小新闻,提供许多娱乐式的阅读内容,并给出独到见解。《168 小时》周报由于非常优厚的待遇以及不受政治党派纷争的干扰,吸引了许多优秀的记者和编辑。同时还吸引大量年轻记者加入并培训成为专业、顶尖的新闻写手。该报最大的特点在于有许多日常的原创性漫画,作者是保加利亚知名的漫画家伊瓦伊落·尼诺夫(Ivaylo Ninov)。

网址:http://www.24chasa.bg/

- 《保加利亚劳动报》(*Trud*)

《保加利亚劳动报》(保加利亚语 *Труд* 的意思是劳动)是保加利亚发行量最大的日报。最早的一期是 1936 年 3 月 1 日发行的,是保加利亚最早的一份报纸。直到 1992 年为止,该报一直都是作为辛迪加组织存在着,后来成为一个私有性质的日报。

最早出现的《保加利亚劳动报》当时只在保加利亚的索非亚市、普罗夫迪夫市和瓦尔纳市发行。从 1944 年 10 月 20 日开始,报纸改名为《劳动旗帜报》。直到 1946 年 9 月 15 日又改回原名。从 1994 年 1 月 3 日开始,它成为一家独立的保加利亚报纸,并且从当年夏天开始把报纸版面改成 A3 大小。

网址:http://www.trud.bg/

- 《诺威纳尔报》(*Novinar*)

《诺威纳尔报》(保加利亚语 Новинар)是保加利亚国家日报,在索非亚市发行,创办于 1993 年。

《诺威纳尔报》是保加利亚国内唯一一份重印过 12 次、具有影响力的穆罕穆德漫画的报纸。2006 年以后,该报发行了 12 部利比亚首领的相关漫画,希望能够通过漫画使更多读者关注 5 名保加利亚护士在利比亚被判死刑的事件。

网址:http://novinar.bg/

2. 广播电视

- 保加利亚国家电视台(Bulgarian National Television,BNT)

保加利亚国家电视台是保加利亚公共广播电视台,建立于 1959 年,1970 年开始提供彩色电视服务。总部位于索非亚。

BNT 的经费 60% 来源于政府资助,其余的来源于电视广告。目前主要有 BNT1 台、BNT2 台和国际电视 BNT World 等频道,其中 BNT World 频道只播出保加利亚制作的电视节目。

2012 年,BNT 开设了 HDTV 体育频道和 BNT 高清频道,转播 2012 年欧洲杯和伦敦奥运会。2013 年 1 月,BNT 开始数字转播,目前包括 BNT1、BNT2 和 BNT1 高清频道。

网址:http://www.bnt.bg/

- bTV

bTV 是保加利亚第一个私营的全国性电视频道,也是保加利亚收视率最高的频道,由中欧媒体公司下的 bTV 传媒集团经营。bTV 在保加利亚境内是地面信号转播,在欧洲的其他地区采用卫星转播,频道的大部分原创内容都可以在网站上浏览。2001 年起,该频道开始一天 24 小时播出节目。2012 年,该频道开播了高清节目。bTV 的《新闻》(*The News*)是保加利亚收视率最高的新闻节目,除此之外,bTV 播放的真人秀节目等也很受欢迎。

网址:http://www.btv.bg/

- 保加利亚国家广播电台(Bulgarian National Radio,BNR)

保加利亚的国有广播电台有 2 个全国频道、7 个地区频道和 1 个国际广播。在全国频道中,地平线广播(Horizont)是 BNR 收听率最高的频道,主要内容有整点新闻、评论、音乐(主要是现代流行音乐)。另一个全国频道赫里斯·博捷夫(Hristo Botev)主要播送科学和艺术、广播纪录片、关于文化和社会问题的讨论、广播剧、古典音乐、爵士乐和儿童节目。国际广播保加利亚电台(Radio Bulgaria)用 11 种语言播送节目。

3. 通讯社

- 保加利亚通讯社(BTA)

保加利亚通讯社(Bulgarian News Agency,BTA)是保加利亚的国家级通讯社,建于 1898 年,是保加利亚媒体的主要信息源和国家的政府机构,是欧洲联合通讯社的成员。

BTA 发行全国唯一的英语日报《每日新闻》(*Daily News*),以及英语周报《保加利亚经济前景》(*Bulgarian Economic Outlook*),保加利亚语周刊《帕拉莱利周刊》(*Paraleli*)、《文化月刊》(*Literatura,Izkustvo i Kultura,LIK*)和《百分之百》(*100%*)。

三、教育·科研

- 索非亚新保加利亚大学大众传播系(Mass Communications Department, New Bulgarian University)

索非亚新保加利亚大学位于保加利亚的索非亚,现有在校师生 8000 多人。该校大众传播系成立于 1991 年 3 月 11 日,是新保加利亚大学成立之初第一批建立的院系之一。在成立之初的实验学期,大众传播系就引入了"公共关系"课程,"大众传播媒介生产"和"个人视听新闻"等课程随后也陆续开展。在1997—1998学年里,大众传播系开设了"大众传播管理"的硕士课程,两年后,新的硕士课程"公共关系管理"和博士课程"大众传播"也随后开设。

大众传播系的重点研究领域是大众传播、公共关系、大众传播管理等方面。1996年,大众传播系开始定期出版年鉴,其中包括教师、研究生的研究成果、项目和学生学期论文,翻译的材料和毕业校友、本科学生、硕士生和博士研究生的介绍。自1999年以来,大众传播系开始组织每年一度的"公共关系"暑期学校。自2003年以来,媒体会议也成为每年一届的盛事。2004—2005年大众传播系举行部门研讨会,其主题是:公共关系从业者和记者的知识。

该系已出版的专著有《生产者和新的视听环境的挑战》《电视制作人》《危机管理》《媒体接待》《媒体法研究》《视听技术所面临的挑战》《专业生产商》《新闻职业道德》《传播策略》《与媒体面对面》等。

目前系主任是米哈尔·梅尔德夫(Mihail Meltev)教授。

电话: +359 2 8110 698

邮箱: mmeltev@nbu.bg

地址: Building 2, room 710

网址: http://www.nbu.bg/index.php? l = 428

四、法律·规制

1. 管理机构

- 电子媒体理事会(CEM)

电子媒体理事会成立于2001年,是国家广播电视委员会(NRTC)的继任者,于2002年2月5日《广播电视法》修正后生效。

《广播电视法》将电子媒体理事会定义为一个独立的通过登记或发放活动程序许可来规制电台和电视台活动("电台和电视台的活动开展的许可证")以及对

广电运营商的活动进行监督的专门机构。

电子媒体理事会是一个法律实体,总部设在索非亚,由9名成员组成,其中5名是通过多数表决方式进行全国选举产生的,其他4位是由共和国总统任命的。国民大会的决定和主席诏书同时生效。

电子媒体理事会对广播和电视运营商的监督和管理职权分为两条主线——针对整体广播的管理部门以及分管保加利亚国家广播电视台(BNT)和广播电台(BNR)的具体部门。电子媒体理事会主要负责以下工作:

- 确保电台和电视台活动的开展遵守相关规则(《广播电视法》);
- 监控媒体对于国家和地方政府机构选举的报道方式;
- 监测和确保播出的广告和电视购物节目符合要求;
- 监测和确保赞助商的要求遵守相关规则;
- 监测和确保广播电台和电视机密资料的安全;
- 监测并确保针对未成年人及未成年观众的节目符合要求;
- 监测并确保消费者权益的保护;
- 监测并确保遵守保加利亚共和国批准的国内立法规定和国际协定;
- 监测并确保广播许可证符合授予条件。

● 通信监督管理委员会(CRC)

通信监督管理委员会位于索非亚,它由主席以及主席副手等5名成员组成。主席的任免由部长会议(政府)决定,并由总理部长任命;三个通信监督管理委员会成员由议会选举产生,还有一名成员是由总统任命;所有成员的任期都是5年。通信监督管理委员会的主要工作是关于频谱的管理和监督民营媒体,特别是在规划和管理活动方面。

2. 法律法规

● 《广播电视法》

《广播电视法》规定播出的节目必须遵守如下规则:保证意见自由表达,保证每个人有权获得信息,保护匿名信息来源,保护个人神圣不可侵犯,不准在节目中煽动公民的情绪,不准在节目中违反良俗,尤其是包含色情、残忍或暴力,或在种族、性别、宗教或国家的基础上煽动仇恨,确保节目的版权和相关权利,保护保加利亚语的纯净性。

《广播电视法》中没有对媒体所有权限制的规定,然而对同时拥有全国和地方节目执照有所限制。也就是说,如果拥有全国节目执照就不能拥有地方节目执照,反之亦然。为了遵守该规定,全国广播电视节目服务商达利克电台(Darik Radio)不得不放弃地方节目播出。

尽管《广播电视法》中没有包含对外国媒体所有权的限制,但它援引了《竞争法》。该法致力于确保反对垄断联盟的决定,反对主导市场地位,反对经济活动的集中化、不公平竞争及其他可能导致妨碍正当竞争的行为。

克罗地亚
Croatia

一、国家概况

克罗地亚共和国位于欧洲东南部,处于地中海及巴尔干半岛潘诺尼亚平原的交界处,面积56594平方公里,人口总量约429万,首都萨格勒布,官方语言为克罗地亚语。

克罗地亚主要有6家全国性报纸和4家地区性报纸,奥地利和德国公司在纸媒上占有很大份额。销量最高的报纸为小报《24Sata报》(*24Sata*),其次是《晨报》(*Jutarnji List*)和《晚报》(*Večernji List*)。克罗地亚约有150家广播电台,只有6家获得了全国广播许可;3家国有广播电台虽然排在收听率的前十名,但仍无法与私营的音乐广播台抗衡。电视是克罗地亚的主要信息源,有4个全国频道和20个私营的地方频道;国营的克罗地亚广播电视是最具影响力的电视台,但私营电视台Nova TV和RTL在新闻报道方面正逐渐缩小与国营电视的差距,并在广告份额上超过了国营电视台。克罗地亚有互联网用户320万人,在最受欢迎的十大网站中,前三位分别是网络媒体Net. hr、Index. hr和Tportal. hr,NovaTV的网站也在十大网站之列,提供视频新闻。

二、主流媒体

1. 报纸媒体

- 《克罗地亚晚报》(Večernji List, Evening Paper)

《克罗地亚晚报》是总部位于克罗地亚萨格勒布市(Zagreb)的一家日报。创办于1950年,至今仍然是克罗地亚最大的两家报纸之一。政治立场偏右派,隶属于施蒂里亚(Styria)传媒集团。

网址:http://www.vecernji.hr/

- 《克罗地亚早报》(Jutarnji list, Morning Paper)

《克罗地亚早报》是克罗地亚发行量高达66000份的一份日报。创办于1998年4月,并成为了自1950年后克罗地亚最成功的一份报纸。2003年,该报发行了周末综合版,总部设在萨格勒布市。

网址:http://www.jutarnji.hr/

- 《自由达尔马莎报》(Slobodna Dalmacija, Free Dalmatia)

《自由达尔马莎报》是总部位于克罗地亚斯普利特市(Split)的一家日报。创办于1943年7月17日,隶属于欧洲传媒(Europapress)机构。

网址:http://www.slobodnadalmacija.hr/

- 《克罗地亚新报》(Novi List, New Paper)

《克罗地亚新报》是克罗地亚最早的报纸,总部设在里耶卡市(Rijeka),主要读者分布在克罗地亚的布利摩尔斯可·戈兰斯卡(Primorje-Gorski)地区,但是该报在全国范围内发行。创办于1900年,该报是克罗地亚唯一一份对1990年图季曼(Tudman)政府保持批评态度的报纸媒体,至今其政治立场一直被认为是偏左中派。

网址:http://www.novilist.hr/

- 《伊斯特雷之声》(Glas Istre, Voice of Istria)

《伊斯特雷之声》是克罗地亚一家地方报纸,总部设在普拉市(Pula),主要覆盖范围是整个克罗地亚西北部的伊斯特雷大区。创办于1943年8月18日,直到1969年发展成为每日发行的报纸。

网址:http://www.glasistre.hr/

- 《商务日报》(*Poslovni dnevnik*,*The Business Daily*)

《商务日报》是总部位于萨格勒布市的一家商业报纸,创办于2004年3月,声称要做克罗地亚第一家经济类报纸。每周出版五个版本,从周一至周五,报纸的颜色采用桃红色,作为对《金融时报》的一个对应。该报纸还经营同步更新的网站,提供最新的证券金融讯息。

网址:http://www.poslovni.hr/

2. 广播电视

- 克罗地亚台(Croatian TV,Hrvatska radiotelevizija,HRT)

克罗地亚台隶属于克罗地亚广播电视集团,是克罗地亚公营广播电视运营商。旗下有多家电台和电视频道,通过全国范围内的信号传输网络和卫星电视传送节目。创办于1926年5月,年收入大约23亿美元。其数字频道有HRT1台、2台、3台和4台。

网址:http://www.hrt.hr/

- 诺瓦电视台(Nova TV)

诺瓦电视台是克罗地亚一家商业电视台,创办于2000年11月,是克罗地亚第一家商业电视台,直到2004年其完全归属于中央欧洲传媒集团(CME Group)。作为第一家商业电视台,诺瓦电视台引进更多外国电视节目尤其是真人秀,例如美国的《生存者》《欲望岛》等。之后又开始制作播出电视台自制的一档真人秀栏目《超级诺瓦的故事》,模仿《美国偶像》等真人秀。

网址:http://novatv.dnevnik.hr/

- RTL电视台(RTL Televizija)

RTL电视台是克罗地亚一家商业电视台,全国范围内发送节目信号,创办于2004年4月30日,总部位于萨格勒布市,姐妹频道有RTL2台和RTL pLUS频道。RTL电视台74%的股份属于RTL集团,是克罗地亚第二大商业电视网络。

网址：http：//www.rtl.hr/

3. 通讯社

- 克罗地亚新闻通讯社（HINA）

克罗地亚新闻通讯社（克罗地亚语全名 Hrvatska izvještajna novinska agencija）是克罗地亚的一家国有新闻通讯社。创办于 1990 年 7 月 26 日,总部位于萨格勒布市。整个通讯社的财政都是来源于国家拨款,2011 年,HINA 的税收达到 2900 万欧元。

网址：http：//www.hina.hr/

三、教育·科研

- 萨格勒布大学政治系新闻学专业（University of Zagreb）

克罗地亚国内唯一一所新闻专业院校就是萨格勒布大学。该学院每年大概有 100 名左右的新闻专业毕业生,主要从事记者工作。市场需求使得越来越多的毕业生能够在传媒领域找到工作,尤其是在报纸媒体、杂志以及电子媒体。克罗地亚新闻协会同时也参与进来,共同为克罗地亚的新闻传播科研努力。

网址：http：//www.unizg.hr/

四、管理·规制

1. 管理机构

- 电子媒体委员会（CEM）

自 2003 年起,电子媒体委员会成为克罗地亚管理广播执照颁发和取消的机构。其职责还包括监管广播业者遵守合约和相关方案。广播界的独立性是被法律所认可的,但是具体的执行还要依靠独立公正的监管机构以及记者和编辑们的表现。该国广电业整体的独立性在过去五年得到了不断提升。

- 克罗地亚电讯局（CTA）

卫星电视、有线电视以及宽带等新媒体部门由海洋、旅游、交通和发展部联合控制，并受《电讯法》和《电子媒体法》约束。这些媒体平台的独立监管机构是克罗地亚电讯局。克罗地亚电讯局负责广播执照的技术管理，而电子媒体委员会负责内容管理，但主要还是 CEM 主导着广播执照的相关事宜。互联网的使用率正在不断上升，预计到 2004 年，其使用人群占总人口的比例将达到 30%。宽带的使用率还比较低，有线电视的渗透率还比较低，家庭使用率大约为 18%，卫星电视的家庭使用率大约为 30%。目前尚没有关于数字化过渡的公共政策，整体上缺乏发展新媒体的公共政策和战略。

2. 法律法规

- 《电子媒体法》

《电子媒体法》约束着商业电视和广播机构，且其关于内容的规定也同样约束着公共服务广播业者 HRT。为了防止媒体过度集中，《电子媒体法》限制了广播电台和电视台的所有权以及跨媒介所有权。根据规定，一个单独的广播业者（除了 HRT）只能播放广播节目或者电视节目。另外《保护市场竞争法》同样对媒体有要求。而印刷媒介的集中化则被《媒介法》严格限制。

捷 克
Czech Republic

一、国家概况

捷克共和国是一个中欧地区的内陆国家,面积78866平方公里,人口总量约1056万,首都布拉格,官方语言为捷克语。

捷克共有7家日报、9家地区性日报和2家免费日报,均为私营报刊,外国投资公司控制了其中的大部分。销量最大的日报是小报《闪报》(*Blesk*,英译 *Flash*),该报以报道明星生活和丑闻为主;其次是《普通日报》(*Middlebrow Daily*)、《今日年轻前线》(*Mladá fronta Dnes*,英译 *Young Front Today*),该报持中左派政治立场;销量第三位的是同样持中左派立场的《普拉沃报》(*Právo*,英译 *Rights*)。在广播方面,捷克有12个全国广播频道,其中8个属于公共服务广播商捷克国家广播电台(Czech Radio),另外还有70个地区广播电台。全国最受欢迎的三大广播电台均为私营电台,收听率最高的是 Radio Impuls。捷克全国电视市场有三家广播公司,分别是公共广播公司捷克国家电视台(Czech Television)、商业广播公司诺瓦电视台(TV Nova)和由现代时代集团控制的 Prima TV。TV Nova 占受众份额的39%,公共广播公司旗下的 CT1 和 CT2 频道分别占19%和7%,Prima TV 占17%。捷克网民总数为740万,大多数纸媒都开设了网络版。Facebook 是最主要的社交媒体平台。

二、主流媒体

1. 报纸媒体

- 《普拉沃报》(*Právo*)

《普拉沃报》(捷克语意思是正义或者法律)是捷克的一家日报,是国内发行量排名第三的日报。成立于1990年,日发行量高达16万,总部设在布拉格市。政治立场偏中左,属于社会民主党派。

网址:http://www.pravo.cz/

- 《布拉格邮报》(*The Prague Post*)

《布拉格邮报》是一份覆盖整个捷克共和国以及欧洲中部和东部国家和地区的英语周报,也是捷克共和国唯一一份英文报纸。其目标受众主要是居住在捷克和捷克周边国家的英语使用读者。创办于1991年,总部设在布拉格市。

网址:http://www.praguepost.com/

2. 广播电视

- 捷克电视台(Czech TV)

捷克电视台创立于1992年1月1日,总部设在布拉格市,是根据《捷克广播电视法令》的颁布成立的。监管机构是捷克电视议会,截止到2004年,一共有2500多名员工。其节目形式多种多样,有新闻、体育节目、纪录片和一些著名的电影短片、流行的综艺节目等。

网址:http://www.ceskatelevize.cz/english/

- 诺瓦电视台(TV Nova)

诺瓦电视台是捷克一家商业电视台,创办于1994年,是捷克第一家私营电视台并且在全国范围内播出电视节目。其姐妹频道有诺瓦电影台、诺瓦体育台和诺瓦MTV台。在迅速进行商业股份重组之后,到2010年1月仍然保持着捷克国内收视率第一的成绩。

网址:http://www.tv.nova.cz/

3. 通讯社

- 捷克新闻通讯社(CTK)

捷克新闻通讯社(捷克语全称Česká tisková kancelář)是捷克根据公共法律成立的国家新闻通讯社,使用语言有捷克语、斯洛伐克语和英语。

创办于1918年10月28日,1993年1月1日由于捷克和斯洛伐克的分裂而重新更名为捷克新闻通讯社后仍然在斯洛伐克继续生存。

网址:http://www.ctk.cz/

三、教育·科研

- 捷克查尔斯大学(Charles University)

捷克查尔斯大学是捷克国内最好的提供传媒专业学习和科研的教育机构,其教育体系基本上沿袭西方其他发达国家的传媒教育体系,另外还有一些私营公司和组织也会免费提供给学生就职机会。

由罗马皇帝查尔斯四世创立于1348年,是欧洲阿尔卑斯山以北最古老的大学。第谷·布拉赫、约翰尼斯·开普勒、伯纳德·博尔扎诺、恩斯特·马赫和阿尔伯特·爱因斯坦等学者都曾在此探索到他们的发现。今天,捷克查尔斯大学拥有17个院系(14个位于布拉格、2个位于Hradec Králové、1个位于Plzeň),3所高等研究机构,6所教育、科学、研究、开发以及其他咨询信息服务中心,5所校级特殊设施作为整座大学的管理中心。

捷克查尔斯大学目前拥有7500多名教职员工,其中4000名为学术研究人员。捷克查尔斯大学就读学生人数超过51000(大约是整个捷克共和国学生人数总和的六分之一);捷克查尔斯大学开设超过300门的学位项目和660门学术课程;捷克查尔斯大学的本科学生人数超过18000,研究生课程就读人数为25000,博士生人数为7000;捷克查尔斯大学有超过6000名的国际学生。捷克查尔斯大学开设的多样化终身学习课程每年吸引着超过15000名学生前来就读。捷克查尔斯大学致力于同世界权威教育研究机构的国际合作,目前捷克查尔斯大学已同世界各地190所高等教育研究机构签署了共计450份双边合作协议。

网址:http://www.cuni.cz/UKENG-1.html

四、管理·规制

- 广播电视委员会(RRTV)

捷克主要的广播电视监管机构是广播电视委员会。其他一些从业者也有调节作用。广播电视委员会成员的政治提名制度,使人们对监管机构本身的独立性产生怀疑,特别是负责广播电视执照的批准和对许可条件及对广播电视立法的遵守情况进行监测的广播委员会。监管机构的权力是有限的,但是事实上,目前,《广播电视法案》的规定使广播电视委员会的制裁措施很难实行。尽管电视记者并没有直接受到来自政治家或私人公司的压力,然而捷克广播电视公司的管理人员和新闻记者很容易受到来自政府、政党和其他利益集团的干涉。

- 捷克电信办公室(Český Telekomunikační Úřad, ČTÚ)

捷克电信办公室和广播电视委员会都是独立于政府当局的行政部门——广播电视委员会负责无线电及广播电视领域,捷克电信办公室负责电子通信和邮政服务领域。这两个机构共同为电台和电视台提供频率分配计划。广播电视委员会依照《广播电视法案》建立并行使其监管职能,而捷克电信办公室是依照《电子通信法案》成立并行使职权的。

- 新闻媒体常设委员会

捷克还有一个议会委员会——新闻媒体常设委员会,负责系统地处理媒体问题。该委员会由17名众议院议员组成,按照比例代表制原则进行委任。该委员会的任务是:

修订及提出新的媒体立法或对现行法律进行修正;

在媒体代表的听证会上听取各种意见;

在广播电视委员会及公共广播电视理事会的年度报告会上提交媒体立法的建议。

该委员会的建议通常都会被采纳。大多数媒体观察员接受采访时表示,大部分的媒体立法及其修正案都是由新闻媒体常设委员会提出的。

丹 麦
Denmark

一、国家概况

丹麦共和国是欧洲北部的一个沿海国家，面积43094平方公里，人口总量约535万，首都哥本哈根，官方语言为丹麦语。

丹麦共有31家日报，日均发行量为148万份，丹麦的传媒自由也是受到法律保护的。《哥本哈根周刊》非常受欢迎，使用英语发刊。丹麦的公共广播电视运营商丹麦广播公司（DR）运营两大电视网络：国家电台和地方性电台。TV2台是公营性质的商业电视台，运营地区电视台和全国性的网络服务。私营电视台TV3和Kanal4台则主要通过卫星和有线电视播出。丹麦有大约250家地方商业性电台，主要是丹麦广播台DR旗下的DR电台，同时运营P1、P2、P3、P4四个全国性的网络。另外还有FM100调频电台（Radio 100 FM）、诺瓦电台（Nova FM）。同时还有许多全国和半全国范围的商业网络。在丹麦，传媒的基本准则有时候也会受到冲击，比如2006年丹麦穆斯林民族对电视上播出的讽刺穆罕默德先知的动画片提出抗议就是对传媒自由的冲击。截止到2012年6月，丹麦一共有500万左右的网民。

二、主流媒体

1. 报刊

- 《日德兰邮报》(*Jyllands-Posten*)

《日德兰邮报》(也译为日尔兰邮报)是丹麦主要报纸。其2004年的日发行量为15.8万份,是丹麦销量最高的报纸,第二名和第三名分别为13.4万份和12.9万份。《日德兰邮报》的名称取自丹麦的大陆部分"日德兰半岛"(丹麦语/日德兰语发音为日尔兰,德语发音为日德兰,汉语译名取自德文发音)。《日德兰邮报》在1938年以前支持保守党,20世纪20年代到30年代,该报因为同情法西斯主义和理解纳粹德国的独裁而名誉扫地。1933年,该报甚至主张在丹麦建立独裁政权。1938年以后,该报自称是一个独立的右翼报纸。根据日德兰邮报基金会1973年以来的说明,该报是一家自由派独立报纸。在丹麦的2001年大选中,《日德兰邮报》为右翼政党上台起到了关键作用。移民问题是2001年选举的焦点问题之一,右翼政党成功地说服公众,让他们相信该党有能力促进当时执政的社会民主党尽快出台"家庭团聚法"。《日德兰邮报》为此刊登了很多文章和社论来支持这一主张。2005年9月20日,该报刊载了12幅穆罕默德的漫画,从而在2006年初引发了伊斯兰世界的普遍抗议。穆斯林社区指责该报滥用言论自由,并导致利比亚、沙特阿拉伯、叙利亚撤回大使,以及一些伊斯兰国家抵制丹麦产品。该报对漫画内容冒犯了穆斯林表示歉意,但坚持它有权发表漫画,声称宗教激进主义无权命令丹麦的报纸发表什么内容。

网址:http://jyllands-posten.dk/

- 《贝令时报》(*Berlingske Tidende*, *Berlingske Times*)

《贝令时报》是国家性日报,总部设在哥本哈根。首次出版时间是在1749年1月3日,是丹麦最早发行报纸的一家纸媒,也是全世界用丹麦语最早发行报刊的一家媒体。

《贝令时报》最初是周报,周发行量多达10万份,当时和《日德兰邮报》《政治报》并称丹麦三大报纸巨头。《贝令时报》获得了许多荣誉和奖项,它是世界上唯一一份获得世界媒体图片大奖的一家报纸,并且一共获得了四次。它同时还在2009年赢得了丹麦最具荣誉的新闻记者大奖卡夫令奖(Cavling Price)。《贝令时报》的拥有者是贝令传媒集团,在政治立场上偏保守。在贝令家族长时间的管理之后,整个贝令集团在1982年被一批以丹麦银行为首的丹麦公司买下。这一举措让《贝令时报》得以摆脱破产的危机,当时《贝令时报》旗下的罢工危机和惨淡的发行量使得贝令家族不得不寻求资产上的重新洗牌。

网址:http://www.b.dk/

- 《政治报》(*Politiken*)

《政治报》是丹麦一份重要的日报,创建于1884年10月1日。该报是丹麦发行量和读者数量都位居前列的报纸。截止到2012年上半年,该报每周一到周六的日发行量多达97820份,周末则达到12万份;读者数量在非周末时间大约是375000人,周末读者数量则达到479000人。该日报同时还运营网络在线版本,网站每月的点击量高达80万人次,是丹麦交互性媒体协会中访问量排第十位的媒体。

在国际上,《政治报》还发行了《政治报周刊》,向全世界报道丹麦国内一周发生的重要新闻。《政治报》还以其登载的图片而闻名全世界。

网址:http://politiken.dk/

- 《哥本哈根邮报》(*Copenhagen Post*)

《哥本哈根邮报》是一份周刊,主要用英文来报道丹麦的新闻,在丹麦和全世界范围内发行。它也是丹麦唯一一份使用英文发行的报纸媒体。《哥本哈根邮报》创立于1997年,周发行量位于1.2万份到1.5万份之间。

哥本哈根邮报的政治立场中立自由,其内容主要是政治、商业、教育、金融和综合新闻,另外,每周都会对全世界的娱乐新闻作一个总结。

网址:http://cphpost.dk/

2. 广播电视

- 丹麦电视台(DR TV)

丹麦电视台是丹麦第一个电视频道。该台最早于1951年10月2日播出节目,自从1996年8月30日DR2子频道开播以来,该频道被称为DR1频道。DR2新开设的频道则是丹麦全国第三大免收视费的电视频道,早期阶段无法在全国范围内收看到该频道的节目内容,因为当时它处于与其他几个电视台竞争的尴尬处境。早期的节目内容和形式都非常少,在近期才发展为丹麦电视台中最受欢迎和最有知名度的电视台之一。

2007年,丹麦电视台开始在网络上运营网络电视,名称为DR update。DR网络电视的发展一开始受到了许多批评,由于其不太完善的Windows界面以及与Windows系统的多处不兼容导致嘘声一片。他们后来做出了许多修补的努力之后开始逐渐扩展到多个网络平台上,但是仍然还有许多技术上的限制,导致观众的数量一直停滞不前。

网址:http://www.dr.dk/

- 丹麦2台(TV2)

丹麦2台是总部位于丹麦欧登赛市的公营性质的国家电视台。1988年10月1日创立并开始首播节目,旗下有六家子电视台:TV2 Zulu台,主要针对青少年观众;TV2新闻台,面向大部分的中老年观众;TV2电影台不间断滚动播出电影节目;TV2 Fri台,主要是休闲爱好频道;TV2体育台和TV2 Sputnik频道。整个TV2台有1000名员工。该电视台还是1990年成立的欧洲广播电视联盟中一个积极活跃的成员。

从2009年11月1日开始,所有的丹麦电视频道都数字化,并运行DVB-T和MPEG4标准制式。TV2台没有其主要的频道编码,但是TV2 Zulu频道、TV2查理频道、TV2电影频道、新闻频道和体育频道需要收费来进行编码播出。

网址:http://tv2.dk/

- 丹麦3台(TV3)

丹麦3台是丹麦维亚萨特(Viasat)集团旗下的电视频道之一,其姐妹频道是TV3+台。该频道创办于1995年,隶属于英国现代时代集团,但是在丹麦播出电视节目。该频道播出许多美国和英国的电视栏目,例如美剧《越狱》和真人秀《美国偶像》等。

网址:http://tv3.dk/

3. 通讯社

- 立特扎乌通讯社(Ritzau)

立特扎乌通讯社成立于 1866 年,是丹麦全国及全球新闻的主要供应者。从 1947 年立特扎乌通讯署开始发展为与丹麦媒体共同管理的通讯社。通讯社每天发布超过一万字内容的外国新闻,其中 50%—55% 的内容来自路透社,25%—30% 的内容来自法新社,另外 6%—7% 的内容则来自 DPA 通讯社和瑞典 TT 通讯社。立特扎乌通讯社几乎控制着整个丹麦的新闻源,外国新闻板块的内容分布大约是 86% 为新闻,11% 为其他消息。

网址:http://www.ritzau.dk/

- 哥本哈根国际新闻通讯社中心(International Press Centre,IPC)

哥本哈根国际新闻通讯社中心是丹麦外交部通讯中心和信息部提供的一项通讯社服务,主要是向外国媒体提供丹麦的新闻。丹麦报纸联合会、丹麦地方周刊和丹麦特殊通讯中心总部都设在哥本哈根,为相关联的报纸服务。

网址:http://3gf.dk/en/media/international-press-center/

三、教育·科研

- 丹麦传媒与新闻学院(Danish School of Media and Journalism,DMJX)

丹麦传媒与新闻学院位于丹麦奥胡斯(Aarhus)市,是丹麦最优秀的传媒教育和科研基地,该学校提供传媒与新闻研究的本科、硕士以及博士课程,并招收海外留学生。提供许多英语授课的新闻、传媒、设计以及媒体内容制作课程。该校的传媒专业硕士学位还和欧盟伊拉斯谟(ERASMUS)项目合作招收国际生。

丹麦传媒与新闻学院有超过 15 年的历史,在传媒和新闻领域起着引导和先锋作用,并且在许多发展中国家展开独立新闻的培训。

网址:http://www.dmjx.dk/international

四、管理·规制

- 丹麦《1849年宪法》

丹麦最早提出传媒言论自由是在《1849年宪法》中,相关的权利也得到了实质性的实现。主要的权利内容是:公开发表的言论和书面内容受到隐私权和个人名誉保护。

- 德国纳粹统治期间的传媒控制

丹麦1849年设立宪法以来,传媒几乎不受任何机构的审查,除了二战期间德国纳粹统治开始对丹麦法律法规上进行控制,从1939年开始一直持续到1943年。接下来的两年审查更为严格,几乎所有的媒体都被迫只报道经过纳粹分子审查后的内容。

爱沙尼亚
Estonia

一、国家概况

爱沙尼亚共和国西向波罗的海,北向芬兰湾,面积 45227 平方公里,人口总量约 134 万,首都塔林,官方语言为爱沙尼亚语。

爱沙尼亚报业不受政府控制,独立运营,所有权高度集中,通讯集团(Postimees Group)和 Express 集团两大出版集团主导了全国市场。爱沙尼亚共有 5 家全国性日报、8 家周报、23 家独立地方报纸。

在广播方面,爱沙尼亚有一家公营广播公司公共服务广播公司 ERR 和 15 家私营广播公司,为听众提供 5 套公营广播节目和 25 套私营广播节目,其中最大的两家广播公司是天空传媒集团(Sky Media Group)和 Trio 电台集团(Trio Radio Group)。在电视方面,公共服务广播公司 ERR(Eesti Rahvusringhääling)运营两个频道 ETV 和 ETV2,斯堪的纳维亚运营商在私营电视部分占主要优势,挪威的 Schibsted 拥有 Kanal2,瑞典的 MTG Group 拥有 TV3,这两个频道与 ETV 共同主导了电视市场。爱沙尼亚的互联网用户已超过 99 万,占总人口数的 77.5% 以上,其最大、最具影响力的新闻网站是由 Express 集团经营的 Delfi.ee;大部分的爱沙尼亚语报纸都有网络版,可免费阅读;公共服务广播 Eesti Rahvusringhääling、Kanal2 和 TV3 也有自己的网站。

二、主流媒体

1. 报刊

- 《通讯员报》(*Postimees*)

该报是一份日报,创办于 1857 年,是爱沙尼亚的第一份日报,有爱沙尼亚语和俄语两种版本。斯堪的纳维亚半岛的领先媒体集团——挪威 Schibsted 公司的分支机构拥有该报的所有权。

2009 年初,该报成为爱沙尼亚发行量最大的报纸,读者量达 242000,日发行量 61000—72000 份。

目前,俄语版的《通讯员报》是爱沙尼亚唯一的俄语日报,发行量 10000 份左右。

1995 年,《通讯员报》创办了自己的网站,当时的网站只是纸质版的网络版本,2000 年,该网站开始发布每日网络新闻,现在已成为重要的新闻门户网。2009 年,网站 Postimees.ee 已成为爱沙尼亚第二大网络新闻提供商,每周读者数超过 500000 人。

网站:http://www.postimees.ee

- 《爱沙尼亚日报》(*Eesti Päevaleht*)

该报是爱沙尼亚的主要日报,创立于 1995 年,日发行量为 36000 份。

网站:http://www.epl.ee

2. 广播电视

- 爱沙尼亚电视台(Eesti Television,ETV)

爱沙尼亚国有公共电视台,首播于 1995 年 7 月 19 日。

其大部分经费来源于政府支持,大约有 15% 的经费由商业广播支付,这些费用被用来获得电视广告专有权。ETV 在 1998—1999 年曾一度停止播出广告,2002 年起再次停播广告。其低广告率给商业频道带来了很大挑战。由观众付费获得收看许可的制度一度被提议,但最终由于公众的反对而被否决。

1993年1月,ETV成为欧洲广播联盟正式而活跃的会员。2007年7月1日,ETV与爱沙尼亚广播服务合并组成了爱沙尼亚公共广播电视公司(ERR)。2010年7月1日,爱沙尼亚完成了其向数字地面电视的转变,结束了模拟信号服务的历史。

网址:http://www.etv.ee

- TV3

TV3是定位于为爱沙尼亚语受众服务的商业电视频道,创立于1996年。TV3主要有2个姊妹频道,分别是定位于爱沙尼亚少量俄语受众的TV3+(2003年开播)和娱乐电视频道TV6(2008年开播的数字频道)。

多年来,TV3的收视率一直高于另外一个商业频道Kanal 2,但2006年后,由于Kanal 2做出了大的节目调整,TV3的收视率开始下降,收视率进入每周前十位变得困难起来。

网站:http://tv3.ee

3. 通讯社

- 波罗的海新闻通讯社(Baltic News Service,BNS)

波罗的海新闻通讯社是波罗的海地区最大的通讯社,成立于1990年4月,是目前爱沙尼亚境内唯一仍在服务的新闻通讯社。该通讯社隶属于芬兰阿尔玛传媒集团(Alma Media),是一家地区性通讯社,新闻服务覆盖爱沙尼亚、拉脱维亚和立陶宛。

网址:http://www.bns.ee

- 爱沙尼亚新闻社(Eesti TeadeteAgentuur, ETA)

爱沙尼亚曾于1920年成立一家名为爱沙尼亚新闻社的通讯社。1940年该社成为国家性通讯社。1971年,前苏联参与该社管理。1991年,爱沙尼亚新闻社重获独立。2000年,新闻社私有化。由于经济形势的恶化,该社于2003年3月14日正式宣布破产。

三、教育·科研

- **爱沙尼亚传媒学院（Estonia Media College）**

1995年，爱沙尼亚报业协会和广播协会联合设立爱沙尼亚传媒学院基金，作为爱沙尼亚传媒学院的启动资金。该学院是一家培训新闻专业人才的职业学校，其竞争对手是塔尔图大学的新闻系。波罗的海传媒中心（Baltic Media Center, BMC）资助一门名为"跨边界少数民族报道"的课程。该课程为爱沙尼亚新闻从业人员及其他波罗的海国家、俄罗斯和波兰的参与者开设，帮助他们开设自己的网络广播电台。

- **波罗的海电影与传媒学院（Baltic Film and Media School, BFM）**

塔林大学波罗的海电影与传媒学院成立于2005年，是爱沙尼亚最大的传媒教育机构之一。提供"电影艺术""跨媒体制作""视听媒体"等实践性课程，400多名在校学生来自20个国家。该学院是北欧唯一一家、也是欧洲最大的电影和传媒类英语学院之一。在欧洲和中国有25个合作伙伴。

网址：http://www.bfm.ee

四、管理·规制

1. 管理机构

- **文化部**

文化部是爱沙尼亚最高的广播管理机构，文化部提出为广播电视业建立一个新的、独立的监管机构，但部门之间就是否建立一个新的监管机构并没有达成一致。文化部在开放竞争的基础上发放广播执照。来自各种机构的代表所组成的委员会推选一个优胜者，两者所作的决定并不总是一致，文化部作最后的决定。电视机构必须提供"普遍主义"的报道，满足欧盟提出的要求，履行他们在执照申请中所作出的承诺。文化部的媒体部门对私营广播公司进行监督，并且可以对违法行为予以处罚,包括吊销牌照。

- 公共广播委员会(Public Broadcasting Council)

公共广播委员会由议会任命,监管爱沙尼亚的公共广播服务。该委员会由9名成员组成,其中5名为政治家,4名为相关专家。

2. 法律法规

- 《广播法案》(*Broadcasting Act*)

1994年,爱沙尼亚通过《广播法案》,用于规范广播电视领域的行为。2001年的修正案规定公共服务广播不能播放广告。2002年7月,公共电视台禁播广告。2005年,公共广播台禁播广告。该法与欧盟指令相一致,目前正根据"欧盟视听传媒服务指令"(Audiovisual Media Services Directive)进行修订。

- 《电信法案》(*Act on Electronic Communication*)

2005年,《电信法案》开始实行,与《广播法案》一同对文化部发放广播执照的资格及爱沙尼亚技术管理委员会(Estonian Technical Surveillance Authority)发放技术执照的资格进行规定。

- "发现即记录"政策(Notice-and-Take-Down Policy)

为加强对网络上匿名评论部分的管理,爱沙尼亚推出"发现即记录"政策。网络公司试图推卸对用户匿名新闻评论方面应承担的责任,因为这些内容完全是用户生产的,并非媒体网站制作的,有些网站甚至对这些内容完全不做事先检查。"发现即记录"政策鼓励用户来举报"坏"的评论,刊载"坏"评论的网站须在收到报告后马上删除相关内容。

芬 兰
Finland

一、国家概况

芬兰位于欧洲北部,有"千湖之国"之称,面积338424平方公里,人口总量为5410233(2012年),首都赫尔辛基,官方语言为芬兰语。

芬兰有31家日报,7家全国发行,报纸订阅量很高。日报主要的两大出版商是晚报新闻(Sanoma News)和阿尔玛传媒(Alma Media),分别占市场的64%和24%。芬兰有很多瑞典语的报纸杂志。2008年,芬兰有五家国家广播台,其中1家公营、4家私营。在电视方面,芬兰有三大有线电视运营商:公营的芬兰国家公共广播电视公司YLE、第一家私营电视MTV Media(隶属于Bonnier Media)、Nelonen Media(Sanoma Entertainment的一部分)和它的四频道及体育频道。所有主要频道的节目都能免费在网络电视上看到,几乎所有的私营电视都提供移动聊天、在线游戏和电视购物服务。在芬兰,上网的主要目的是阅读网上杂志和收发电子邮件,近年来,网上银行也逐渐流行起来,收听网络电台和观看网络电视的人群也在逐渐扩大。

二、主流媒体

1. 报刊

• 《赫尔辛基报》(*Helsingin Sanomat*, HS)

《赫尔辛基报》创办于1889年,因其主要发行地赫尔辛基而命名,是芬兰最大的订阅日报。除特定的节假日,每日出版。《赫尔辛基报》归 SANMA 公司所有。截止到 2008 年,该报在周末的日发行量达到了 412421 份,并且在周日达到 468505 份,这意味着芬兰 8%的人都阅读该报。

网址:http://www.hs.fi

- 《晚报》(*Ilta-Sanomat*)

《晚报》创办于 1932 年,是芬兰国内占主要地位的晚报之一,也是国内第二大报纸。最大的竞争对手是《晚刊》(*Iltalehti*)。

网址:http://www.iltasanomat.fi

- 《经济报》(*Taloussanomat*)

《经济报》创办于 1997 年,是芬兰最大的上线商业日报。2007 年 12 月 28 日开始只在网络上发行。2011 年,每周有读者约 700000 人。

网址:http://www.talousanomat.fi

- 《晨报》(*Aamulehti*)

《晨报》是芬兰发行量第二的早报。该报成立于 1881 年,当时处在俄国统治时期,创办《晨报》是为了提高芬兰人民以及芬兰语的地位,该报间隔四周出一期增刊,出版日为周五。

网址:http://www.aamulehti.fi

- 《晚刊》(*Iltalehti*)

《晚刊》创办于 1980 年,是芬兰第三大报纸。

网址:http://www.iltalehti.fi

- 《商刊》(*Kauppalehti*)

《商刊》创办于 1897 年,是芬兰商贸方面的报纸,每周一至周五出版发行。

网址:http://www.kauppalehti.fi

2. 广播电视

- 芬兰国家公共广播电视公司(Yleisradio Oy,YLE)

芬兰国家公共广播电视公司成立于 1926 年,与英国的 BBC 有许多相似之处。芬兰国家公共广播电视公司主要经营 4 个国家电视频道、13 个广播频道和 25 个地区广播,员工有 3200 人左右,芬兰国有资本持有其 99.98% 的股份。

芬兰国家公共广播电视公司的主要频道有 TV1、TV2 和 YLE FEM。TV1 是芬兰国家公共广播电视公司历史最悠久的频道,同时也是该台的主要力量。主要提供新闻时事、纪录片、戏剧、文化、教育等相关节目,也播出娱乐、电影和与英国选秀节目类似的节目。TV2 成立于 1964 年,主要播出儿童、青少年以及体育节目。一些戏剧、娱乐和纪实类节目也在该频道播出。YLE FEM 用瑞典语播报新闻,主要播出纪实类节目和儿童节目。

在国际电视广播中,芬兰国家公共广播电视公司著名的电视频道 NUNTII LATINI 使用拉丁语播出节目。SVENSKA YLE 用瑞典语播出节目。

网址:http://www.yle.fi

- MTV3

MTV3 成立于 1957 年 8 月 13 日,是芬兰第一家商业电视台。MTV3 主要频道有:Sub,AVA,MTV3 MAX,MTV3 MAX HD 等,2011 年观众市场份额约为 21.8%。

网址:http://www.mtv3.fi/

- Nelonen

Nelonen 成立于 1997 年 7 月 1 日,是芬兰的一家商业电视台,由赫尔辛基 HTV 有线电视的电视频道 PTV 改名而来。Nelonen 向澳大利亚、美国、英国等国播送电视节目。该电视台成立得过于迅速,并未为其发展做足准备,过于注重节目的引进。这种现象在电视台成立之初比较明显,其节目质量不高。

网址:http://www.nelonen.fi

3. 通讯社

- 芬兰新闻社(Oy Suomen Tietotoimisto,STT)

芬兰新闻社于 1887 年在赫尔辛基成立,提供实时的综合性新闻服务。服务对象包括媒体、企业、政府部门及其他组织。长期以来,芬兰新闻社都是芬兰传媒特别是报刊的国内、国际新闻重要来源。

芬兰新闻社提供英语、芬兰语和瑞典语新闻。服务还包括目录、日程表、新闻档案、周年专访、青少年服务、广播节目信息和报刊发行信息等。除为传统信息渠道提供服务外,近年来还增加了对网络媒体和移动媒体的服务。该网站上的图片和视频向广大用户免费开放。

100多个传媒公司订购了芬兰新闻社的服务,其中绝大多数是芬兰发行量排名靠前的日报。MTV3和尼尔森电视台、NOVA广播台及商业广播台也是其用户。2007年开始,芬兰国家广播公司也开始向芬兰新闻社订购服务。

网址:http://www.stt.fi

- UP新闻通讯社(UP-Uutispalvelu)

20世纪80年代末90年代初,芬兰四个主要政党开设了他们自己的新闻通讯社,中间党办了UK通讯社(Uutiskeskus),社会民主党办了工人新闻社(TST),国家联盟党办了报刊新闻服务社(LSP),人民民主党办了民主新闻服务社(DLP)。不过,这些通讯社因其附属党派的消失而萎缩。

UP新闻通讯社是唯一仍活跃的政党性新闻通讯社。它以TST为基础,1997年将DLP整合进来。UP作为一个少数派通讯社,为30家报纸,主要是社会民主党报,以及60多个商业联合会及其他组织提供政治、劳动市场和经济方面的新闻。它力图遵循市场经济规则,为互联网提供服务。

三、教育·科研

- 坦佩雷大学传媒与戏剧学院(SCHOOL OF COMMUNICATION, MEDIA AND THEATRE, CMT, University of Tampere)

坦佩雷大学传媒与戏剧学院自20世纪60年代以来一直是芬兰最好的新闻传播学院。它基于社会科学、艺术和人文科学的传统,提供新闻、传播及戏剧方面的教育和研究。除新闻工作者和演职人员外,该学院还为商业及公共单位培训传播研究者、戏剧演职人员和演讲专业人员。目前提供两种跨学科本科学位项目:新闻与传播学位、戏剧艺术学位。另有8个硕士学位项目,其中一个为英语项目。4个科目为:新闻与大众传播、语言交际、电影和戏剧研究、戏剧名著研究。目前主要项目包括:传播、新闻与戏剧,媒介化的社会,变动世界的互动,表演维度。其拥有两个研究中心:新闻与传媒研究中心(COMET)、戏剧实践研究中心。

目前的学院院长是海基·赫尔曼(Heikki Hellman)博士。

网址:http://www.uta.fi/cmt/en/introduction/index.html

四、管理·规制

1. 管理机构

- 芬兰通信管理局(Finnish Communications Regulatory Authority,Ficora)

芬兰通信管理局隶属于芬兰交通与通信部,是电信和信息社会服务的常设性管理权威机构。监管广播频段、通信网络号码和网络地址的使用。它为公共服务节目制作收集电视和执照费,认证短期广播执照、监察电视和广播节目的内容和广告。还对出版通信市场和服务进行监管。互联网、移动服务和电子商务的扩张及全球化,使得该管理局的权责随之拓展。用户可以向该局提出关于广播电视运营法案的申诉。

- 大众传媒委员会(Council for Mass Media)

大众传媒委员会成立于1968年,由出版商、新闻从业者及与之相关的团体或个人组成,是一个大众传媒维护正当自由责任的自律机构。近年来,该委员会也开始对网络有害内容进行监测。

2. 法律法规

- 《大众传媒表达自由实践法案》(Act on the Exercise of Freedom of Expression in Mass Media)

《大众传媒表达自由实践法案》于2004年年初开始实施,主要监管印刷出版和节目制作。它对之前的《报刊法案》(Press Act)及《广播责任法案》(Radio Broadcasting Responsibility Act)做出修正。该法案对一般性印刷出版和节目制作列出多条特别要求。

- 《广播电视行为法案》(Act on Radio and Television Activities)

《广播电视行为法案》于1998年开始实施,对电视节目配额作出规定。该法案遵循欧盟电视无国际的指令(EU Directive Television Without Frontiers)。根据法案,芬兰5年内必须有15%的节目由独立制作者制作。

- 《芬兰国家广播公司法》(Act on Yleisradio Oy)

《芬兰国家广播公司法》于1993年开始实施,2005年做出重要修订。该法规定了芬兰国家广播公司作为公共服务广播电视公司的地位以及它的议会管控模式。

- 《视听节目分级法案》(Act on the Classification of Audiovisual Programmes)

《视听节目分级法案》于2000年实施,提供电视节目分级指导,以保护青少年免受色情节目或暴力节目的影响。违反该法案将根据芬兰刑事法典进行处罚。

- 《国家视听档案法案》(Act on National Audiovisual Archive)

《国家视听档案法案》实施于2007年,拓展了之前《芬兰电影档案法案》(Act on Finnish Film Archive)的权责,将广播电视节目也纳入了视听档案的范畴。广播电视节目的系统性存留、支撑研究的节目数据库的引进开始于2010年年初。刻录下来的节目可以在档案馆、赫尔辛基大学、议会图书馆和坦佩雷大学查阅。

法 国
France

一、国家概况

法兰西共和国位于欧洲西部,现为法兰西第五共和国,与比利时、卢森堡、德国、瑞士、意大利、摩纳哥、安道尔、西班牙接壤,隔英吉利海峡与英国相望。法国是联合国安理会五大常任理事国之一,也是欧盟和北约创始会员国,首都巴黎是世界时尚之都和全球领先的城市之一。法国面积 551602 平方公里,人口总量 6386 万,官方语言为法语。

法国有 11 份全国性日报、47 份地区性日报,其中《费加罗报》发行量最大,其次是《世界报》。法国共有 1200 家广播电台,国有广播公司 Radio France 拥有 5 家主要电视台,国际广播 RFI 和第三世界频道(Third World channel)具有很强的国际影响力;私营频道也比较受欢迎,主要是一些海外频道,如卢森堡广播电台。法国的电视领域主要有 6 股力量,分别是 3 家公营电视台 France 2、France 3 和 Arte/France 5,2 家私营电视台 TF1 和 M6 以及加密网络 Canal +,数字地面电视 TNT 的成功对这些主要频道形成了挑战。法国有 520 万互联网用户,几乎所有报纸都有网络版,其中有一些影响力非常大,比如体育日报的网站 lequipe.fr 和法国日报的网站 lemonde.fr 的日访问量都超过了 4000 万。

二、主流媒体

1. 报刊

法国主要报纸有:《世界报》《法兰西晚报》《费加罗报》《法兰西西部报》《回声报》和《国际先驱论坛报》。根据统计,全法国 11 家全国性大报中,发行量最大的是《费加罗报》,其次是体育报纸《队报》《世界报》和《法兰西今日报》。

- 《费加罗报》(*Le Figaro*)

《费加罗报》是法国的综合性日报,也是法国国内发行量最大的报纸,创立于 1853 年,它的座右铭是"倘若批评不自由,则赞美亦无意义"。《费加罗报》隶属于沙克报业集团。该集团在法国和比利时共拥有超过 70 种法语媒体,总部位于巴黎。该报观点保守,重视社论,也是法国有名的"质报"①。内容丰富,综合性强,包罗万象,版面合理,被认为是最能体现法兰西"贵族风格"的报纸。读者以文化水平较高的商界人士和高级职员为主。现在每天约出 100 版,附加经济专页和体育专页。广告收入丰厚,销量稳定。

网址:http://www.lefigaro.fr

- 《世界报》(*Le Monde*)

法国最有名的"质报",创刊于 1944 年 10 月,前身为《时报》(*Le Temps*)。它是法国第二大全国性日报,也是法国在海外销售量最大的日报,在法语国家地区颇有影响力,国际知名度较高。主要读者是法国和法语国家地区的政、经、知识界及专业人士。该报内容全面,信息量大,报道严肃,深层报道和评论、政要专访比较多,措辞讲究。其国际时评言简意赅,有较强的权威性和参考价值,颇受各方关注。法国总统、总理、外长常在该报发表独家谈话,外国元首和政经界人物也常接受该报记者采访。该报政治倾向"中左",在国际问题上反映法政府立场。该报拥有近 200 名编辑、记者,在全球十余个大城市派驻记者。《世界报》网络版创办于 1998

---

① 在法国报纸有"质报"和"量报"之分。质报主要面对上层人士和知识界,以高质量、高品位取胜;量报则注重娱乐性和趣味性,以吸引普通民众。

年，2000年增扩内容，其中最受欢迎的是它的资料库，存有近4年《世界报》刊登过的70万篇文章。

网址：http://www.lemonde.fr

- *ELLE*

是一本专注于时尚、美容、生活品位的女性杂志，1945年创刊于法国，1988年进驻中国，*ELLE*杂志在全球36个国家发行，月销量为500万本，并且早在1985年就超越法国的国界成为领导世界时尚的杂志，拥有超过2000万忠实读者。今天，*ELLE*杂志已经超出时尚杂志的范畴，成为一个国际性的时尚品牌。目前在全球拥有超过150个版权商和250种产品。它代表女性自信的、有活力的、有魄力的、好奇的、有魅力的、自由的形象。

2. 广播电视

法国广播电视机构公私并存，以私营为主。其中，公共广播电视台包括电视二台（历史最悠久的法国公营电视台，1964年开播）、电视三台、戴女士七台和第五电视网。商业型广播电视机构包括欧洲一号电台、蒙的卡罗电台、南方电台、卢森堡广播电台、电视一台、电视五台、六台。有线电视包括欧洲文化电视台等，已经使用了两颗几乎覆盖整个西欧的广播电视卫星，向4亿观众播出。

- *法国广播电台*（Radio France，简称RF）

法国广播电台前身为法国在1922年开办的第一座广播电台。1945年3月，电视重新开办以后，广播机构改组为国营法国广播电视公司（RTF）。此后又经多次改组、调整，1982年成为负责承办法国本土无线电广播节目的独立公共事业机构。

它作为法国主要公共广播机构之一，负责经办3套全国性广播节目，分别是：第一套"法兰西——全国"，为综合性节目，使用长波、中波、调频广播，24小时播出；第二套"法兰西——文化"，以文学、戏剧、电影、科学技术等文化知识节目为主，使用中波、调频广播，每天广播约17小时；第三套"法兰西——音乐"，为调频广播，主要内容为古典、现代音乐和有关的评论和解说，连续广播24小时，此外还有三套节目向巴黎地区广播。

- 法国国际电视台

它是法国为通用法语的非洲国家公共电视台提供节目的电视机构,隶属于法国广播金融投资公司。该台为国营性质,组织形式为股份公司。1988年10月开始运营,以普及法国文化为目的,重点对象地区是非洲、中东和东欧。从1996年起开始向亚太地区发展,计划成为全球性的国际电视台。它通过卫星每天向非洲国家电视台传送4小时节目,由当地电视台原样或重新编排后播出。

在它传送的节目中,法国电视二台的节目占50%,电视一台和三台的节目共占20%,30%是其他私营节目制作机构的产品。节目中包括电视片、大型故事片、综艺、体育比赛转播、固定节目、纪录片、新闻报道和文化节目等,以及《六边形》《数字和字母》等名牌节目。其中,纪录片受到高度评价。

该台同部分非洲国家代表建立了电视节目方针协商委员会。每年和非洲不同地区的代表讨论电视节目问题,决定下一步的战略。它的目标是增加非洲节目。它曾资助非洲制片商拍摄富有非洲特色的电视片,与非洲一些电视台交换电视节目。

- 法国国际广播集团

它是法国唯一面向全球播音的广播集团,通过新闻节目及时事专题节目迅速、快捷地向全球播报发生在世界各个角落的政治、经济、体育、社会及文化活动新闻。

3. 通讯社

- 法国新闻社(AFP)

法国新闻社(简称法新社)成立于1944年,是与路透社、美联社和合众社齐名的西方四大世界性通讯社之一。前身是由夏尔·哈瓦斯于1835年创建的"哈瓦斯通讯社"。法新社是西方四大通讯社中资格最老的一个。

法新社从业务上分三大部:新闻部、总务部、技术部。摄影部较小,从属于新闻部。总社每天通过各条线路、用各种文字编发新闻稿。在全世界160多个国家和地区有新闻稿订户约3500家。法新社的技术设施非常先进,拥有多台计算机、无线电发射台及5颗不同的人造卫星。用于编稿的显示终端数十台、电传机数千台。目前,法新社拥有来自81个国家和地区的2000多名雇员,其中900人左右在国外工作,还有覆盖全球165个国家和地区的110个办事处,它们分设在五个大区。

法新社是一个非营利性的自治公共组织,采取商业化的操作,并且独立于法国政府,法令规定:法新社禁止接受直接的政府补助。但法新社的主要客户是法国政府,它为法新社的各种服务提供捐赠。实际上,这些捐赠相当多地作为法新社的补助金。

网址:http://www.afp.com

三、教育·科研

● 巴黎第二大学法国新闻学院(IFP)

法国新闻学院是巴黎第二大学(Université Panthéon-Assas)下属的学院,其前身是巴黎新闻研究中心,1951年正式命名为法国新闻学院。该学院从1957年开始归属于巴黎大学,以从事研究活动为主。

法国新闻学院专门提供信息学和传媒方面的高等教育(文字或影视媒体、互联网等),设置本科、硕士研究生和博士研究生课程(包括全日制和非全日制课程),面向国际招生。开设的课程包括:"信息与传媒学士课程"(3年制)、"新闻硕士文凭课程"(2年制)和"信息与传媒校颁文凭课程"(向外国学生开放)等。

跨学科研究和分析中心(CARISM)是隶属于法国新闻学院的关于媒体和传播的研究中心。目前,中心研究的领域集中在民主文化、媒体产品、国际传播等领域,2008年有3个翻译所主持的研究计划。跨学科研究和分析中心汇聚了法国新闻学院的教职人员和研究生,为他们提供良好的研究环境。

巴黎第二大学法国新闻学院有教师15人,拥有一支由50位媒体和通信领域的专业人士组成的团队且每年都邀请十几名欧洲大学(丹麦、英国、挪威、葡萄牙、西班牙等)的外国学者到法国新闻学院讲课。

M.费德里科·兰伯特(M·Frédéric Lambert)教授是法国新闻学院跨学科研究和分析中心主任,法国国家科学研究中心、巴黎第七大学委员会成员。主要授课方向为信息科学与传播。M.费德里科·兰伯特教授的研究领域包括:传播话语分析、传播图像分析、符号学和人类学、图像和媒体的图像符号学、媒介文本和图像分析。

巴黎第二大学位于法国巴黎拉丁区。巴黎是法国的首都和最大的城市,也是法国的政治、经济、文化中心。拉丁区处于巴黎五区和六区之间,从圣日尔曼德佩区(Saint Germaindes Prés)到卢森堡公园,是巴黎著名的学府区。

联系方式:

网址:http://ifp.u-paris2.fr/

电话:+33(0)144415795

邮箱:gianni.gortan@U-paris2.fr(秘书处)

- 艾克斯 – 马赛第二大学新闻与传播学院(EJCM)

艾克斯 – 马赛第二大学(Université de la Méditerranée:Aix-Marseille 2)创办于1973年,是一所包括医疗健康,人类、社会与技术科学,理学三大领域的多学科综合大学。

艾克斯 – 马赛第二大学的新闻与传播学院设置本科、硕士研究生和博士研究生课程(包括全日制和非全日制课程),面向国际招生。新闻与传播学院的专业设置有:数字内容传播(下属四个不同方向)、传播组织与可持续发展及高级传播研究。

新闻与传播学院共有10名固定的教学成员,此外还有100多名记者、咨询顾问、媒体专家、通讯项目经理、商界领袖为学生授课。亚历山大·尤克斯(Alexandre JOUX)是新闻与传播学院的院长,是巴黎第二大学和欧洲商学院(EBS 巴黎)共同出版的欧洲媒体杂志的创始人之一。亚历山大·尤克斯在2005—2010年间,也在法国新闻学会任教。亚历山大·尤克斯的研究主要集中在信息和文化产业、战略数字媒体、数字经济和在线服务。

信息与科学研究中心(IRSIC)成立于2008年,隶属于艾克斯 – 马赛第二大学的新闻与传播学院。该中心的研究主要围绕传播行为和社会效用、新媒体研究、数字经济、商业信息监控和传播组织创新结构调整等。中心有60多名教师及博士生。

马赛(Marseille)是法国第二大城市和最大的海港,城市人口123万。该市三面被石灰岩山丘所环抱,景色秀丽,气候宜人。马赛·普罗旺斯机场位于市郊的马里尼亚纳区,是法国的第四大机场。

联系方式:

网址:http://ejcam.univ-amu.fr/

电话:+33(0)491243200

- 巴黎-索邦第四大学信息与交流科学高等研究学院

巴黎-索邦大学(Université Sorbonne)即巴黎第四大学,由罗伯尔·德·索邦(Robert de Sorbon)创办于1253年。信息与交流科学高等研究学院(CELSA Paris-Sorbonne)是巴黎索邦大学的一部分,但作为独立院校招生,是法国最好的传播学院。

信息与交流科学高等研究学院的专业设置为新闻学、传播管理和媒体与传播。大约有700名学生在CELSA学习"新闻""企业通信""跨文化管理""市场营销和广告""人力资源管理""多媒体研究"等课程。CELSA的教授由来自巴黎索邦大学的学者和来自不同媒体业务部门的专业人士组成。学院的教师使用不同的教学方法,包括案例研究、讲授/讨论、团队项目、模拟练习和独立的研究。

格里匹克小组(Gripic)是跨学科研究信息过程和传播的研究小组,隶属于信息与交流科学高等研究学院。

信息与交流科学高等研究学院共有21名教职员工,包括教授、博士生讲师等。Karine BERTHELOT-GUIET是信息与交流科学高等研究学院的教授。1998—2005年间,他在信息与交流科学高等研究学院担任讲师,自2005年起,Karine BERTHELOT-GUIET便一直是信息与交流科学高等研究学院的教授。主要教授课程有"内容分析""信息与传播学""市场营销和商业传播""品牌理论方法""社会符号学""符号学在市场营销和商业传播中的运用""语言学和符号学""广告史"等。其研究领域包括:交通广告在当前的话语分析、相关广告语言的陈述和虚拟语言、品牌名称的理论、广告话语和媒体话语的符号学传播方法、媒介转换分析。

索邦-巴黎第四大学主校园位于巴黎市拉丁区中心,此外还拥有12个校区,信息与交流科学高等研究学院位于诺伊市(Neuilly)。巴黎是一座世界历史名城,名胜古迹比比皆是,埃菲尔铁塔、凯旋门、爱丽舍宫、凡尔赛宫、卢浮宫、协和广场、巴黎圣母院、乔治·蓬皮杜全国文化艺术中心等,均是国内外游客流连忘返的地方。

联系方式：

网址：http://www.celsa.fr/index.php

电话：+33(0)146437676

- 斯特拉斯堡大学新闻教育中心（Centre universitaire d'enseignement du journalisme，简称CUEJ）

斯特拉斯堡大学（Université de Strasbourg，简称UDS或斯堡大学）是一所多学科综合性大学，也是法国学生和教师人数最多的大学。新闻教育中心创建于1958年，是法国历史最为悠久的新闻院校之一，它以具操作性和实践性的教学模式培养出了一大批具有娴熟业务能力的学生，受到了国内外媒体同行的一致认可。

斯特拉斯堡大学新闻教育中心有教师13人，且拥有由许多来自法新社、法国的广播电台以及电视台的专业人士组成的团队。菲利浦·布雷东（Philippe Breton）是法国斯特拉斯堡新闻教育中心的教授。他还是《知识》（*Savoirs*）杂志的主编，以及《马赛》（*La Marseillaise*）杂志的专栏作者。

斯特拉斯堡大学坐落于法国阿尔萨斯大区北部城市斯特拉斯堡的4个主要地区以及阿尔萨斯的一些区域，总共有110座大楼和80公顷土地。斯特拉斯堡位于法国国土的东端，与德国隔莱茵河相望，是法国阿尔萨斯大区和下莱茵省的首府。在历史上，德国和法国曾多次交替拥有对斯特拉斯堡的主权，因而该市在语言和文化上兼有法国和德国的特点，是这两种不同文化的交汇地。

联系方式：

网址：http://cuej.unistra.fr/

电话：+33 3 68 85 83 00

邮箱：scola@cuej.unistra.fr

四、管理·规制

- 广播电视高等委员会（Conseil supérieur de l'audiovisuel，CSA）

成立于1989年的广播电视高等委员会是承担四种主要职责的独立行政机构：

向私营电视台和电台发放许可证,任命公营电视台和电台的负责人,监控电视台和电台节目,通过广播电视对政府议案发布意见。

广播电视高等委员会授予私营电视公司和电台广播电视许可证,对一些公营电台和电视台的五位行政委员会成员进行任命,其中包括任期五年的委员会主席。这些电台包括法国电台、法国国际广播电台(RFI)和法国电视台(法国2、法国3和法国5,RFO)。广播电视高等委员会对广播电视公司的监控包括他们的节目是否符合多元化,规定的配额和青少年保护的义务。这种控制是基于对所有无线电视节目和广播电台的日常监测,对有线电视和卫星服务随机观察。广播电视公司必须每年对广播电视高等委员会报告他们履行义务的情况。当广播公司未能履行其义务或违反规定,广播电视高等委员会可以在职责范围内实施行政处罚或提起诉讼。

除了上述四个主要职责,广播电视高等委员会还执行其他一些功能。如定期开展对广播电视各方面的研究和调查;它与其他国家类似的规管机构交流意见。在选举中,广播电视高等委员会设立电视竞选活动的规则和监督候选人的选举节目播出。它也可以接收和处理来自观众有关接收技术问题的投诉。最后,根据2004年电子通信法规定,广播电视高等委员会可仲裁运营商之间的冲突,重点在于如何将服务提供和销售给公众,因为在特定范围内这些会影响多元化发展和公平竞争。

但同样需要强调的是,广播电视高等委员会并不具有对金融问题的管辖权,这意味着它不能对公营广播电视公司或私营广播电视公司的财务战略进行规制。

德 国
Germany

一、国家概况

德意志联邦共和国位于中欧,东邻波兰、捷克,南接奥地利、瑞士,西接荷兰、比利时、卢森堡、法国,北与丹麦相连,并邻北海和波罗的海与北欧隔海相望。德国是欧洲大陆主要的经济与政治体之一,是欧盟的创始会员国之一。德国面积约35.7万平方公里,人口总量8185.9万,首都柏林,官方语言为德语。

德国报纸数量众多,有各类报纸1512份,其中地方报市场广大,95%的订阅报纸都是地方报。在全国性日报中,影响力较大的有《图片报》《世界报》和《法兰克福汇报》。德国广播电视实行双轨制,传统的公共服务广播是独立的非商业组织,财政来源主要是电视授权费;德国传媒相关法律通过发放商业广播电视许可,规定有线电视可以播放的节目,特别规定电子媒体应在传统的公共公司之外。德国有两家全国广播电视台,分别是在柏林播放的以文化节目为主的德国之音和在科隆播放的以新闻节目为主的德国广播电台,这两家都是公共电台;商业广播大部分是地区性的,由各联邦州发放许可证,有些商业广播活跃在多个地区。德国的所有地区公共广播公司联合组成了德国广播电视联合会(ARD),并且根据地区大小为全国性的电视台德国电视一台(Das Erste)提供节目,除此之外,各州都独立组织地区频道播放地区性的内容以及更具教育性、文化性的节目;德国电视二台(ZDF)基于所有联邦州的协议建立,与德国广播电视联合会一起提供诸如儿童频道等一系列专业频道。德国有互联网用户6750万人,所有纸质媒体和广播电视媒体都建立了网站,在新闻方面最成功的是《明镜周刊》网络版(Spiegel-online)。

二、主流媒体

1. 报刊

- 《图片报》(Bild)

《图片报》由阿克塞尔·施普林格股份公司发行,第一期于1952年6月24日和读者见面,它是德国也是欧洲发行量最大的日报,以零售为主,报社总部位于汉堡。目前,《图片报》每周发行六天,在德国全国每天发行32个城市和地方版,另外在马略卡、加那利群岛、维罗纳和伊斯坦布尔发行外国版。在香港,《图片报》通过卫星传输印刷。该报拥有大批读者,对舆论的形成具有很大的影响力。

早期的《图片报》风格模仿英国《每日镜报》(Daily Mirror),报纸只有4版,以图片报道为主,配有简短的说明,报纸内容往往耸人听闻,融名人轶事、星相、犯罪故事、政治评论、笑话等于一体,价格只有10芬尼,此种办报方针迅速赢得大量读者。今日的《图片报》虽然不再以图片为主,但耸人听闻的风格并未改变,性、犯罪、战争仍然是报纸的主题,名人的是非也经常能成为报纸头条,体育特别是足球也是报道的重点。该报注意让图片说话,使新闻故事形象化;简化语法和内容,使阅读更加方便,报纸近半数的句子不超过四个词。永远采用"我们"的语态,以激起读者的共鸣。标题中的感叹语气和疑问语气的标点数目超过陈述标点。

网址:http://www.bild.de/

- 《世界报》(DIE WELT)

《世界报》由第二次世界大战的战胜国于1946年4月2日在汉堡创建,1993年迁至柏林,是一份注重质量并且在全球130多个国家编辑发行的日报,现在是阿克塞尔·施普林格出版集团的核心报纸。

《世界报》在国内有11个分社,在世界主要国家驻有记者。主要读者是政界、经济界领导人,发行量不大,但在世界上影响力较大,因而该报被视为德国具有代表性的报纸。《世界报》是欧洲日报联盟的创建者之一,目前在国际事务的报道中与同属该联盟的别国报纸例如《每日电讯》《费加罗报》和《西班牙 ABC 报》进行合作和共同编辑。

该报每日发行(周日版名为《星期日世界报》),属于公民保守派报纸,明确倾向于市场经济报道。该报综合要闻多达 20 – 30 个版面,时事社评水平较高。另外还有同样数量版面的各种副刊,如"精神世界""文化世界""旅游世界""汽车世界"等。

网址:http://www.welt.de/

- 《法兰克福汇报》(*Frankfurter Allgemeine Zeitung*,缩写:*FAZ*)

1949 年 11 月 1 日发行,自视为《法兰克福报》的继任者,是德国的全国性日报,报社总部位于法兰克福。该报在所有的德国严肃报纸中拥有最高的国外知名度。

《法兰克福汇报》日发行量超过 35 万份,读者人数超过 100 万,是德国发行量较大的报纸之一。《法兰克福汇报》在许多社会政治讨论中不仅起到形成舆论的作用,许多讨论甚至就是由该报发起的。《法兰克福汇报》对社会政治的特别影响还体现在刊登读者来信上,许多参与某个讨论的名人都通过该报发表自己的见解。

按照《法兰克福汇报》的办报方针,报纸的任务就是激发思考。《法兰克福汇报》认为真相是至高无上的,因此明确地区分新闻和评论对报纸至关重要。在政治上报纸的取向为自由 – 保守主义,但并不怯于为其他立场的评论提供发言的论坛。《法兰克福汇报》在国内外都拥有自己广泛的通讯员网络,而在一些国际性大都市甚至有多名通讯员分别负责政治、经济或文艺等不同领域的新闻报道。《法兰克福汇报》定期刊登读者来信以发表不同的观点。报纸的报道内容还经常涉及当前热门的法律话题,因此该报也被法律界人士私下视作必读报纸。

网址:http://www.faz.net/

- 《南德意志报》(*Süddeutsche Zeitung*,缩写:*SZ*)

1945 年 10 月 6 日,《南德意志报》成为战后首份获得驻拜恩美军签发发行许可证的报纸,在获得许可证的当晚,首期报纸发行,现在是德国以订阅方式发行的发行量最大的全国性报纸,由南德意志出版社发行,报社总部位于慕尼黑。

《南德意志报》每周发行六天,报纸的日发行量超过44万份,读者人数超过110万。《南德意志报》第一版名为"高光"(Streiflicht)的短评专栏具有很高的知名度,此外,报纸第三版的长篇报道和背景文章以及第四版由该报知名作者撰写的社论也是《南德意志报》的特色。

《南德意志报》在内政上持批判的自由主义立场,在经济政策上支持自由主义经济。全国发行的《南德意志报》包含政治、文化、经济、体育四个部分,在慕尼黑当地发行的地方版还包括刊登地方新闻的副刊。《南德意志报》在每周一都有一份选登《纽约时报》文章的增刊,每周五有《SZ 杂志》副刊,每周六有周末副刊,每周四出版的慕尼黑地方版还有一份刊登各种即将举行的活动的增刊。

网址:http://www.sueddeutsche.de/

- 《法兰克福评论报》(*Frankfurter Rundschau*,缩写:*FR*)

《法兰克福评论报》首次发行于1945年8月1日,为美国占领区第一家报纸和二战后德国的第二家报纸,是一份左翼自由主义的报纸,目前为法兰克福印刷出版社(Druck und Verlagshaus Frankfurt am Main)所有,发行量超过181000份,属于主导德国舆论的日报,有重要的社会影响。

网址:http://www.fr-online.de

- 《日报》(*die Tageszeitung*,缩写:*taz*)

《日报》于1978年9月27日发行,最初只是一份合作制、不定期发行的报纸,1979年4月17日开始正式定期发行。《日报》自创刊起便屡屡面临财政危机,数次濒临破产。报纸通常的应对之策就是发起救援运动,吸引读者注意以增加订阅量。2003年上半年报纸实现了历史上首次赢利。

《日报》是德国一家独树一帜的全国性报纸,由大学生、社会知名人士和新闻记者组成的日报出版合作社发行,发行量约60000份左右,其中近50000份是通过订阅方式发行的。从1995年起该报就把当日全部内容登在互联网上,是第一家发行网络版的德国报纸。自1980年11月4日起,《日报》开辟了一个报道柏林新闻的板块,这后来成为在东部新联邦州发行的《日报》的固定版面。此外《日报》在北德联邦州不来梅、下萨克森、汉堡等地发行北部地方版(taz Nord)。

报纸的市场定位不同于当时普遍流行的小市民取向,而是针对大学生、环保主义者、左派自由主义者、左派社民党员等群体,并积极参与了80年代大学生强占空房运动。《日报》鲜明的左派立场一直保持至今。《日报》一贯坚持左派的、批判性的政治立场。报社的编辑章程规定报纸须捍卫人权,替政治上的弱势发声,反对任何形式的歧视,新闻报道追求真实性,编辑上拒绝外力的影响和介入,给予国内外新闻同等的关注。《日报》凭借自己另类的办报方式、激进的立场,获得相当数量读者的青睐,经过二十几年的发展,如今已经成为一份能够影响德国舆论的举足轻重的大报。

网址:http://www.taz.de/

- 《欧华导报》

《欧华导报》是在德国发行的华语报纸,每周出版一期,由旅德华人及留学生创办,总发行量5万份,旨在为旅欧华人提供信息、咨询、论坛和创作园地,丰富旅欧生活,帮助华人进入欧洲社会。

网址:http://www.chinesen.de/

- 《自由新闻报》(*Freie Presse*)

是一份德国的地区性日报,报社位于开姆尼茨,是萨克森州订阅量最大的报纸。

网址:http://www.freiepresse.de/

- 《威悉信使报》(*WESER-KURIER*)

1945年9月19日创刊,是德国西北地区的一家报纸,目前是不来梅市及其周边下萨克森州地区的主要报纸媒体,政治倾向中立。

网址:http://www.weser-kurier.de/

- 《明镜》周刊(*Der Spiegel*)

该报于1946年由英国占领军在汉诺威创办,当时叫《周刊》。1947年,德国人接手这份杂志。当年1月4日,《明镜》借鉴英美的新闻杂志,正式发行了第一版《明镜》杂志。

《明镜》从创刊开始就充满了压力与争论,其与英国的主管一直在发行权的问题上纠缠不清。当《明镜》还没有成为德国的大众传媒领导者之前,该杂志就开始影响着人们的观点。经历过十年"民主突击炮"事件之后,《明镜》在德国传媒界站稳脚跟,成为真正的主流杂志,每周的平均发行量近110万册,主旨是政治批评与严肃的政治评论。

网址:http://www.spiegel.de/

- 《焦点》(Focus)

该周刊于1993年1月18日首次出版,创始人是德国著名记者赫尔穆特·马克沃特(Helmut Markwort)和德国布尔达传媒集团掌门人休伯特·布尔达(Hubert Burda)。它是德国第三大新闻周刊,涉及政治、经济、文化、科学技术、体育和生活等方面的内容,出版商是慕尼黑的布尔达出版社(Burda-Verlag)。

《焦点》周刊在线网站1996年1月上线,与MSN德国公司合作。《焦点》电视栏目随后建立,作为德国ProSieben电视台的一款新闻周刊节目。《焦点》周刊下辖《焦点·财富》(Focus-Money,2000年3月创刊)和《焦点·教育》(Focus-Schule,2005年1月创刊)。

《焦点》杂志开创了一种全新的风格,使得读者可以用更短的时间来阅读。从创刊起,该杂志便针对竞争对手《明镜周刊》的定位,大量采用彩色图片和信息图表。该杂志被认为具有政治保守主义和经济自由主义的倾向。

网址:http://www.focus.de

- 《亮点》周刊(Stern)

《亮点》创刊于1948年,前身是青年杂志Zick Zack,主要面向德国及全欧洲发行,它在德国每周拥有约750万读者,总部设立在汉堡,在中国上海也设有分社。

德国《亮点》周刊的新闻报道涉猎丰富,素以生动耐读的文字和人物刻画见长,尤其难得的是在新闻类期刊中至今仍坚持大力而又精当地使用图片,并因此享有盛誉。杂志被认为具有批判自由主义和一定的左翼自由主义倾向。但该周刊有时也会发表一些经济自由主义、保守主义和左翼立场相关观点的文章。

网址:http://www.stern.de/

- 《踢球者》(Kicker-Sportmagazin)

该杂志于1920年7月在德国康茨坦茨创刊,是德国的一份体育杂志,以足球报道为主。第二次世界大战期间,该杂志与刊物《足球》合并,最终在1944年的秋天停刊。前主编贝克尔(Becke)1951年重新开始出版《踢球者》。1968年,纽伦堡的奥林匹亚出版公司取得《踢球者》杂志的所有权,与《体育杂志》(*Sportmagazin*)合并,新成立的《踢球者运动》杂志于1968年10月7日首发。

该杂志每周出刊两期,分别是在周一及周四出刊。周一版的平均销量约为24万份,周四版的平均发行量约为22万份(2005年)。该刊每年还会出版一份年鉴,名称是 *Kicker Almanach*。

网址:http://www.kicker.de/

- 《环欧信息》(*European Chinese News*)

《环欧信息》是一份在欧洲发行的综合性中文杂志,1999年9月在德国班贝格(Bamberg)创立,创刊时《环欧信息》(月刊),后来因为很多读者都称之为"那本月刊",2001年2月干脆定名《本月刊》,它是欧洲第一份在"本土"诞生的营业性"上架"中文杂志,拥有独立刊号和欧洲商品编码。

在内容上,杂志秉持客观、中立的立场,报道欧洲国家动态,分析欧盟政经法律,编辑方针为:资讯、知识、女性。

网址:http://www.chinafan.de.tt/

2. 广播电视

- 德国之声(Deutsche Welle,缩写:DW)

从1953年5月3日开始广播节目,1960年通过立法,"德国之声"正式成为独立的广播电台。1962年起,德国之声陆续扩充其他语言丰富的广播节目。1990年,随着两德统一,原民主德国的柏林国际广播电台终止对外广播。该电台的一些工作人员和其播出频率与播出设备被德国之声收编。

德国之声是由德国政府全资资助的公营媒体集团,总部坐落在波恩和柏林,拥有来自60多个国家的1500多位工作人员,以制作广播、电视以及因特网的资讯服务于全球。德国之声以29种语言播出广播节目,以德语、英语和西班牙语播出电视节目。内容上侧重于报道国际时事,介绍德国时事、文化以及德国和其他国家之间的双边交流。

网址:http://www.dw.de

- 德国广播电视联合会（Arbeitsgemeinschaft der öffentlich-rechtlichen Rundfunkanstalten der Bundesrepublik Deutschland，缩写：ARD）

简称"德广联"，是德国公共广播电台所组成的合作组织，目前由九个州立广播电视公司联合组成，德国之声也是德广联的成员。德广联（ARD）、德国电视二台（ZDF）和德国广播电台（Deutschlandfunk）是德国公共广播的三个组成部分。

1950年8月5日，德国公共广播联盟正式宣布成立。该联盟当时成立的目的在于在不同领域中协调合作，以及为未来的合并做准备。联盟成员在合作的同时互相之间完全独立。1980年，德国开始允许发展私人商业电台，德国公共广播联盟为了适应新的竞争对其节目进行了微妙的调整。在全国性的节目中多播放大众化的节目。德国公共广播联盟的宗旨和目的不仅仅在于传达信息和娱乐，也在于鼓励对社会的不同组成部分进行研究和调查，以及在节目中反映出少数社会群体的声音。

网址：http://www.ard.de/

- 德国电视一台（Das Erste）

德国电视一台是德国公共电视频道，也是德国广播电视联合会各成员电视台的共同体，节目最早于1952年在汉堡录制，由当时的德国西北广播共同制作。从1954年10月31日起，其节目由当时的联邦广播台向全德国播出。1984年，该台被重命名为第一德国电视（Erstes Deutsches Fernsehen），自1997年起有了现在的名字"第一电视"（Das Erste）。

- 德国电视二台（Zweites Deutsches Fernsehen，缩写 ZDF）

1961年6月6日，德国各州签署协议，建立一个名为"德国电视二台"的电视台，各州轮流负责监督该电视台，每个州的监督期为两年。1963年4月1日，二台正式开播。二台是德国的一个公营电视台，也是欧洲最大的电视台之一，电视台在首都和各州均设有节目制作机构。

德国电视二台的经费主要来源于电视收视费，占全国电视收视费的30%。广告收入是辅助财源，广告播出限17点到20点之间，且必须与一般节目有明显的区别。

网址：http://www.zdf.de/

- 德国广播电台（Deutschlandfunk）

德国广播电台由联邦政府和州广播电台出资兴办，主要负责对国内广播，是德国国内重要的电台。1960 年 11 月 29 日，联邦政府创建德国广播电台（Deutschlandfunk）作为国营广播公司，总部设在德国科隆。在战后东西德国分裂期间，德国广播公司主要是针对东德和东欧讲德语的少数民族进行政治传播。德国统一后，其作为德国重要的公营广播提供与新闻时事、文化等相关服务。从 1994 年 1 月 1 日开始，德国广播电台被赋予了新的任务，主要提供与新闻和时事相关的服务，同时保留其工作人员和在科隆的工作室设施。

该电台以客观评论著称，主要负责国内广播，对德国当地以及全世界的重大新闻进行报道，在德国乃至整个欧洲都有较大的影响力。

- RTL（卢森堡广播电视公司）

RTL 集团是欧洲领先的娱乐内容制作和传播公司，德国媒体巨头贝塔斯曼拥有多数股权。它在 10 个国家拥有 53 个电视台和 29 个广播电台。这家总部位于卢森堡的媒体集团经营着在德国、法国、比利时、荷兰、卢森堡、西班牙、希腊、匈牙利和克罗地亚的电视频道、广播电台和在美国的生产企业。

- RTL 电视台（RTL Television）

RTL 电视台从属于 RTL 媒体集团，是德国也是欧洲最大的私营电视台，在欧洲电视业中排名第一。它不仅在法国、英国等 10 多个欧盟国家设有分台，而且已涉足唱片、出版及体育等领域，赢得了广大的声势和滚滚财源。经过近 20 年的竞争和发展，RTL 电视台成为欧洲最大的广播电视集团。

电视台的频道首播是在 1984 年 1 月 2 日。在德国媒体纷纷出现赤字、广告收入锐减、营业额下降的今天，RTL 电视台与其下属的 RTL 二台、超级 RTL 及 VOX 一起成就了德国媒体的"赢利神话"。

RTL 电视台以有限的投资，针对性地覆盖整个德国乃至许多欧洲国家。RTL 总部设在科隆，在各国、各地区又设有分部，总部向各分部提供新闻、体育、大型娱乐、影视剧等基本节目，分部则再加进自己制作的地方新闻和地区性节目，然后向本地区传送整个 RTL 电视台的节目。各分部自然也无偿地向总部提供自己制作的地方性节目，通过综合处理尽可能地为其他地区所用。虽然是商业电视台，RTL

电视台始终遵循新闻报道的客观原则,从不播放争议性节目以取得高收视。该台在全球率先设立了首席创意官,并积极发展互联网。

网址:http://www.rtl.de/

- 贝塔斯曼集团(Bertelsmann AG)

贝塔斯曼集团拥有176年的历史,是《财富》全球500强企业,也是在世界上居于领导地位的媒体和服务集团。贝塔斯曼在世界上50多个国家和地区开展电视(RTL集团)、图书(兰登书屋 RandomHouse)、杂志(古纳雅尔 G+J)、服务(欧唯特集团 arvato)和媒体俱乐部(直接集团 DirectGroup)等业务。

1835年7月1日,卡尔·贝塔斯曼(CarlBertelsmann)创建了C. Bertelsmann Verlag,主要出版神学方面的书刊。1950年6月1日,公司成功建立了"书友会"这种销售模式。1971年,贝塔斯曼集团成为一家私人有限公司。1997年进军中国,建立上海书友会。2000年,又与英国皮尔逊公司合并成立RTL集团。2006年12月,第四家海外总代表处在北京成立。

网址:http://www.bertelsmann.com/

3. 通讯社

- 德新社(Deutsche Presse-Agentur,DPA)

德新社为德意志新闻社/德国新闻社,于1949年9月1日在当时的西德城市汉堡成立,在两德统一后,成为德国全境的官方通讯社。它的总部位于汉堡,图片新闻编辑总部在法兰克福,在波恩设有联邦分社,还在国内其他50多个城市设有分社或编辑部,在80多个国家派驻记者或聘用撰稿人。使用德语、英语、西班牙语和阿拉伯语对外发布新闻,涉及包括新闻出版、电台、电视、网络及移动电话等诸多领域。

它是一个私营的股份有限公司。该社股份分属报纸、广播和电视等新闻媒介领域的200多家机构,其中绝大多数属于报纸出版社。德新社每天发稿约6万字,内容涉及国内外政治、经济、科技、社会、文化和体育等各方面。除报纸外,德国的大多数杂志以及政府各部门、工会和大型企业也接收德新社的基础服务。德新社还通过电传、卫星和短波等各种渠道向外国提供基础服务。

网址：http://www.dpa.de/

三、教育·科研

● 汉堡大学新闻与传播学院

汉堡大学(Universität Hamburg)建校于 1919 年,是德国最大的大学之一。新闻与传播学院(Institut für Journalistik und Kommunikationswissenschaft)属于商业、经济与社会科学学院。

新闻与传播学院主要提供新闻与传播学的研究生课程,但与社会科学学院提供的政治科学本科教学以及人类学学院提供的媒体与传播研究学本科教学紧密合作。新闻与传播研究的主要领域有:实证基础上的新闻学研究,特别是质量新闻(Quality Journalism)研究;公共环境中的传播效果及新闻实践研究,如健康传播等;跨文化传播研究。

新闻与传播学院有 22 余名教职员工,包括教授、副教授、讲师等。沃尔克·里列恩沙尔(Volker Lilienthal)是汉堡大学新闻与传播学院的教授,还担任新闻与传播研究的项目主管等多项职务,资历丰富。Volker Lilienthal 教授于 2005 年获得德国年度记者和年度专业记者 Bert Donnepp 奖(Reporter des Jahres und Fachjournalist des Jahres, Bert-Donnepp-Preis);2006 年获得"媒体自由与未来莱比锡奖"(LeipzigerPreis für die Freiheit und Zukunft der Medien)。Volker Lilienthal 教授主要从事同新闻与传播相关方面的研究,主要著作有《媒体管理的专业化——广播理事会的新任务》(Professionalisierung der Medienaufsicht. NeueAufgaben für Rundfunkräte, Wiesbaden 2009)等。

汉堡市是德国的第二大城市和最重要的港口,也是欧盟的七大城市之一。汉堡还被誉为德国音乐剧的首都,歌剧也非常盛行,第一座歌剧院建立于 1678 年。该市的标志性建筑是圣米迦勒教堂,还有傅斯麦纪念塔、圣凯琳教堂、历史博物馆等著名建筑。

联系方式:

网址：http://www.wiso.uni-hamburg.de/professuren/ijk/startseite/

电话：+49-(0)40-42838-6181

邮箱：ihno. goldenstein@ wiso. uni-hamburg. de(Student Advisory)

- 莱比锡大学传播与媒介研究学院

莱比锡大学（Universität Leipzig）建于1409年，是德国第二古老的大学。莱比锡大学是一所综合性大学，专业设置丰富，与多国的大学开展了合作交流。新闻传媒学是莱比锡大学的优势专业之一，传播与媒介研究学院（Institut für Kommunikations-und Medienwissenschaft）属于社会科学与哲学系。

传播与媒介研究学院包括：历史、系统的传播与媒介科学部门，传播与媒介的经验研究部门，新闻学部门，媒介研究部门，媒介教育学部门，书学研究部门以及公共关系和传播管理部门。传播与媒介研究学院学科设置广泛，提供学士和硕士学位课程，招收海外留学生。

目前，传播与媒介研究学院的研究项目众多，包括："德意志帝国和魏玛共和国时期的报纸通信"（Zeitungskorrespondenzen im deutschen Kaiserreich und in der Weimarer Republik）、"卡尔·布赫尔地产的分类和数字化"（Erschließung und Digitalisierung des Nachlasses Karl Büchers）、"企业信任指数"（Corporate Trust Index）、"西欧的免费日报"（Gratis-Tageszeitungen in Westeuropa）、"互联网新闻研究"（Journalistische Recherche im Internet）、"对于学生使用新媒体状况的长期研究"（Langzeitstudie zur Nutzung Neuer Medien durch Studierende）等。

传播与媒介研究学院有40余名教职员工，鲁迪哥·斯登梅兹（Rüdiger Steinmetz）教授主要专注于媒介文化与媒介的研究。

莱比锡位于德国东部莱比锡盆地，是萨克森州最大的城市。该城市是世界著名的博览会城市，如莱比锡图书博览会即是世界最大的图书交易和博览会之一。

联系方式：

网址：http://www. kmw. uni-leipzig. de/

邮箱：sekrmwk@ rz. uni-leipzig. de

- 美因茨大学新闻学院

美因茨大学（Johannes Gutenberg-Universitat Mainz）建校于1477年，全称为美因茨约翰内斯古腾贝尔格大学，是一所公立大学。中国留学生的华文报纸《莱茵通讯》的编辑部、德国留学生足球赛组委会、中国留德学生会总部都设在该校。

新闻学院（Instituts für Publizistik）有多名优秀教授、讲师等教职员工，师资力量雄厚。研究的主要领域包括："媒体和传播历史"（Medien-und Kommunikationsgeschichte）、"国际传播"（Internationale Kommunikation）、"媒体法律和政策"（Medienrecht und Medienpolitik）、"公共舆论"（Öffentliche Meinung）、"政治传播"（Politische Kommunikation）、"危机和冲突研究"（Konflikt-und Krisenforschung）、"新闻与社会"（Journalismus und Gesellschaft）、"大众媒体的影响"（Wirkung der Massenmedien）、"大众媒体与暴力"（Massenmedien und Gewalt）等。向本科生和研究生开设"新闻学""媒体管理学""传播研究学"等课程。

美因茨市是德国莱茵兰－普法尔茨州的首府，也是该州最大的城市。德国第二电视台的总部和德国西南广播电视台在莱茵兰－普法尔茨的总部都设在美因茨市。该市还保留着许多罗曼式和哥特式的建筑。

联系方式：

网址：http://www.ifp.uni-mainz.de/

电话：+49（06131）39－22670（Yvonne Dark，secretariat）

- 慕尼黑大学传播与媒体学院

慕尼黑大学（Ludwig-Maximilian München Unitversität）建校于1472年，是德国最古老的大学之一，也是德国政府首批三所"精英大学"之一。传播与媒体学院（Institut für Kommunikationswissenschaft und Medienforschung）属于社会科学系，是德语国家中最大的传播研究学院。1924年学院建立之初，只有一位教授。该学院在德国传播研究的调查和成果出版方面是最有成就的。

传播与媒体学院提供学士、硕士和博士学位，招收海外留学生。专业设置包括：传播理论和历史学，新闻学，媒介变化和数字传播学，媒介经济、市场和公关学，媒介效应和媒介使用学，媒体系统和媒体政策学，政治传播学等。

传播与媒体学院有超过40名的教职员工，传播与媒体学院定期在国际相关研究领域的期刊或国际会议（如ICA、ECREA、IAMCR）上发表或展示研究成果。该学院研究人员在《传播方法与措施》（*Communication Methods and Measures*）、《传播研究》（*Communication Research*）、《欧洲传播期刊》（*European Journal of*

Communication）、《哈佛国际新闻与政治期刊》(Harvard International Journal of Press/Politics)、《国际传播学学报》(International Communication Gazette)、《新闻学研究》(Journalism Studies)、《计算机媒介传播期刊》(Journal of Computer-mediated Communication)等刊物都发表过研究成果。

慕尼黑是德国巴伐利亚的首府，是继柏林和汉堡之后的德国第三大城市，继法兰克福之后的第二大金融中心，有着"百万人的村庄"之称。慕尼黑是德国南部的经济中心，也是欧洲最大的出版中心。该市有许多哥特式的建筑，还有各式各样的雕塑。

联系方式：

网址：http://www.ifkw.uni-muenchen.de/

电话：+49 89 2180-9428

邮箱：post@ifkw.lmu.de

四、管理·规制

- 宪法

德国联邦体系意味着联邦国家、各州具有独立的文化和媒体。德国并不存在公共的联邦广播法。但是德国宪法(Grundgesetz)对广播电视的发展有一个强有力的支持。其中的第5条确立了言论的自由和广播电视的自由，在1949年民主德国成立之后，确立了广播电视事务不受国家干预作为核心理念。联邦宪法法院从宪法的基础上论证了上述"电视规定"。广播电视自由作为这部法规的核心主要体现在两个方面。首先，德国宪法明确强调拒绝国家政治的影响力对节目内容的干预并通过法规来维护对政治影响力的对抗；其二，联邦宪法法院认为，对国家的各州议会设立一个所谓的"积极监管"，从而保证广播电视能表达大多数的意见，单一政治或经济利益不可以主宰节目的播出。换句话说，应积极管理和保障广播电视的自由。

- 州广播法

广播电视法律的基本原则基于德国联邦中的16个地区和州各自的广播电视

法规。这些法律规定了每个区域公共服务广播电视机构和私营服务广播电视机构的框架体系。州广播法规规定了监管机构的组织和职权范围以及对私营广播发放牌照的规则。联邦法规的规管范畴还包括新闻编辑标准和电视节目的义务和责任。在80年代中期,当"放松管制"成为德国的主导范式,媒体政策与民营资本被允许进入广播电视行业,各州广播法规相继被改写。在一些情况下,这些新的法律被送交联邦宪法法院,在那里他们成为宪法法院中最重要的"电视规则"的一部分。现在,州广播电视法类似于他们的一般需要注意的规定和组织原则。规制差别更多存在于私人广播电视部门。例如,一些州允许大量的本地广播电台存在,而另一些地区则较少建立本地台。

- 区域间条约

各州还携手合作,设立区域间条约,作为国家机构在区域一级的立法广播规管方面的补充。区域之间的条约主要针对全国分散化的公共服务电视和私营电视:

该条约提供了法律依据——包括对电视广告的规定,保障私人电视多元化和多样性,以及区域监管当局的职责和义务;

区域公共服务广播公司网络为德国电视一台;

国家公共服务的电视台为德国电视二台;

国家公共服务广播电台为德意志广播;

两个公共服务广播公司为德国电视一台和德国电视二台;制定通过公共服务满足资金需求的程序;

广播机构许可费用总额区域间的条约经历了频繁修订。需要修订的地方将由各州决定,过去由于不同的州政治目标有冲突,这些分歧导致各州政府之间交涉进程非常艰难和复杂。例如,在20世纪90年代,社会民主党人反对在公共广播服务中进行更加严格的限制,促使基督教民主党人同意媒体所有权的规则的改革,这使得德国媒体的领导班子得到扩大。区域间条约在德国广播政策中拥有核心地位,因为它们为区域分散的市场提供了一个总体框架,同时也规范了德国媒体政策中一些最敏感的领域。

- 其他有关法例

其他法规有国家间的条约、关于对未成年人的保护、新的宽带媒体服务等,《联邦电信法》与德国私营广播机构和公营广播机构直接或间接相关。例如,国家《未成年人保护条约》规定了不适合儿童的节目的尺度。它在私营电视部门的监管机构的规管范畴中为建立一个负责保护未成年人的委员会作出了规定。各州关于媒体服务的条约,包括图文电视服务以及典型的互联网服务,也由公共服务和私营广播公司提供。

希 腊
Greece

一、国家概况

希腊位于欧洲东南部巴尔干半岛南端,面积131990平方公里,首都雅典,人口总量为9903268(2011年),官方语言为希腊语。

现在希腊全国发行的报纸有82家,其中8家早报、13家晚报、22家周末报和16家周报。从类型上看,有6份金融报纸、13份体育报纸,另有607种地区报。2000年开始,《免费报》(*Metrorama*)开始在雅典发行,之后陆续又有了发行量最大的《城市快报》(*City Press*)和《周末免费报》(*Free Sunday*)等。今天,报纸是希腊第二大重要的信息来源,第一是电视。报纸的拥有权集中在几大出版商手里,如兰布拉基斯出版集团(Lambrakis Press S. A.)、飞马出版与印刷集团〔Pegasus Publishing and Printing S. A(Bobolas Publishing Group)〕和特哥普罗斯出版集团〔Tegopoulos Publishing S. A(Tegopoulos Publishing Group)〕等。广播也是希腊重要的信息来源。国家公营广播希腊广播电视公司 Hellenic Broadcasting Corporation S. A.(ERT S. A.)有5家广播台:第2节目(Second Programme)、希腊3台(ERA-3)、新希腊电台(NET Radio)、希腊体育台(ERA Sport)、科斯莫斯音乐台(KOSMOS)。第一家合法的私营电台是雅典9.84FM(Athena 9.84 FM)。现在有1058家电台,大多是新闻和音乐类节目,体育类节目也在迅速发展。希腊有370万家庭拥有电视机,公营电视 ERT S. A(ERT)的3个频道 ET-1、NET、ET-3和 Vouli TV 面向全国播出。有8

家获得执照的私营电视面向全国播出:902 阿利斯特拉卫星电视台(902 Aristera sta FM)、阿尔法电视台(Alpha TV)、阿尔特台(Alter)、天线 1 台〔Antenna(Ant1)〕、麦加频道〔Mega Channel(Mega)〕、斯凯电视台〔Skai TV(Skai)〕、星频道〔Star Channel(Star)〕、马其顿电视台(Macedonia TV)。网络服务在希腊逐步得到普及,现在 64% 的希腊人使用高级网络服务打视频电话、开网络会议等。

二、主流媒体

1. 报刊

- 《新闻报》(Ta Nea)

《新闻报》是在雅典出版的一份日报,隶属于兰布拉基斯(Lambrakis)出版集团。这是一份传统中左翼报纸,在 20 世纪八九十年代受到泛希腊社会运动和希腊社会主义党的大力支持。

网址:http://www.tanea.gr/

- 《日报》(I Kathimerini)

《日报》是在希腊出版的每日早报,该报有希腊语版本和删节的英语版本。英文版在美国单独出售,在希腊和塞浦路斯作为《国际先驱导报》的增刊发行。2008 年 11 月 2 日,《日报》的《塞浦路斯周刊》开始发行。

网址:http://www.kathimerini.gr/

- 《公民权利保护者》(To Vima,英译名为 The Tribune)

《公民权利保护者》是希腊日报,最初由迪米特里斯·兰布拉基斯(Dimitris Lambrakis)于 1992 年发行,目前为兰布拉基斯出版集团所有。该报在希腊是一份高质量报纸,在政治事务上也最有影响力。从 2011 年起,该报只发行最优秀的周日版。历史上,最知名的政治家都会接受该报的采访或向该报提供文章。

网址:http://www.tovima.gr/

- 《头条》(To Proto Thema,英译名为 The Lead Story)

《头条》每周日发行,该报创立于 2005 年。因《头条》对待新闻的平民主义视角以及在报纸中暗夹隐晦色情 DVD 的做法,一些自认为文化修养很高的媒体对其批评嘲讽,但《头条》多次在希腊相对较小的报纸市场上突破销售纪录,发行量超过20万份。2006年,该报经常是周日报纸的销售冠军,将《公民权利保护者》和《自在新闻报》(*Eleftherotypia*)抛在其后。

2005年12月,该报曝光了希腊政府拷问巴基斯坦恐怖分子嫌疑人的隐情,这条新闻得到了一些国际媒体的关注和报道。

网址:http://www.protothema.gr/

2. 广播电视

- **希腊广播电视公司**(Hellenic Broadcasting Corporation,ERT)

希腊广播电视公司是希腊国有公共广播电视公司,其资金约88%的部分来自于电视收视费。希腊广播电视公司是欧洲广播联盟的一员,并从20世纪70年代起参与了由欧洲广播联盟举办的欧洲电视网歌曲大赛。2011年8月19日,该公司宣布不再国有,而是成为公营公司。

希腊广播电视公司从1968年墨西哥奥运会起就开始转播希腊奥运会,在2004年雅典奥运会中,希腊广播电视公司是主要的国家赞助商和官方广播公司。此外,希腊广播电视公司也播出国际田联比赛,而这样的比赛在美国只有私营频道才能够播放。现在,希腊广播电视公司主要播出纪录片、从私营频道购买的节目和少量动画片。随着20世纪80年代独立的私营频道引入希腊,希腊广播电视公司为适应激烈的收视率竞争,节目也变得更加商业化和多样化,这是希腊广播电视公司电视网向广泛多样性原则的大转变,所谓的广泛多样性原则是指播放包括纪录片和世界电影在内的高质量节目。

希腊广播电视公司主要的电视频道有新闻与资讯频道(NET)和国际频道(ERT World)。新闻与资讯频道播放每日的国内国际新闻、纪录片、脱口秀、时事节目以及一些体育赛事。

国际频道即之前的ERT SAT,是由国有广播机构希腊广播电视公司运营的希腊与国际电视频道。主要节目有新闻、谈话类节目、电视剧、纪录片、娱乐节目及体育赛事,如希腊高级足球联赛的现场直播。

从1988年开始,希腊广播电视公司在ERA的名下广播节目,共设四个频道:

新闻频道(ERA NET)、音乐频道(ERA2)、古典音乐、美术、文化频道(ERA3)和体育频道(ERA Sport 和 ERA4)。新闻频道也有一些时事节目和脱口秀,古典音乐、美术、文化频道也有一些戏剧类节目。体育频道每小时定期播出综合新闻,每半小时播出体育新闻。

网址:http://www.ert.gr/

http://tvradio.ert.gr/ertworld-america/(ERT World 美国)

http://tvradio.ert.gr/ertworld-europe/(ERT World 欧洲)

- 麦加频道(Mega Channel)

麦加频道又称 Mega TV 或 Mega,创办于 1989 年 11 月 20 日,是希腊的第一个私营电视台。Mega 的节目主要有戏剧、电视剧、新闻、时政和娱乐节目等。近年由于 Maga 几档节目走红,击败主要对手 ANT1,成为希腊最受欢迎的频道。MEGA Cosmos 是 MEGA Channel 的国际网站,针对北美、非洲、亚洲和澳大利亚的希腊观众提供 Mega 最好的节目内容。

- 天线 1 台(Antenna)

天线 1 台更广为人知的名字是 ANT1,是在希腊和塞浦路斯播出的电视频道,创办于 1989 年 12 月 31 日,由 ANT1 集团所有。由于一系列电视剧的热播,ANT1 曾经多年都是希腊最受欢迎的电视网,但近期被麦加电视台反超。天线 1 台主要播放喜剧、电视剧、新闻、时事节目、游戏节目和娱乐节目。创立初期,概念执行制片人之一的尼科·马斯多拉基斯(Nico Mastorakis)从美国带来了许多新鲜的想法,希腊版本的《命运之轮》等节目迅速成为希腊的十大节目。当时,该频道在周末早晨经常播放动画片,大部分都用希腊语播放,也播放新闻杂志和生活类节目。

海外频道 ANT1 Abroad 创办于 1996 年,为讲希腊语的海外观众播放节目。最初每天的播出时间只有几小时,后来变为全天 24 小时播出。ANT1 Abroad 通过卫星针对不同地区的受众设有三个频道,分别是面向欧洲受众的天线欧洲台(Antenna Europe)、面向南北美受众的天线卫视(Antenna Satellite)和面向澳大利亚和太平洋沿岸受众的天线太平洋台(Antenna Pacific)。

- 阿尔法电视台(Alpha TV)

阿尔法电视台是希腊的地面频道,目前属于卢森堡媒体巨头 RTL 集团,播放希腊和国外节目,重点是娱乐节目。在塞浦路斯,私营广播公司西格玛电视台(Sigma TV)播放大量阿尔法电视台的节目,过去,公营广播 CyBC 也播放 Alpha TV 的节目,此前属于希腊国内富商迪米特里斯·康托米纳斯(Dimitris Kontominas)。

2008 年 9 月,迪米特里斯·康托米纳斯将 Alpha TV 和 Alpha Radio 的大部分股权卖给了 RTL 集团。他本人仍持有 33.4% 的股权,继续参与 Alpha 的运营,并被指定为新公司 Alpha 媒体集团的总裁。2009 年 3 月,Alpha 决定对新闻节目作出重要改革,午间新闻缩短为 15 分钟,13 点开始播出;主要的晚间新闻从竞争激烈的 20 点改为 19 点播出。2012 年 1 月 5 日,RTL 集团宣布将自己的股权卖给少数股权拥有人迪米特里斯·康托米纳斯,使他再次成为该频道的持有人。

网址:http://www.alphatv.gr/

- 阿尔法卫视(Alpha Sat)

阿尔法卫视是 Alpha TV 的国际服务,向亚洲、非洲、澳洲、新西兰和北美的受众提供 Alpha 最好的节目。Alpha Sat 于 2005 年 8 月在澳大利亚开播,2008 年在新西兰开播,通过 UBI World TV 也可以收看。在北美,Alpha Sat 通过 DirecTV 平台于 2007 年 5 月开播,2011 年 1 月开始通过卫星平台 Dish Network 播出。

网址:http://www.alphatv.gr/

- 星频道(Star Channel)

星频道是希腊电视网络,由尼·提雷欧拉斯集团(Nea Tileorasi A.E)所有,1993 年 12 月开播,播放国外和希腊节目。其主要新闻简讯节目是星新闻(*Star Eidiseis*),现在由埃米里奥斯·廖特索斯(Aimilios Liatsos)主持。星频道在希腊最为著名的是其独特的轻型节目,在许多节目中,都更多地关注生活方式、娱乐界和时尚新闻,以及喜剧和创新展示,这不同于其他频道的传统形式,使星频道大受欢迎,尤其在青年人中拥有很高的收视率。因此,星频道也成为希腊唯一赢利近十年的电视网络。

网址:http://www.star.gr/international

- 星国际(Star International)

星国际于 2005 年开播,向在亚太地区、非洲南部、澳大利亚、新西兰及北美的希腊观众播放星频道最优秀的节目。目前在澳大利亚、新西兰、非洲和亚洲的观众可以通过 UBI World TV 看到星国际 24 小时播出的节目。2009 年 10 月,星国际在北美开播,只有通过 RCN 有线电视台才能够收看,但在 2010 年 7 月,RCN 由于订户少放弃了该频道的播出。2011 年 7 月,星国际通过卫星借助 Home2US 平台重新在美国开播。

网址:http://www.star.gr/international

- 希腊之声(Voice of Greece)

希腊之声用短波向国际听众进行广播。在 ERA 国际广播网的名下,希腊之声和一些 ERA 的国内节目通过 AM 和 FM 在全球重播。

网址:http://www.voiceofgreece.gr

- Skai 100.3

Skai 100.3 又称 Skai Radio,是希腊的资讯娱乐广播台,在希腊 1000 多个广播电台中收听率最高,主要广播口述节目,包括新闻、文化和体育节目。Skai 100.3 是希腊庞大的媒体集团之一——Skai 集团的一部分。自 1989 年开播以来,就与 BBC 国际广播、德国之声、美国之音合作,2007 年,Skai 100.3 与其他欧洲广播电台一起创立了欧洲广播网(Euranet)。

网址:http://www.skai.gr/1003/

- 雅典国际广播(Athens International Radio,简称 AIR)

雅典国际广播是面向非希腊语听众的雅典广播电台,是隶属于雅典市政局的广播公司 Athena 98.4 FM 下属的电台。

雅典国际广播用 16 种语言播音(非同时播出),调频 104.4 兆赫,使用英语、法语、德语、西班牙语、意大利语、俄语、阿拉伯语、波兰语、保加利亚语、罗马尼亚语、塔家拉族语、葡萄牙语、韩语、日语和乌尔都语。

雅典国际广播每天播出本台制作节目的时间超过 15 个小时,这些节目包括新闻、音乐、交通、天气、聊天、评论和娱乐指南等;同时,国际广播也播出来自 BBC 国际频道、法国国际广播电台和德国之声的节目内容。

网址:http://www.athina984.gr/files/livestream-airfm.asx

3. 通讯社

- 雅典新闻社(Athens News Agency,ANA)

2006 年,希腊最大的两家通讯社雅典新闻社和马其顿新闻社(Macedonian

News Agency,MPA)合并。雅典新闻社成立于1895年,当时的名称是Stefanopoli电讯社,1905年雅典开始资助电讯社时,正式改为现名。马其顿新闻社是国家通讯社,1991年成立于希腊的塞萨洛尼基州。两家通讯社合并后沿用雅典新闻社的名字,目的在于创造一个强有力的国家新闻通讯社。目前,该通讯社有250名员工,其中记者180名。它在布鲁塞尔、伊斯坦布尔、尼科西亚、柏林有分社,在美国、加拿大、澳大利亚、英国、法国、奥地利、意大利、塞尔维亚、南斯拉夫等世界各地有通讯员。与路透社、法新社、塔斯社、德新社等世界著名通讯社有合作。雅典新闻社的所有服务都发布在官方网站上。每天,该网站刷新130条希腊语稿件,60—70条英语稿件,15—20条法语稿件。有4个希腊语数据库,1992年开始设立了一个英语数据库。

网址:http://www.amna.gr/english/

三、教育·科研

- 雅典大学大众传播学系

雅典大学(Εθνικό και Καποδιστριακό Πανεπιστήμιο Αθηνών)大众传播学系(ΤμήματοςΕπικοινωνίαςκαι Μέσων ΜαζικήςΕνημέρωσης)是希腊规模最大的传媒院系之一,下设3个系和5个实验室。雅典大学成立于1837年5月3日,不仅是新希腊政府成立后的第一所大学,同时也是巴尔干半岛和东地中海地区第一所大学和最古老的大学。大众传播系成立于1990年,20多年来,大众传播系一直以满足传媒教学和传媒实践需求为己任,具备了相当的发展规模,是希腊规模最大的新兴专业之一。

大众传媒系由三个部门组成:社会政治传媒分析系,文化、环境、技术与传媒应用系,心理、传媒、传媒设计应用系。该系还下设5个实验室,包括文化环境管理与促进实验室,社会化媒体研究实验室,教育、传媒新技术实验室,视听实验室、应用心理学和传媒设计实验室。目前,大众传播系有40多位致力于文化研究、政治学、社会学、法律、科学、历史学、心理学、语言学、现代希腊研究、艺术以及在专业领域如新闻、广告、公共关系、新媒体技术及其应用等不同门类的教师和研究人员。其中包括24名教师、2名专业实验室技术人员和教学人员、2名特殊技术实验室工作人员、8名国家专业委员会的工作人员和3名图书管理人员。他们在跨学科课程中训练学生的分析和批判能力，使毕业生具备基本和永久的专业素养。

该系的主要本科专业为媒体与传播专业，本科学制为四年。该专业有包括新闻采编、电视节目制作、录音等在内的34门专业必修课，11门需要考勤成绩和考试成绩的选修课程，3个需要考勤成绩的研讨会以及由研讨会提供的课程考试。大众传媒系还设有两个研究生培养方向："政治传播与新技术"和"文化研究和人际交往"。2008—2009学年，该系的硕士课程进行了改革，将希腊政府鼓励发展的社会学科战略制定为重点。研究领域包括欧洲传媒、大众传播、文化研究、冲突管理、传媒和信息技术等领域。

大众传媒系和雅典大学建立了具有丰富资源的"@thina"网络，教职员工和学生们能够在传媒新技术实验室和图书馆随时连续访问互联网资源。雅典大学通过GRNET（国家研究与教育网）使网络"@thina"连接到互联网，网速在18Mb以上。

雅典大学位于雅典卫城。卫城是雅典以及全希腊的一颗明珠，是雅典民主的象征。卫城的山顶荟萃着古希腊文明最杰出的作品，卫城也因此而闻名世界。其中最为人所熟知的是帕特农神庙、卫城博物馆等。卫城山顶有蓝白相间的希腊国旗，从这里可以俯瞰整个雅典城。

电话：+30 210 368 9384-5

网址：http://www.media.uoa.gr/faculty.html

传真：+30 210 3689450

四、管理·规制

1. 管理机构

- *信息与传播总秘书处（General Secretariat of Information - Communication）*

信息与传播总秘书处的前身是报刊与大众传媒部，负责制定国家政策，并确保大众传媒产业的立法性和惯例性倡议的提出。

- 国家广播电视委员会(National Council for Radio and Television, NCRTV)

国家广播电视委员会根据《1866/1989法》于1989年成立,监督国有及私营广播电视的运营。根据法律,该委员会是一个独立权威机构,其行为的有效性仅受法院认证。

委员会参与私营广播电视执照的发放流程,它负责确认执照所有者遵守了相关法律及规制。它有权处罚涉及版权侵权、文化遗产侵权及违反职业道德守则的行为。有时,根据违反的严重程度,委员会有权暂停或取消执照。

2. 法律法规

- 《1092/1938法》

《1092/1938法》于1938年实施,为报刊提供多种特权保障,如通讯及邮政税的减免。同时也对报刊的责任作出规定,如尊重个人隐私及个性。该法同时要求尊重新闻真实,将编辑部评论性信息与新闻内容区分开来。如果新闻媒体刊登了不真实或不正确的事实,他们必须予以更正。另外,该法规定,报刊必须尊重不同意见,并避免煽动大众恐慌情绪。

- 《1866/1989法》

《1866/1989法》于1989年实施。根据该法希腊创设了商业广播及电视部门。这被视为破除国家垄断的第一步,1995年该法得以完善。根据该法(2007年修订后命名为"基础股东法",即"Law of the Basic Shareholder"),国家广播电视委员会可以向商业电视台及电台发放执照,条件是仅当他们为公共利益服务时。商业台必须提供高质量节目、客观信息和新闻报道。该法还要求商营电视促进文化发展。同时,该法限定了媒体所有制的集中程度。

- 新闻及其他政治节目行动守则(Code of Conduct for News and Other Political Programs)

2003年,希腊第77/2003总统令批准通过《新闻及其他政治节目行动守则》,用于规范广电业新闻人员的行为。该守则适用于所有电视及广播业者,包括免费及订阅服务提供者,强调保护个人权利、对公共秩序及希腊宪法框架下的多党制及民主制的尊重。

匈牙利
Hungary

一、国家概况

匈牙利是一个位于欧洲中部的内陆国家，面积93030平方公里，人口总量约994万，首都为布达佩斯，官方语言为匈牙利语。

匈牙利共有10份全国报纸和24份地方报纸，所有的报纸都是私营，绝大部分为外资所有，发行量最大的报纸是全国性报纸《都市报》(*Metropol*)；在政治日报中，《人民自由报》(*Népszabadság*)处于领先地位。匈牙利广播电视实行双轨制，共有3家全国性公共服务广播电台、两家全国性商业广播电台和3家地面电视频道：公共服务频道MTV有斯堪的纳维亚广播系统所有的TVW2以及由多个公司联合经营的RTL Klub，其中，RTL Klub和TV2一直在电视荧屏上占据优势。匈牙利有互联网用户650万人，大部分报纸、周刊等杂志都有自己的网站，几乎所有的匈牙利广播都可以在线收听；在提供新闻和其他服务的纯网络门户中，Origo网站和Index网站主导了市场。

二、主流媒体

1. 报刊

- 《布利克》(*Blikk*)

《布利克》于1994年开始发行，出版商为林吉尔出版公司，2004年发行量居全国首位。

网址：http://www.blikk.hu/

- 《匈牙利名族报》(*Magyar Nemzet*)

《匈牙利名族报》是政治类日报，1938年创刊，2000年与《每日匈牙利报》合并，并从2000年4月17日开始发行。最近报纸倾向于青年民主党并成为其喉舌，反对社会党和自由党。它的主要竞争对手是《人民自由报》和《前共产党党报》。

网址：http://mno.hu/

- 《匈牙利新闻报》(*Magyar Hírlap*)

《匈牙利新闻报》是政治类日报，1968年创刊。作为匈牙利政府报，1990年独立出来，由匈牙利新闻报出版股份公司经营。从此因秉持着保守和传统的价值观成为匈牙利政党的支持力量，并以此闻名。

网址：http://www.magyarhirlap.hu/

- 《经济日报》(*Napi Gazdaság*)

《经济日报》是商业和金融日报，1991年开始发行，由经济日报出版公司经营。

网址：http://www.napi.hu/

- 《国家体育日报》(*Nemzeti Sport*)

《国家体育日报》于1903年开始发行，由林吉尔出版公司经营。

网址：http://www.nemzetisport.hu/

- 《人民之声报》(*Nepszava*)

《人民之声报》属于政治类日报，1873年创刊，由人民之声1999股份公司经营。

网址：http://www.nepszava.hu/

- 《人民自由报》(*Népszabadság*)

《人民自由报》属于政治类日报，1942年开始发行，由人民自由报股份公司经营，是匈牙利主要的左派报纸，象征着人民的自由，直到1989年，《人民自由报》是共产主义匈牙利社会工人党的喉舌，也是匈牙利社会党的支持力量，1989年该报脱离了匈牙利社会工人党而独立出来。

网址：http://www.nol.hu/index.html

- 《彩色今报》(*Színes Mai Lap*)

《彩色今报》于2001年开始发行,由桥梁广播股份公司经营。

网址:http://www.vg.hu/

- 《布达佩斯太阳报》(*Budapest Sun*)

《布达佩斯太阳报》以移居国外者为对象,有实用性艺术和娱乐专版。

网址:http://www.budapestsun.com/

- 《布达佩斯时报》(*Budapest Times*)

《布达佩斯时报》提供有趣的报道和评论。

网址:http://www.budapesttimes.hu/

2. 广播电视

- 匈牙利电视台(MTV)

匈牙利电视台于1957年成立,是国有电视台,经营两个频道,是匈牙利受众最多的频道。MTV传输高清视频,传输率高达97%。MTV 1是国内频道,MTV 2通过卫星播出。

网址:http://www.hirado.hu/

- 多瑙河电视台(Duna TV)

多瑙河电视台于1992年成立,属国有电视台,以卫星电视台注册成立。成立之初,其主要任务是制作和播出电视节目来增强国民的民族认同感。多年发展之后,该台成为匈牙利第一个全天24小时播出的电视台。2004年该台开始在北美、南美和澳大利亚播出。2006年开播了第二个频道,也就是今天的多瑙河世界台。多瑙河电视台建台之初资金来自于用户收视费,自2002年7月开始,政府废除了这项费用制度,该台80%的资金来自国家预算中电视广告的销售。

网址:http://www.dunatv.hu/portal/

- RTL俱乐部电视台(RTL Klub)

RTL俱乐部电视台1997年成立,属国有商业电视台,为CLT-Ufa财团所有。CLT-Ufa财团在卢森堡注册,它的主要竞争者是TV2电视台,它的开播时间只比TV2电视台晚3天。建台之前,RTL俱乐部电视台主要将市场对准城市的受众,电视节目主要是面向 18—49 岁较为年轻的受众。

网址：http：//www. rtlklub. hu/

- TV2 电视台

TV2 电视台 1997 年成立，是匈牙利国有商业电视台，提供多种电视节目，在匈牙利全境播出。TV2 电视台的控股公司包括卢森堡斯堪的纳维亚广播集团、匈牙利 MTM 通信公司和德国电信公司。

网址：http：//tv2. hu/

- 科苏特广播电台（Kossuth Rádió）

科苏特广播电台为匈牙利国营广播电台，频率为 540MW，播放谈话节目以及音乐节目。

网址：http：//www. mediaklikk. hu/kossuth

- 裴多菲广播电台（Petöfi Rádió）

裴多菲广播电台为匈牙利国营广播电台，频率为 98.4FM，播放匈牙利轻音乐、体育新闻以及一些政治方面的讨论。

网址：http：//www. mediaklikk. hu/petofi

- 巴托克广播电台（Bartók Rádió）

巴托克广播电台为匈牙利国营广播电台，频率为 105.3FM，播放古典音乐及文学节目，包括诗歌和话剧。

网址：http：//www. mediaklikk. hu/bartok/

- 多瑙河电台（Danubius Rádió）

多瑙河电台为商业广播电台，1986 年作为第一个商业电台正式用德语广播，1990 年开始全部用匈牙利语广播，成为马扎尔电台的一个部门，控股公司有大不列颠西部电台和匈牙利沃利什公司，频率为 103.3FM，播放音乐和新闻。

3. 通讯社

- 匈牙利通讯社

匈牙利通讯社（Magyar Távirati Iroda，MTI）是匈牙利的国家新闻机构，1880 年成立，是世界上最古老的通讯社之一。从 1997 年开始，匈牙利新闻局成为有限股份公司。该社为匈牙利新闻市场领袖,本着不偏不倚、真实的新闻原则,但在提高其订阅量方面还是很困难,多数匈牙利报纸都是外国控股。

网址:http://www.mti.hu/mti/Default.aspx

三、教育·科研

- 罗兰大学艺术理论与媒体研究学院

罗兰大学(Eötvös Loránd Tudományegyetem,全名厄特弗什·罗兰大学)建校于1635年,原为天主教大学;1950年,大学重组并改为现用名,用以纪念著名物理学家厄特弗什·罗兰。该校是匈牙利最古老、最大的高等学府,国际知名度高。艺术理论和媒体研究学院(Művészetelméleti és Médiakutatási Intézet)属于人类学学院(Bölcsészettudományi Kar),包括美学系、电影研究系、媒体和传播系,还有电影和媒体研究室,师资力量雄厚。

艺术理论和媒体研究学院设置的学科有美学、电影研究学、新闻学、媒介科学等。该院招收海外留学生,设置学士和硕士学位,课程基本上都以匈牙利语教学。

罗兰大学位于匈牙利的首都布达佩斯,布达佩斯是该国最大的城市,也是该国的政治、经济中心,欧洲联盟的第七大城市,有"东欧巴黎"及"多瑙河明珠"的美誉。

网址:http://www.btk.elte.hu/(该院所属的人类学学院的网址)

电话:(+36 1)411-6500,485-5200(人类学学院)

邮箱:dekanbtk@ludens.elte.hu(人类学学院主任Dr. Dezső Tamás的邮箱)

- 赛格德大学传播与媒体研究系

赛格德大学(Szegedi Tudományegyetem)建校于1872年,是匈牙利最优秀的公立大学之一。赛格德大学传播与媒体系(Kommunikáció- és Médiatudományi Tanszék)属于艺术学院。

传播与媒体系开设的学科包括:印刷媒体学、电子媒体学、媒体信息学、公共关系学、国际传播与旅游学、社会传播学等。该系招收海外学子,以匈牙利语教学。传播与媒体系的教职员工有30余名,其中包括教授、副教授、讲师等,师资力量雄厚。

赛格德大学坐落于匈牙利的赛德格市。该市是匈牙利的第三大城市,距离布达佩斯 190 公里,风景优美,享有"阳光城市"的美誉。

网址:http://www.media.u-szeged.hu

电话:(+36-62)544-366

邮箱:media@hung.u-szeged.hu

四、管理·规制

1. 管理机构

- 国家广播电视局

根据 1966 年《广播电视法案》,匈牙利广播电视媒体受国家广播电视局的管制和监督。广播电视局的职责如下:通过鼓励广播电视公司进入市场、消除目前的信息垄断、防止出现新问题、保护广播电视公司的独立性,从而捍卫和扩大言论自由。它负责监督新闻自由是否符合宪法规定,并把相关信息提供给议会。

根据法律规定,国家广播电视局是独立的,仅服从于广播电视法案,在议会的监督下运行。它的预算由议会通过,财政则由国家审计署审核。

国家广播电视局的成员由议会选举产生,至少由五人构成,任期为四年且一旦任命便不能撤职。董事会主席由共和国总统和总理联合任命。其他成员由议会各党派提名,每个党派提名一人。

国家广播电视局的职责是:管理广播执照和卫星频道的申请,并进行审查,履行广播法案规定的监管和控制职能;派出投诉委员会调查上诉;实行节目监控,提供分析服务;评议有关频率管理和通讯的法律草案,向国家通讯和信息委员会委派成员,履行广播电视合同相关的职责;建立节目经销商、广播电视合同和广播电视服务的公共登记制度,定期检查广播电视合同的履行情况;系统阐述匈牙利广播电视体系发展的概念性问题,并提出建议;开展有关保护消费者权益和自由贸易的项目;提供中央政府预算规划和控制所要求的信息;通过节目的分发和卫星传送,固定和公开广播电视的费用;履行广播法案规定的其他职责。

为了实现透明,国家广播电视局向议会提供年度运行报告。报告发表于《文化公告》上,在国家广播电视局的网站上也能查到。

2. 法律法规

- 《广播电视法》

经过一些努力,议会于 1995 年 12 月 21 日以 90% 的支持率通过了《广播电视法》。随后,于 1996 年通过广播法案。法律由共和国总统根茨·阿尔帕德(Arpád Göncz)在 1996 年 1 月 12 日签署,并于当年 2 月 1 日生效。尽管 1996 年的广播法案与欧洲视听法案的部分规定相左,而且匈牙利早在 1998 年 4 月就已开始就加入欧盟的细节问题进行磋商,但直到 2002 年法案才最终修订。

1996 年的广播法案包括不下 162 段的内容,由于匈牙利的媒体受到了过分管制,这个法案是一长串政治斗争的结果。它确立了国家广播电视局作为主要机关向广播业颁发执照、进行监督和提供资金的职责,还设立各种部门,包括监测和分析服务办公室、投诉委员会、广播基金会等。

意大利
Italy

一、国家概况

意大利位于欧洲南部,主要由亚平宁半岛和两个位于地中海中的大岛西西里岛和萨丁岛组成。意大利面积为301338平方公里,人口总量约6082万人,首都罗马,官方语言为意大利语。

意大利共有付费日报150份,纸媒分散掌握在几大媒体集团手中,其中《快报》(*L'Espresso*)地位突出,拥有发行量最大的《共和报》等;RCS媒体集团拥有意大利历史最为悠久的、声望极高的报纸《晚邮报》、发行量最大的体育报纸《米兰体育报》等,体育类报纸在意大利具有很大市场。意大利的广播电视实行公营与商营并行体制,在广播方面,公营广播主要是RAI的两大分支:以播放新闻、公共事务、文化服务为主的Radio 1和以播放新闻、文化、音乐、娱乐为主的Radio 2,其中Radio 1是听众人数最多的电台;私营广播在整体上占有更多的听众份额,其中RTL在私营广播中处于优势地位。在电视方面,意大利有8家全国性电视台,近800家地方电视台,其中大部分由公营广播电视机构RAI和商业广播商Mediaset控制。意大利共有互联网用户3580万人,访问量最大的网站是Msn.it。

二、主流媒体

1. 报刊

- 《共和报》(La Repubblica)

该报是意大利发行量最大的综合性日报,近年来该报发行量在500万份左右。1976年由尤真尼奥·斯卡伐利(Eugenio Scalfari)创立。脱胎于激进的社会主义,至今仍保持着中左派政治立场,虽然它从不吝惜对于党派和政治家的批评,包括批评所谓的意大利政治的道德问题,以及左翼政治力量的碎片化。除日常发行的报纸之外,《共和报》还有许多增刊、专刊。周日增刊(La Domenica di Repubblica)对目前的大事、娱乐业、生活方式、休闲文化进行深度分析;专刊(Diario di Repubblica)在每两周的周四、周五通过一个关键词透视当前的重要话题;另外还有书评、多文化、健康问题、旅行等专刊。除此之外,《共和报》还发行女性类、时尚类、青年类等杂志。

网址:http://www.repubblica.it/

- 《晚邮报》(Corriere della sera)

该报为日报,在米兰发行,是意大利古老且具声望的报纸之一,日发行量在意大利名列前茅,高达444967份。现为Rizzoli集团(RCS)旗下报纸。

网址:http://www.corriere.it/

- 《米兰体育报》(La Gazzetta dello Sport)

《米兰体育报》是RCS旗下的报纸,最初发行于1896年3月,报道了第一届雅典现代奥运会。该报职能已经不限于新闻报道和特集,还直接参与大型活动,如环意大利自行车赛的赛事报道。该报用粉色纸张发行,每日销量超过40万,特别是在周一,由于读者想了解周末的赛事,销量更大,可达到300万。

网址:http://english.gazzetta.it/

2. 广播电视

- RAI(Radiotelevisione italiana S. p. A)

RAI(意大利广播电视公司)是意大利国有公营广播电视机构,其前身为Radio

Audizioni Italiane。RAI 的经营范围涉及电视频道、广播电台、陆地数字电视、卫星电视和 IPTV。RAI 收入的一半来自于广播许可费,一半来自于广告费,其占有 42.3%的高受众份额。由于地理上的临近,阿尔巴尼亚、瑞士、摩纳哥、马耳他、圣马力诺、梵蒂冈、黑山共和国、斯洛文尼亚、克罗地亚也能收到 RAI 的广播信号。

RAI 的地面数字广播频道共有 14 个,最主要的是 Rai1,定位于家庭市场。Rai2 近年来缺乏明确定位,正在尝试向年轻受众倾斜。Rai3 属于选择性频道,播放公共服务信息和地方节目。此外,还有儿童、新闻、体育、文化教育等专门化的频道。主要节目有新闻节目、连续剧、体育比赛转播等。

RAI 的广播主要有 Rai Radio 1 新闻与咨询台、Rai Radio 2 成人现代音乐及谈话台、Rai Radio 3 古典音乐与文化台,另外还有国际台 Rai Italia Radio,向世界广播 RAI 最好的节目。

网址:http://www.rai.it/ http://www.rai.tv/

- Midiaset(Mediaset S. p. A.)

在意大利,Mediaset 也被称作 Mediaset 集团(Gruppo Mediaset),是意大利最大的私营传媒公司。总部设在米兰,是意大利最大的广播商。由于意大利与阿尔巴尼亚、克罗地亚、瑞士、马耳他、圣马力诺、梵蒂冈和斯洛文尼亚临近,这些国家也可以收到 Mediaset 的广播。Mediaset 成立于 20 世纪 70 年代,创立者为西尔维奥·贝卢斯科尼。除了经营国内电视,Mediaset 也经营一系列新闻、娱乐、体育网站;并持有西班牙广播公司(Mediaset España Comunicación)50.1% 的股权;同时还领导着拥有电视制作公司的财团 Endemol。

网址:http://www.mediaset.it/corporate/home_en.shtml

- Canale 5

Canale 5 是 Mediaset 集团旗下的私营电视网,分属于菲宁维斯特(Fininvest)公司(控制 Mediaset 35% 的股份)的媒体部分。1978 年,Canale 5 在一个地方频道的基础上成立,并于 1980 年成为意大利的第一个覆盖全国的私营电视网络,目前是意大利收视率最高的电视频道之一。该频道的早期内容来源于意大利语配音的美国电视节目,这种节目样式如今在意大利电视中已十分普遍。

网址:http://www.mediaset.it/canale5/

- Rai Italia Radio(Rai 国际广播)

Rai Italia Radio 是 RAI 旗下的"Rai 国际广播"提供的官方国际广播服务,虽然几易其名,但至今已经向世界广播长达 72 年。

网址:http://www.internazionale.rai.it/engl/

- RTL102.5

RTL102.5 是私营广播,是意大利第一个用现代流行音乐立台的广播电台,只播放当前最热的音乐。RTL102.5 集团还拥有广告代理商 Openspace 公司和卫星电视台 RTL102.5 TV。在意大利私营电台中 RTL 拥有的听众数量最多,2009 年达到 520 万人,这个数字也超过了大部分 RAI 公营电台的听众数量。

网址:http://www.rtl.it/

- Radio Dimensione Suono(RDS)

RDS 是意大利全国性广播电台,1978 年创立于罗马,主要播放流行音乐和意大利音乐。在私营广播中,听众数量仅次于 RTL,2009 年达到 510 万人。

网址:http://www.rds.it/

3. 通讯社

- 安莎通讯社(Agenzia Nazionale Stampa Associata,ANSA)

安莎通讯社是意大利报业合办的通讯社,为意大利全国报业联合社的简称,是国际性通讯社之一。第二次世界大战期间,盟军占领意大利后,原受法西斯政府控制的斯蒂芬尼通讯社被解散。意大利 12 家日报于 1945 年 1 月 13 日联合创办了安莎社,股东为出版 50 家日报的 46 家出版公司,总社设在罗马。国内有 18 个分社,国外有 89 个分社和记者站,有记者、编辑近 500 人。每日用意大利、西班牙、葡萄牙、法语、英语 5 种文字播发新闻,约 75 万字。国内订户 1000 多家,国外订户 300 多家。

网址:http://www.ansa.it/

- 意大利新闻社(Agenzia Stampa Italia)

意大利新闻社是意大利第二大通讯社,规模仅次于安莎社,总社设在罗马。

网址:http://www.agenziaitalia.it/

三、教育·科研

- 米兰语言与传播自由大学

米兰语言与传播自由大学(Libera Università di lingue e comunicazione IULM MILANO)是意大利第一所也是唯一一所传播类高等学府。设有消费与服务研究、企业传播与传播技术、旅游学、时尚产品学、艺术和文化财产、文化财产的优化和文化交流、企业外语和专业外语、经济学、市场营销学、销售学等专业。语言与传播自由大学还计划专门为中国大学毕业生设置硕士班,培养有志于从事意中经济文化交流的专门人才。这个硕士班的学制是一年,教授企业传播技术和企业运作逻辑课程,学院将开展两国间文化交流的业务实习,实践文化间的对话与交流。该硕士班的所有课程用意大利语或英语授课。

米兰语言与传播自由大学设有社会化媒体实验室,该实验室项目由嘉利堡(Fondazione Cariplo)基金会出资成立,旨在解决 Web 2.0 时代的问题和新情况,培养具有创新精神的国际互联网传播人才。研究人员罗门蒂(Romenti)和研究生穆尔塔雷利(Murtarelli)在第二届国际危机传播会议中获得最佳论文奖,他们建立了危机情况下社会媒体与利益相关者沟通问题的理论框架,在会议上提出了"交往危机"概念。

米兰语言与传播自由大学位于意大利第二大城市米兰,是伦巴第区首府。米兰大教堂、雷拉美术宫、拉斯卡拉剧院和博物馆等都是米兰的著名景点。

电话:02 891412356/2435

传真:02 891413356

邮箱:facolta. comunicazione@ iulm. it

四、管理·规制

1. 管理机构

- 通信保障局(AGCOM)

通信保障局根据《马卡尼克法》的要求成立于 1997 年,它作为一个独立的权威机构,拥有在电信、音像和出版领域的权力和资格。通信保障局由九名成员组成。主席由意大利共和国总统法令指派,必须根据总理的建议,并且要得到电信部门的同意。通信保障局有以下职能:建立传媒产业化标准;监管传媒市场;授予牌照和授权许可;提出立法建议和政策。

通信保障局还具有准司法性和咨询性质的职能,并且与通信保障局议会和其他两个内部的委员会——基础建设和网络委员会、产品和服务委员会进行沟通处理。

2. 法律法规

- 《数字广播电视法》

2001年的《数字广播电视法》为意大利数字电视的频率资源分配作出规定,并且这次分配是在没有具体说明任何重要参考对象的情况下完成的。结果是,那些没有广播营业牌照的电视台可以继续占有频率,而那些拥有全国性广播牌照的电视机构则继续使用早在1990年分配的频率资源进行广播。因此,Europa 7广电中心没有能力再运营下去。

拉脱维亚
Latvia

一、国家概况

拉脱维亚位于欧洲东北部,西邻波罗的海,北靠里加湾。国土面积64589平方公里,首都里加。人口数量为2217053(2012年),官方语言为拉脱维亚语。

拉脱维亚一向高度重视纸质媒体,1680年就有了第一份报纸。2009年,拉脱维亚有244种拉脱维亚语或俄语报纸,其中大多数为地方性的小媒体。杂志的阅读量比报纸大,尽管纸媒现在利润不高,但在拉脱维亚仍旧保持较高地位。拉脱维亚语使用人数不多,但是国内的图书出版一直保持强势。最早的广播台是公营的拉脱维亚电台(Radio Latvia),1925年成立,现有4个频道。90年代出现了私营广播如SWH电台(Radio SWH)。现在,广播也尝试走视频化路线,加入电视节目元素,录制视频网络播放。1954年电视出现,1991年私营电视台出现,2010年全国开始使用数字电视,关闭模拟电视服务,平均98%的家庭至少有一台电视机。现在全国有25家电视公司,公营的是拉脱维亚电视台,其他由MTG和独立国家传媒(Independent National Media)等几家公司所有。1990年拉脱维亚发出了第一封e-mail,90年代中期互联网得到普及后,LANET成为第一家网络公司。现在拉脱维亚60%的家庭有电脑,58%的家庭有网络。20世纪90年代末到21世纪初,网络媒体开始兴起,私营的Delfi.lv、TVnet.lv和Apollo.lv网站拥有40万到60多万的访问量。经济冲击和市场竞争让平面媒体、广播电视也纷纷转战网络,推出网络版的产品。

二、主流媒体

1. 报刊

- 《拉脱维亚日报》(Diena)

《拉脱维亚日报》创办于1990年11月23日,是拉脱维亚国家性报纸,自从2003年私有化以来,隶属于瑞典传媒集团。总部设在拉脱维亚里加市(Riga)。

网址:http://www.diena.lv/

- 《拉脱维亚公共周报》(Latvijas Vēstnesis)

《拉脱维亚公共周报》是国有的一份周刊报纸,成立于1993年,总部设在里加市。

网址:http://lv.lv/

- 《里加报》(Rīgas Balss)

《里加报》是拉脱维亚里加地区的一份当地报纸,主要使用拉脱维亚语和俄语。创办于1957年,2009年中止发行。总部设在里加。

网址:http://iela.lv/zinas/rigas-balss/

2. 广播电视

- 拉脱维亚电视台(Latvijas Televīzija,LTV)

拉脱维亚电视台是拉脱维亚国家电视台,创立于1954年,国家控股大约60%,其余部分基本私有化。旗下运营两个频道,即LTV1台和LTV7台,其中LTV7台主要针对青少年观众。

网址:http://www.ltv.lv/lv/

- 拉脱维亚独立电视台(Latvijas Neatkarīgā Televīzija,LNT)

拉脱维亚独立电视台是拉脱维亚最知名的私营电视台,成立于1996年,当时名称为Pica TV。直到2012年年初被现代时代集团(Modern Times Group,MTG)买下。

网址:http://www.lnt.lv/

- 拉脱维亚3台(TV3 Latvia)

拉脱维亚3台简称TV3台,隶属于现代时代集团。成立于1998年,拥有的收视份额大概为12%,姐妹频道有3+频道、TV6台。2007年9月成为拉脱维亚最受欢迎的频道,收视率达到全国首位,超过了它当时的竞争者拉脱维亚独立电视台。

网址:http://www.tv3.lv/

3. 通讯社

- 拉脱维亚新闻通讯社(LETA)

拉脱维亚新闻通讯社成立于1919年,之后拉脱维亚独立。后来通讯社改名为LTA,即拉脱维亚电报通讯社。战争期间LETA的名称几乎很少使用。1940年拉脱维亚被苏联占领,LETA通讯社被塔斯社控制,直到1991年才获得独立。

网址:http://www.leta.lv/

- 巴尔提克新闻服务通讯社(Baltic News Service,BNS)

巴尔提克新闻服务机构是拉脱维亚巴尔提克大区最大的新闻通讯社。成立于1990年4月,当时组建通讯社的是一群学生,当时他们希望与莫斯科的一些发展机构合作来实现巴尔提克的独立,以脱离苏联的统治。如今,BNS通讯社隶属于阿尔玛(Alma)传媒集团。

网址:http://www.bns.lv/

三、教育·科研

- 拉脱维亚北极新闻中心(Nordic Journalist Center,NJC)

除了拉脱维亚的一些大学外,拉脱维亚巴尔提克大区的一些新闻记者几乎都是在拉脱维亚北极新闻中心进行专业的新闻教育培训。北极新闻中心已经培训了将近4500名优秀的俄罗斯和拉脱维亚巴尔提克大区的记者。当时主要是在苏维埃政府的统治之下实现。

四、管理·规制

- 国家广播电视委员会(NRTP)

拉脱维亚整个广播电视行业受国家广播电视委员会管理,其中规定了私人和公共广播以及商业广播牌照的问题。该委员会独立运作,但是由议会任命,委员会成员一直全部由执政党提名,明显缺乏讲俄语的少数民族代表。委员会的监管活动一直被一些问题所困扰,尤其是缺乏足够的权力和限制外国语言广播制裁的争议。

立陶宛
Lithuania

一、国家概况

立陶宛位于波罗的海东岸，是波罗的海三国中最南端也是面积最大的国家，国土面积65300平方公里，首都维尔纽斯。人口数量为3182755（2012年），官方语言为立陶宛语。

近年来需求的变化及经济的放缓影响着立陶宛的媒体。立陶宛有327种传统的日报和周报，14种全国发行的日报，其中小报《晚报》（*Vakaro žinios*）最便宜也最受欢迎，地区性的周报订阅量最大，如《克莱佩达》（*Klaipėda*）、《希奥利艾新闻》（*Šiaulių naujienos*，*News of Siauliai*）。2005年开始发行首份免费报《15分钟》（*15 Minučių*），在三大主要城市受众广泛。1926年立陶宛有了广播，现在立陶宛有49家广播台，播出55个节目，有一家公营广播立陶宛国家广播台（Lithuanian National Radio），11家全国性的广播台，其余大多数是地区性的广播台。立陶宛有28家电视台，播出37个节目，可根据性质分为三类：公营（LTV1、LTV2）、地区产业资本所有（LNK、TV1、BTV）、外国资本所有（TV3）。三家全国性的商业台和公营的LTV（立陶宛电视台）是竞争关系。2008年，130万家庭拥有电视机。纸媒出版物的衰落与互联网的兴起有关。2009年，立陶宛有210万互联网用户，约占人口总量的60%。数字媒体时代使得广播电视等传统媒体也开始采用数字形式呈现内容。

二、主流媒体

1. 报刊

- 《立陶宛早报》(Lietuvos Rytas)

《立陶宛早报》是立陶宛最大的日报,发行量达到平日 36000 份,周末 11 万份。其印刷地点在维尔纽斯市。

网址:http://www.lrytas.lt/

- 《共和国报》(Respublika)

《共和国报》创办于 1989 年 9 月 16 日,是一家日报,总部位于维尔纽斯市。从 1991 年 1 月 7 日开始使用俄语发行,1993 年其中的一位创始人在维尔纽斯市被枪杀。根据 TNS 数据调查结果,《共和国报》在整个立陶宛的传媒市场占领主导地位。整个《共和国报》所属的共和国报业集团占据着立陶宛大约 79.2% 的市场份额。

网址:http://www.respublika.lt/

- 《立陶宛新闻报》(Lietuvos Zinios)

《立陶宛新闻报》于 1909 年创立,当时是一份代表立陶宛民主党派的自由报纸。尽管其发行受到世界第一次世界大战和苏维埃政府占领立陶宛战争的影响,但该报一直都是作为立陶宛现存最老的报业存在的。

网址:http://lzinios.lt/lzinios/index.php

- 《卡乌纳斯日报》(Kauno Diena)

《卡乌纳斯日报》是一家立陶宛日报,总部设在卡乌纳斯市。成立于 1945 年,隶属于立陶宛日报传媒新闻集团(DMN)。1998 年被 Orkla 传媒买下,2006 年 12 月又被 Hermis 资本公司买下。日发行量在 2005 年达到 38000 份。

网址:http://kauno.diena.lt/

- 《维达斯报》(Veidas)

《维达斯报》立陶宛语的含义是"脸",是一家集中报道国际新闻的报纸,主要聚焦于世界政治和经济报道。创办于2001年3月1日,日发行量6000份。

网址:http://www.veidas.lt/

2. 广播电视

- 立陶宛国家电视台(LRT)

立陶宛国家电视台隶属于立陶宛国家广播电视集团,总部位于维尔纽斯市。整个广播电视集团旗下有两大电视频道:LRT全国频道和卫星电视频道。LRT台同时还同步播出三档全国性的电台节目。从1926年起就不间断地提供电台广播服务。

网址:http://www.lrt.lt

- 立陶宛自由独立台(LNK)

立陶宛自由独立台是立陶宛最大的商业电视台,创办于1995年5月5日。其姐妹频道有TV1台、Info TV台和BTV。

网址:http://www.lnk.lt/

3. 通讯社

- 立陶宛新闻通讯社(ELTA)

立陶宛新闻通讯社现在位于维尔纽斯市。1920年成立于卡乌纳斯市,卡乌纳斯市是立陶宛第二大城市。1940年,苏维埃政权占领立陶宛,ELTA开始成为USSR信息服务中心的一部分,受控于塔斯社。直到1990年独立之后才脱离塔斯社的控制。1996年,ELTA成为真正意义上的独立通讯社。

网址:http://www.elta.lt/

三、教育·科研

- 维陶塔斯·马格纳斯大学(Vytautas Magnus University)

维陶塔斯·马格纳斯大学是立陶宛大学中传媒教育处于领先地位的机构。学校位于卡乌纳斯市,成立于1922年,1989年复校,为立陶宛自由与现代化的大学之一,人文社科为优势学科,目前在校学生约有 9000 名。该校拥有丰富的历史背景与悠久的传统,在整个波罗的海与欧洲学术文化领域扮演着相当重要的角色。该校有九个学院、一个著名的植物园卡乌纳斯植物园(Kaunas Botanical Garden)以及多个校级研究单位,此外该大学还非常强调学生自治以及公共事务的参与,其本身就是几个非政府组织的创始会员。

该校的传媒类专业尤其是新闻与传媒分析专业硕士学位,为海外学生提供了许多机会。主要培养在社会上具有竞争力和合作能力的记者编辑。

网址:http://www.vdu.lt/en

四、管理·规制

- 立陶宛广播电视委员会(LRTK)

国家监管工作由两个机构承担——其中一个是立陶宛广播电视委员会,它管理所有广播电视机构和转播重播行为。

- 立陶宛广播电视局(LRTT)

立陶宛广播电视局主要负责管理公共广播和电视机构。牌照发放过程有明确的标准和程序。

- 立陶宛记者和出版商伦理委员会

该委员会是一个非常权威的非国家机构的自我监管部门,主要监管记者和出版商的媒介道德与素养。

卢森堡
Luxembourg

一、国家概况

卢森堡位于欧洲西北部,面积2586.4平方公里,又称"袖珍之国"。首都卢森堡市。人口数量为509074人(2012年),官方语言为卢森堡语、德语、法语。

卢森堡有6家日报,其中2家是免费报。《卢森堡之声报》(或称《卢森堡言论报》)和《日报》是两家主要的日报,由 Belgian CIM 公司发行。埃尔多电台(Eldoradio)是最受欢迎的广播电台之一,是一家针对年轻人的音乐电台,由 RTL 间接控制。尽管有一些争取多元自由化的做法,但是 RTL 仍然是主导卢森堡视听媒体行业的机构。卢森堡广播电台(RTL Radio Lëtzebuerg)是最受欢迎的广播电台之一,卢森堡广播电视台(RTL Télé Lëtzebuerg)是最受欢迎的本土电视台,没有实质性的竞争对手。网络媒体也在逐渐发展,80%左右的民众都使用互联网。视听媒体正逐步从模拟信号向数字信号转变。

二、主流媒体

1. 报刊

- 卢森堡言论报(*Luxemburger Wort für Wahrheit und Recht*)

《卢森堡言论报》是德语日报,由卢森堡媒体集团圣-保罗·卢森堡集团(Saint-

Paul Luxembourg)出版,创立于1848年3月23日。2005年3月17日至2008年3月22日,该报曾改名为《言报》(*d'Wort*),全称《言报——卢森堡真理与公平信使报》(*d'Wort - Luxemburger Wort für Wahrheit und Recht*)。该报原是德文报纸,但后来有了卢森堡语和法语的版本,并有英文网站。该报隶属于卢森堡天主教大主教,与国内执政党——基督教社会民主党有紧密联系。

该报日发行量为81003份,日读者约176200人,是卢森堡最受欢迎的报纸。2009年,该报获得了国家报纸津贴152.4658万欧元,这个数目仅次于对手《日报》,居全国第二。

网址:http://www.wort.lu/en(英文)

http://www.wort.lu/fr(法文)

- 日报(*Tageblatt*)

《日报》为德语报纸,由Editpress出版公司在阿尔泽特河畔埃施城(Esch-sur-Alzette)发行,这是卢森堡第二受欢迎的报纸,其对手是最受欢迎的《卢森堡真理与公平信使报》。《日报》自称为卢森堡服务的报纸,属于社会主义公党并与社会主义工人党(Luxemburg Socialist Workers'Party)有密切联系。2004年,《日报》的日发行量为1.7106万份,大约是《卢森堡真理与公平信使报》的四分之一。2009年,该报获得了165.9554万欧元的国家报纸津贴,这个数目多于全国任何一家报纸获得的资助。

网址:http://www.tageblatt.lu/

- 卢森堡日报(*Lëtzebuerger Journal*)

《卢森堡日报》是德语报纸,持中间自由派政治立场,支持民主党。该报创立于1948年4月5日,代替此前停止发行的《上韦瑟尔报》(*Obermosel-Zeitung*)和《联盟报》(*l'Unio'n*),这两份报纸都试图创立像战前拥有长久历史的《卢森堡报》(*Luxemburger Zeitung*)一样的大规模发行的自由派报纸,但是在政治上却遭到质疑。2004年,该报每日发行5150份,这在国内六家广泛发行的日报中排名第五,但由于其与卢森堡第三大党、政府的常规合作伙伴民主党的密切联系,该报的重要性远比其发行量所显示出的意义要重大。2009年,该报获得了54.421万欧元的国家报纸津贴。

网址：http://www.journal.lu/

2. 广播电视

- **RTL 集团**

RTL 最初代表 Radio Télévision Luxembourg 或 Radio Television Luxemburg，即法文和德文的"卢森堡广播电视"。RTL 集团创办于 1931 年，原名 CLR，即运营卢森堡广播的 Compagnie Luxembourgeoise de Radiodiffusion（卢森堡无线电广播公司）的缩写。1950 年，CLR 成为欧洲广播联盟 23 个创始成员之一，目前 RTL 集团在欧洲广播联盟中仍保留原名 CLT（Compagnie Luxembourgeoise de Télédiffusion）。

RTL 集团是欧洲处于领先地位的娱乐公司，其最大股东是德国媒体集团贝塔斯曼（Bertelsmann），总部位于比利时的基希贝格。RTL 在 10 个国家（如德国、法国、比利时、荷兰、卢森堡、西班牙、希腊、匈牙利、克罗地亚）拥有 53 个电视台和 29 个广播电台，并在美国拥有制作公司。RTL 集团是世界领先的游戏节目、肥皂剧等电视内容生产商，通过其对伦敦的 FremantleMedia 的所有权，拥有大量内容资源。

除了节目内容本身的价值，RTL 早期成功的一个主要原因在于卢森堡比其他欧洲国家更早地允许商业广播电视的发展。这使 RTL 得以向其他国家（如英国、法国、德国、荷兰）用该国语言转播节目，许多英国广播播音员在转职到 BBC 或其他英国商业广播之前，就在卢森堡广播开始过他们的事业。20 世纪 70 年代，由于英国建立起一些新的音乐电台，卢森堡广播的英语受众减少；20 世纪 90 年代，英文广播在 Astra 1A 卫星上停止广播。2005 年 11 月，英文广播重新开播，并且可以通过网站 www.radioluxembourg.co.uk 收听。RTL 也是混合式宽频网络电视系统联盟的成员，该联盟包括一些广播电视和网络公司，这些公司正在为混合式机顶盒推广和建立开放的欧洲标准（HbbTV）而努力。混合式机顶盒能够实现在一个用户界面观看广播电视节目和使用宽频多媒体应用服务，德国的 RTL 电视台已经从 2010 年起开始采用 HbbTV 服务。

网址：http://www.rtlgroup.com/

- **RTL 卢森堡电视（RTL Télé Lëtzebuerg）**

RTL Télé Lëtzebuerg 是卢森堡的主要电视频道。卢森堡狭小的电视市场催生了欧洲独一无二的体制——卢森堡是世界上唯一一个同时用 PAL 制和 SECAM 制式的国家。目前，RTL Télé Lëtzebuerg 在卢森堡有娱乐节目、杂志类节目、新闻节目。在常规节目之外，会以演播室为背景画面，配以文字新闻和公路及时路况录像。RTL 还有第二频道，主要直播或重播体育节目。以前，RTL Télé Lëtzebuerg 的主要对手是由 Tele2 运营的 Tango TV，现在其主要竞争者是 Eldo TV 和开放者电台（Den Oppener Kanal）。卢森堡的其他电视台只在地方播出节目。卢森堡受众也可以收看 RTL4、RTL5、RTL7，这些频道都是在荷兰播出的。像荷兰本地的电视频道一样，这些频道也使用外语播放外国节目，配以荷兰语字幕。

网址：http://www.rtl.lu/home/

- RTL 广播（RTL Radio Letzebuerg）

RTL 广播即原来的卢森堡广播，是卢森堡德语商业广播电台。二战后采用中波开始播音。RTL 广播是 RTL 集团的一部分，现有两个广播站，即德国国家广播电台 RTL 广播，以及 RTL 广播 93.3 和 FM 97.0，前者通过电缆、卫星、互联网进行广播，后者在卢森堡、德国莱茵兰－普法尔茨州、东柏林和法国洛林等地区广播。

网址：http://www.rtlradio.lu/

- 卢森堡广播（英文广播）（Radio Luxembourg）

卢森堡广播的英文服务始于 1933 年，是最早对英国进行广播的商业广播电台，也是私营电台和英国现代电台的重要先驱。卢森堡广播曾经绕开法律为商品做节目宣传，这种方式非常有效并一直持续到 1937 年，此后，BBC 垄断了英国本土广播并禁止任何形式的广告。卢森堡广播曾拥有世界上最强大的私营广播发射机，而且在 20 世纪 30 年代、50 年代和 60 年代其大众娱乐节目吸引了大量的英国和爱尔兰听众。

目前，卢森堡广播是英语数字广播电台，属于 RTL 集团。主要播放古典摇滚音乐，这样的运营模式开始于 2005 年。曾经在很短的一段时间内，听众可以用短波数字广播收听卢森堡广播，但后来发射机功率减弱，在 2008 年时已经无法在卢森堡境外收听，但其他地区的听众仍然可以通过网络收听该广播的节目。

网址：http://www.radioluxembourg.co.uk/

3. 通讯社

卢森堡无通讯社。

三、教育·科研

- 卢森堡大学科学、技术与通信系（Faculty of Science, Technology and Communication, FSTC, Université du Luxembourg）

卢森堡没有正式的新闻教育，没有专门的新闻传播研究机构。涉及传播学专业的唯一院系是成立于2005年的卢森堡大学科学、技术与通信系。该系提供4个本科、7个研究生课程。研究主要集中于信息技术、工程学、数学、生活科学、物理或材料科学。

网址：http://wwwen.uni.lu/fstc

四、管理·规制

1. 管理机构

- 独立广播委员会（Commission indépendante de la radiodiffusion）

独立广播委员会根据《1991年法》成立，负责发放广播业务授权证书以及控制申请。

- 节目咨询委员会（Conseil national des programmes）

节目咨询委员会根据《1991年法》成立，负责引导政府或公共舆论并监管传媒业中的违规行为。它在国内能发挥的作用甚微，但它努力在印有卢森堡国家标志的出口节目中发挥更大的作用。

2. 法律法规

- 《传媒法》（Press Law）

经过长时间的准备，2004年《传媒法》终于被议会采纳。它重新定义了答辩权，并引导新闻从业者行使保护新闻消息来源的权利。

马其顿

Macedonia

一、国家概况

马其顿位于欧洲东南部巴尔干半岛。国土面积 25713 平方公里,首都斯科普里。人口数量为 2058539（2011 年）,官方语言为马其顿语。

2007 年,马其顿出版报纸 26 种,主要有《日报》《晨报》《晚报》《新马其顿报》等。刊物有 195 种,如《论坛》、*TEA* 等。全国共有 60 个广播电台,其中国家广播电台 1 个、地方广播电台 59 个。国家广播电台用马其顿语、阿尔巴尼亚语、土耳其语、吉卜赛语、弗拉西语、塞尔维亚语、保加利亚语和希腊语广播。马其顿公营电视台有 10 个,其中全国性电视台 1 个,地方台 9 个。全国性电视台设 3 个频道,用马其顿语和阿尔巴尼亚语等 7 种语言播出。另有 45 个私营电视台。马其顿互联网用户明显增加。2006 年,马其顿 50% 的人使用计算机,37% 的家庭有电脑,30% 的马其顿人使用互联网。

二、主流媒体

1. 报纸媒体

- 《新马其顿报》（*Nova Makedonija*）

《新马其顿报》是马其顿共和国最早的报纸。创立于 1944 年 10 月 29 日,总部设在戈尔诺瓦兰诺夫齐市。

网址：http://www.novamakedonija.com.mk/

- 《乌特林斯基报》(*Utrinski Vesnik*)

《乌特林斯基报》(马其顿语 Утрински весник)是马其顿共和国的一家私营报纸。创立于 1999 年 6 月 23 日，除了周日以外每天都发行报纸。每周五会加印一份叫做 *Magazin +* 的副刊。

网址：http://www.utrinski.com.mk/

- 《的涅夫尼克日报》(*Dnevnik*)

《的涅夫尼克日报》是马其顿王国国内一家私营报纸。创立者是的涅夫尼克家族。除周日外每天都发行日报。最早创建于 1996 年 3 月 20 日。每周五发行副刊《安特纳报》(*Antena*)。

网址：http://www.dnevnik.com.mk/

- 《晚报》(*Večer*)

《晚报》是马其顿共和国一份公营性质的报纸，最初创立于 1963 年 11 月 11 日。除周日外每天出版。

网址：http://www.vecer.com.mk/

2. 广播电视

- 马其顿国家电视台 1 台(MRT1)

马其顿国家电视台 1 台是马其顿国家电视台，由马其顿广播电视集团管理。该台于 1964 年创立，总部设在马其顿史高比耶市。之前曾经依次使用史高比耶电视台、TVS1 台和 MTV1 台等名称。姐妹频道有 MRT2 台、MRT 集结频道(MRT Sobraniski，其英文名称为 MRT Assembly Channel)等。

网址：http://www.mtv.com.mk/

- 西特尔电视台(Sitel TV)

西特尔电视台是马其顿共和国第二大私营电视台，创办于 1993 年 1 月 22 日，现有职工大约 150 人。近期的民意调查显示西特尔电视台是马其顿共和国国内观众最多的电视台。

网址:http://www.sitel.com.mk/

- 马其顿 5 台(Kanal 5)

马其顿 5 台是覆盖全国范围的私营电视频道。创办于 1998 年,总部位于史高比耶市,同时也在地方的中小城市设置分站。该电视网络最初只有 50 名雇员,之后开始发展,主要针对每天在家收看电视的家庭妇女。如今马其顿 5 台的收视份额已经达到了 96% 的比例。

网址:http://www.kanal5.com.mk/

3. 通讯社

- 马克法克斯通讯社(Makfax)

马克法克斯通讯社是马其顿共和国一家独立的新闻通讯社,成立于 1992 年,同时也是东南欧洲地区组织(SEE)最早的私营通讯社。许多马其顿外国大使馆和大使都是该通讯社的主要用户。

网址:http://www.makfax.mk/

- 马其顿信息通讯社(MIA)

马其顿信息通讯社是马其顿共和国一家公营性质的通讯社,创立于 1992 年史高比耶市。其提供具有专业水准的标准新闻。每天 24 小时不间断服务,使用马其顿语、英语和阿尔巴尼亚语。

网址:http://www.mia.mk/

三、教育·科研

- 马其顿媒体学院(Macedonian Institute for Media)

马其顿媒体学院是欧洲新闻研究中心(European Journalism Centre)为提高马其顿新闻教育事业而提供的一项合作项目,两大机构紧密合作,为马其顿从小学到初高中阶段的传媒教育打好根基。

四、管理·规制

1. 管理机构

● 广播电视委员会

广播电视委员会决定发放或撤销许可证,分配从许可证费用中获得的资金,监管广播电视公司是否遵从许可证的相关条款,监管广播电视行业的发展,制订与广播电视行业相关的媒体政策方案。2005年《广播电视活动法草案》预见到了广播电视委员会的权力和责任的重大变化。然而,现在判断该草案能否免于进一步修改而通过还为时过早。

广播电视委员会由九名成员组成,这些成员主要是公共信息、商业、教育、文化以及其他相关行业领域的专家。少数民族成员应该在委员会中占有与非少数民族成员平等的份额。在广播电视委员会第一波成员中,有一位吉卜赛族人。现在的副会长是阿尔巴尼亚族人。

委员会的成员由议会任免,任期六年,可被重新任用。依据欧洲普遍的做法,成员们的任期是交错的,以避免与议会周期重合。委员会的第一波成员中有三位任期两年,三位任期四年,还有三位任期六年。这个方案确保未来委员会成员的任期依然可以错开,同时,新成员每两年任命一次,这样就能确保委员会工作的连续性。政府2005年《广播电视活动新法草案》预测,在这部法律通过的8个月内,应该选出一个全新的广播电视委员会。但是,委员会的现有成员反对这个想法。

委员会成员从内部选出会长和副会长——他们领月薪并且是委员会里唯一的专业管理人员,其他成员领取酬金。成员在任职期间不能从职位上被召回,除非他们辞职。只有当他们因违法被判刑而不配担任原有职务、或者面临不少于6个月的监禁、或者无正当理由离开工作岗位6个月以上时,才会被辞退。

任命的程序使政府有可能对委员会的构成施加直接影响。推荐成员的名单首先是在议会选举任命委员会中形成的,这一部门由议会中各政党的代表组成。议会对委员会人员的构成有最后决定权,而公民社会、专业组织和学术界的影响很小。

- 电子通信部

电子通信部主管国家的电信基础设施。电信部管辖频率问题,包括广播电视技术许可证的发放和频率使用的监管。

2. 法律法规

- 2005年《马其顿广播电视活动法》

该法令改变了马其顿广播电视委员会的任命体系。任命体系由民权社会代表以及执行董事通过竞争挑选。委员会和马其顿广播委员会执行董事已经被提名为候选人,并且被国会指定。

该法令还改变了由马其顿广播电视台委员会、管理董事会及总负责人组成的马其顿广播电视的管理体制(以前由董事管理部门、董事财政部门以及执行董事组成)。

董事管理部门数量从11个减到7个,由马其顿广播电视委员会通过公共竞争选举(在此之前,管理董事会由国会和职员推选任命)。

要求马其顿电视台用马其顿语播出马其顿电视1套,用非通用语播出马其顿电视2套;对欧洲节目强制增加份额;下午5点到9点之间,禁止在电视中插播广告。

- 2007年《广播电视行为法修改法》

该法令主要改革了马其顿传媒集团内部的管理体制:改变执行董事的职位,由一个主席改为执行团队,包括两个最高执行者及其副手。

另外,允许外籍人士担任马其顿广播委员会的执行人。

荷 兰
Netherlands

一、国家概况

荷兰位于欧洲西北部,面积 41543 平方公里,首都阿姆斯特丹。人口数量为 16730000(2012 年),官方语言为荷兰语。

荷兰是一个热爱读报的国家,一半的荷兰家庭会订阅报纸。排在前几位的报纸有《荷兰电讯报》《共同日报》《人民报》《新鹿特丹商报》。两大公营广播有 6 个频道,商业广播大多为音乐广播,针对年轻人。BNR Nieuwsradio(Business News Radio)是一家商业新闻广播。电视在荷兰普及率很高,平均每天收看电视的时间超过 3 小时。有两大商业电视台参与竞争,卢森堡和德国合营的 RTL 集团运营 RTL 4(家庭节目为主)、RTL 5(受众为青少年)、RTL 7(受众为商务人士)和 RTL 8(主要是美国电视剧);美国的 SBS 集团有三个频道:SBS6(家庭节目为主)、Net 5(女性频道)和 Veronica(受众为青少年)。除了以上频道,荷兰还有 Het Gesprek(主要为脱口秀节目)、MTV(受众为青少年)、TMF(音乐节目)、Discovery 频道、国家地理、欧洲体育和许多地方台;所有的节目播出都用荷兰语或者配有荷兰语字幕。近 90% 的荷兰人使用网络,这在欧盟曾是比例最高的。

二、主流媒体

1. 报刊

- 《人民报》(De Volkskrant)

《人民报》是荷兰一份全国性每日晨报,创立于1919年,日发行量约30万份。该报在世界上15个主要国家设有常驻记者站,在全球拥有极为广泛的报道资源。

网址:http://www.volkskrant.nl/

- 《共同日报》(Algemeen Dagblad)

《共同日报》是荷兰三大媒体之一,1946年成立于鹿特丹,每日发行量约315000份,主要报道新闻、体育、经济、汽车、旅游和天气信息等内容。

网址:http://www.ad.nl/

- 《荷兰电讯报》(De Telegraaf)

《荷兰电讯报》是荷兰最大的晨报,每日发行,创建于1893年1月1日,日发行量约70万,总部设在阿姆斯特丹,该报隶属于电讯传媒集团(Telegraf Media Group),在世界报业协会发布的2008年全球报纸发行量中排名第86位。

网址:http://www.telegraaf.nl/

- 《新鹿特丹商报》(NRC Handelsblad)

《新鹿特丹商报》是荷兰一份很有影响力的晚报,创建于1970年10月1日,总部位于阿姆斯特丹,报纸内容主要集中在政治、经济、艺术和文学等领域,2009年该报的发行量为24万份。

网址:http://www.nrc.nl/

- 《誓言报》(Het Parool)

《誓言报》是阿姆斯特丹地方新闻报纸,创立于1940年,首次出版于1941年,主要以报道当地都市新闻为主,另外也报道国内、国际的重要新闻。

网址:http://www.parool.nl/

- 《荷兰财经日报》(Het Financieele Dagblad)

《荷兰财经日报》是荷兰金融行业的日报,创刊于1943年,总部位于阿姆斯特丹,侧重于经济和财政方面的报道。

网址:http://fd.nl/

- 《蜻蜓》(*Libelle*)

《蜻蜓》杂志是荷兰著名的妇女杂志,总部位于鹿特丹,杂志网站设有论坛、博客、游戏、电影、商城、时装美容、食谱、假期旅游、读书等内容。

网址:http://www.libelle.nl/

- 《自由荷兰》(*Vrij Nederland*)

《自由荷兰》杂志创办于第二次世界大战期间,第一次出版于1940年8月,起初是一份地下报纸,至今已发展成为一份杂志。

网址:http://www.vn.nl/

2. 广播电视

- 塔帕公司(Talpa Media)

成立于2005年,创办人德摩尔,是集电视节目开发、制作与销售为一体的跨国媒体集团,在美国洛杉矶等地拥有分公司。除了电视节目外,塔帕还兼营主题电影制作,拥有自己的音乐制作部门,同时还持有并运营着荷兰三家电视台,全资拥有三家电台。

以塔帕的主业电视节目制作为例,他们的网站上展示了大量节目,并细分为各种类型,如选秀、真人秀、娱乐、游戏、约会等。除了《好声音》是销售最好的节目外,销量不错的还有《完美爱恋》《我爱我的祖国》《我心唱响》等。这三档节目也分别被中国的电视制作公司买下。

- 荷兰国际电台(Radio Netherlands)

荷兰国际电台是荷兰国际性的传媒组织,它通过广播、电视及互联网向全球几千万人报道荷兰、欧洲及世界各地的新闻时事。电台本着独立、客观、中立和求实的宗旨,每周7天,每天24小时以10种语言向世界各地传播信息。

荷兰国际电台开通了中文网站,每日更新荷兰新闻和荷文报纸摘要,提供关于环保、水管理、建筑设计、卫生健康以及文化等方面的专题性报道,荷兰希望在这些方面向中国提供一些借鉴。

网址：http://www.rnw.nl/nederlands

3. 通讯社

- 荷兰 ANP 通讯社（Algemeen Nederlands Persbureau）

荷兰最大的新闻通讯社，也是荷兰的国家通讯社，成立于 1934 年，提供快速、公正、准确的新闻报道。

网址：http://www.anp.nl/

三、教育·科研

- 阿姆斯特丹大学（Universiteit Van Amsterdam）

阿姆斯特丹大学成立于 1632 年，至今已有 300 多年历史，是荷兰最古老的大学之一，也是目前荷兰最大的综合性大学。阿姆斯特丹大学开设了媒体与传播研究方面的课程，招收本科生和研究生，还成立了阿姆斯特丹传播研究院，设有儿童、青年与媒体研究中心。

媒体系（Media Studies）属于阿姆斯特丹大学教学机构中的人文学院，电影、电视、社交媒体、新闻学、电子信息是媒体系最核心的研究内容。该系提供"媒体与文化""文化信息学""电影研究""移动画面呈现""电视研究""媒体研究""新媒体与数字文化"等专业课程。在授课安排上采取分开和集中并行的方式。比如，"媒体事件""传媒史""视觉与流行文化"等课程放到历史系。同时，学生可以在这里学到许多理论知识和分析研究方法，以应对媒体生态转型的现状。媒体系也致力于不同社会文化历史背景下的媒体特点研究，从社交媒体的政治影响到个人与集体记忆中的电影电视的地位、新闻学的变化研究等，并与其他院校合作。

传播学院（College/Graduate School of Communication）属于阿姆斯特丹大学教学机构中的社会与行为研究学院，招收本科生和研究生（含博士生）。传播学院提供"传播学""政府传播""企业传播""说服传播""青年与媒体""新闻学""媒体与全球化"等专业课程。传播学院里的研究生院是荷兰第一家也是唯一一家关于传播研究的研究生院，提供很多传播研究方面的项目，毕业生多在新闻或娱乐媒体、传媒营销、企业及政府部门从事传媒工作。

阿姆斯特丹传播研究院（Amsterdam School of Communication Research，ASCR）是欧洲最大的传媒研究机构，也是世界上最大的传媒研究机构之一，属于阿姆斯特丹大学社会与行为研究学院。该研究机构成果丰富，主要从事说服传播（Persuasive Communication）、政府新闻传播和青年与娱乐媒体方面的研究，与其他学科相交叉，致力于为传播学理论研究作出贡献。

儿童、青年与媒体研究中心（Center for Research on Children, Adolescents and the Media，CCAM）是阿姆斯特丹传播研究院的一部分，该中心主要研究媒体在儿童和青年生活中的角色，探索媒体使用的结果。其中一个重要的目标是研究屏幕媒体使用和效果的机制基础，面向学界以及社会公众公布研究成果。中心研究人员关注传统媒体，也关注新媒体。进行跨学科研究，结合教育学、心理学、社会学的理论，运用亲身体验和与因果联系的研究方法，进行文本分析，通过调查和实验获取数据。

媒体系有115位教职员工。传播学院（研究生部）有5位教职员工。阿姆斯特丹传播研究院有50多位研究员，其中很多人兼任传播学院的教授。儿童、青年与媒体研究中心有23位研究人员，其中10位是博士生。克里斯托夫·林德纳（Christoph Lindner，1971）是阿姆斯特丹大学人文学院媒体系的教授。2009年起担任FGW的英语教授，现任阿姆斯特丹文化分析院（ASCA）院长，牵头成立荷兰文化分析研究所。除在阿姆斯特丹大学任职外，林德纳教授也在英国、美国、法国做过教学及研究工作。林德纳教授的研究领域是电视，他是一位跨学科的学者，擅长领域是媒体与文化理论研究。他的研究重视全球化、城市和创意媒体产业（如电视、电影和视觉艺术）的关系。

阿姆斯特丹（Amsterdam）位于艾瑟尔湖西南岸，是荷兰王国的首都，荷兰最大的城市和第二大港口，人口约71万，被称作北方威尼斯。阿姆斯特丹是荷兰的金融和文化之都。许多大型机构总部设于此，包括飞利浦和荷兰国际集团（ING）等7家世界500强企业的总部。作为泛欧交易所的一部分，阿姆斯特丹证券交易所坐落于城市中心。阿姆斯特丹有很多旅游景点，包括历史悠久的运河网、荷兰国家博物馆、凡·高博物馆等。每年有大约420万游客来此观光。1994年阿姆斯特丹与北京结为友好城市。

媒体系：

电话:0031(0)205252980

地址:Room 1.04 Turfdraagsterpad,9 1012 XT Amsterdam。

传播学院：

电话：+31（0）20－525 3003（10:00－14:00）

地址:Kloveniersburgwal 48 1012 CX Amsterdam Student desk:10:30-13:00

邮箱:onderwijsbalie－cw－fmg@ uva.nl

阿姆斯特丹传播研究院：

电话：+31（0）20 525 3680

传真：+31（0）20 525 3681

邮箱：ascor－secr－fmg@ uva.nl

地址：East Indies House（OIH）Kloveniersburgwal,48 1012 CX Amsterdam, The Netherlands

儿童、青年与媒体研究中心：

电话：+31 20 525 2305

传真：+31 20 525 3682

邮箱:info@ ccam－ascor.nl

地址：Amsterdam School of Communications Research, ASCoR University of Amsterdam Kloveniersburgwal,48 1012 CX Amsterdam

四、管理·规制

1. 管理机构

- 传媒委员会(Commission for the Media)

传媒委员会监管《公众传媒法》的执行情况,以及商业电视台和有线运营商。委员会分配广播时间给全国性、区域性及地方性公共媒体,发放执照给商业电台和电视台。广播电视机构需要符合两项标准才能进入公共广播系统:它们需要30万名以上的支持者,同时,它们应遵守《传媒法》关于播出规定数量的资讯类、文化类、教育类等类型节目的相关要求。公共广播机构同样也应制作一定比例的国内节目。委员会同时监管公共广播机构的财政状况,并有权对这些机构的植入广告、非法赞助等商业行为作出罚款决定。

2. 法律法规

- 《传媒法》(*Media Law*)

《传媒法》规范广播和电视,但没有关于播出节目内容的事前审查。荷兰关于传媒的政策主要体现在广播政策上。

- 《看门指导法》(*Kijkwijzer*)

1997 年,荷兰通过《看门指导法》,旨在保护青少年观众不受媒体的有害影响。该法明确规定电影、电视节目、视频及游戏的分级政策,给予家长指导性意见。播放暴力、恐怖、性、脏话、酒精、毒品、种族歧视性等内容的媒体将受到警告处分。

挪 威
Norway

一、国家概况

挪威位于斯堪的纳维亚半岛西部,面积为 385155 平方公里,首都奥斯陆。人口数量为 4752735(2008 年估计),官方语言为挪威语。

现在挪威有 220—230 家报纸,《世界之路报》(*VG*)和《挪威日报》(*Dagbladet*)是两家最受欢迎的报纸。但 2000 年后,受众都有所减少。挪威国家广播公司(NRK)是挪威的公营广播,有模拟频道,也有数字频道。挪威广播电台(RadioNorge)是挪威私营广播的代表。除了全国性的广播,挪威还分别在 141 个行政区有地方广播。NRK 电视台受到私营电视和地方电视的冲击,如 TV3、TVNorge 和 TV 2。70% 的民众使用网络,网络比广播、电视的覆盖范围更广。

二、主流媒体

1. 报刊

- 《世界之路报》(*Verdens Gang*, VG)

《世界之路报》为挪威最大的报纸,每日读者近 100 多万人,在欧洲舆论界具有强势地位。《世界之路报》创办于 1945 年,属施伯史泰德公司。1995 年,施伯史泰德公司利用《世界之路报》的品牌效应开办网站 www.vg.no,该网站已成为挪威非常受欢迎的站点之一。

网址:http://www.vg.no/

- 《晚邮报》(*Aftenposten*)

《晚邮报》是挪威发行量较大的挪威语对开报纸,是斯堪的纳维亚地区的著名报纸之一。《晚邮报》在奥斯陆出版,于1860年由K.希布斯蒂德创办,属希布斯蒂德出版公司。该报消息来源较多,报道面广,反映保守党观点。《晚邮报》注重国际新闻,图书介绍和书评有特色,内容较严肃。广告较多,占版面的一半以上。该报技术设备先进,印刷精美,读者多为中上层人士。在英国、美国、俄罗斯、比利时、德国、瑞典、芬兰、中国等国派有常驻记者。

网址:http://www.aftenposten.no/

- 《挪威日报》(*Dagbladet*)

《挪威日报》创办于1869年,是挪威第二大小报。《挪威日报》的网络版于1995年3月8日上线,是挪威第一家发行网络版的报纸。

网址:http://www.dagbladet.no/

- 《卑尔根时报》(*Bergens Tidende*)

《卑尔根时报》是挪威西部的主导报纸,成立于1868年1月,提供挪威当地、国内、国外、体育、经济等方面的消息,是小报样式出版发行的典范。

网址:http://www.bt.no/

2. 广播电视

- 挪威国家广播公司(Norsk Rikskringkasting AS,NRK)

挪威国家广播公司于1933年建立,分广播、电视两部分,是挪威重要的新闻机构,也是挪威最大的媒体机构。1950年,NRK成为欧洲广播集团(European Broadcasting Union)23个投资成员之一,1954年,NRK开始试验播出真人秀节目,1960年之后正常播出。NRK的经济收入94%来自电视用户缴纳的年费,剩余部分来自商业活动如节目和DVD的销售、节目制作和特别赞助等。

挪威的广播电视始于1925年,挪威国家广播公司是一家成立于1933年的私人广播公司,为 NRK 的前身。在奥斯陆,NRK 取代了挪威大城市中私人运营的广播公司。从一开始 NRK 就覆盖全国,一段时期内垄断了挪威的广播电视。直到 1975 年,这种垄断才逐渐解体,1982 年推出有线电视,1986 年地方电视台和卫星电视出现,1992 年第二免费空中电台 TV2 面世。如今,NRK 的主要电视频道有 NRK1(最早)、NRK2、NRK3 和 NRK Super(专门面向儿童)等。

1984 年,NRK 引进第二个广播台,是欧洲主要公共广播公司中最晚的一个。1993 年,开辟第三个广播站,面向年轻观众。1995 年 NRK 开设 24 小时播出古典音乐的电台 Alltid Klassisk(现称为 NRK Klassisk),是同类节目中首个运用 DAB(数字音频广播)技术播出的数字广播。1997 年,NRK 引进全新闻电台(Alltid Nyheter),24 小时播出节目。2000 年,NRK 推出面向青少年的 Mp3 广播台,不间断播放舞曲。

网址:http://www.nrk.no/

3. 通讯社

- 挪威通讯社(Norsk Telegrambyra,NTB)

创建于 1867 年 9 月 1 日,是挪威唯一的通讯社,总社设在奥斯陆,属于联合股份公司性质。挪威通讯社的最高决策机构是报业代表大会及其常设委员会。经理和主编由委员会任命,领导日常工作。挪威通讯社在经济上依靠全国 115 家报纸付给的电讯稿和图片订费。挪威通讯社在国内无分社,只在卑尔根和特隆汉姆两大城市派有常驻记者。国内新闻主要通过各地报纸指定的报道员提供。挪威通讯社在议会中专门派有报道组。国际新闻主要依靠转发路透社、法新社和合众国际社以及北欧各国通讯社的电讯。挪威通讯社与德新社等许多通讯社都签订有交换电讯合同,同北欧各国通讯社保持密切合作,同时在北京、华盛顿、莫斯科和波恩联合派有常驻记者。有时,还联合派出记者到外国采访报道。挪威通讯社 1974 年和新华社曾相互交换新闻。

网址:http://www.ntb.no/

三、教育·科研

• 奥斯陆大学挪威新闻学系(Norsk journalisthøgskole, Høgskolen i Oslo)

挪威新闻学校(Norsk Journalistskole)成立于1965年,是挪威第一所新闻教育专业学校。1994年,挪威新闻学校并入奥斯陆大学,成为该校社会科学学院下的一个系。提供新闻摄影、新闻学、媒体与传播的学士学位和新闻学的硕士学位,并提供欧洲转型、区域沟通等继续教育项目。

网址:http://www.hioa.no/Om-HiOA/Fakultet-for-samfunnsfag/JM/Journalistikk-og-mediefag

• 沃尔达学院媒体研究系(Mediefag, Høgskulen i Volda)

沃尔达学院媒体研究系是挪威的第二个新闻教育专业学院,成立于1971年。目前有在校学生250名。提供动画、新闻学、传播与媒体、纪录片与新闻等相关课程的学习,强调理论和实践相结合。

网址:http://www.hivolda.no/nyn/hivolda/om-hogskulen/avdelingar/mediefag-1?lang=nyn

四、管理·规制

• 挪威报刊协会(Norsk Presseforbund)

挪威报刊协会不代表某一个特定群体,但其承担媒体伦理的一般性责任,负责挪威传媒伦理守则的维护与发展。该守则不仅适用于报刊媒体,同样也适用于其他媒体。协会对报刊委员会进行任命,用以评估违反伦理规定的个案。委员会无权制裁媒体,但它可以要求违反者刊发委员会对其的判决。

波 兰
Poland

一、国家概况

波兰西面与德国接壤,南部与捷克和斯洛伐克为邻,东部与乌克兰和白俄罗斯相连,东北部和立陶宛及俄罗斯接壤,北面濒临波罗的海。国土面积312685平方公里,首都华沙。人口数量为38501000(2011年),官方语言为波兰语。

波兰的视听媒体发展迅速,公营和私营媒体分别垄断着国内市场。波兰有5000多家纸质媒体,两大全国性日报是《事实报》和《选举报》,分别属于Axel Springer公司和Agora S. A. 公司。免费发行的全国性报纸日益流行,*Metro*[①]在全国最受欢迎日报中排第三。排名在前的地区性报纸有《西部报》(*Dziennik Zachodni*)、《波美拉尼亚公报》(*Gazeta Pomorska*)、《格罗斯维可波斯基》(*Głos Wielkopolski*, ZDKP)。近年来日报的销售大幅下降,外国资本控制了波兰近80%的纸媒市场。80%的波兰人听广播,除了公营广播,波兰有255家持执照的商业或私营电台。波兰公营广播波兰电台〔Polskie Radio(PR)S. A.〕为国营,下设5个台,分别是自然、文化、新闻、青年、议会会议等内容,另有17个地方台和负责对外广播的Polskie Radio dla Zagranicy[②]。全国性的著名商业电台有Radio RMF FM(Bauer Media Invest

---

[①] 《地铁报》或《都市报》,一语双关。
[②] 英文:Polish Radio External Service(波兰国际广播电台),2007年更名为Radio Polonia(波洛尼亚电台)。

鲍尔传媒投资公司所有)、Radio Zet（Eurozet 有限公司所有)。除了公营电视台，波兰有213家持执照的商业电视台。波兰公营电视台波兰电视公司〔Telewizja Polska（TVP）S. A.〕属于国营，是欧洲公营电视中占据市场份额最多的。TVP下设三个频道：在全国范围内播出的 TVP1、TVP2 和只在地区播出的 TVP Info。商业电视台主要有 Polsat 和 TVN。2008 年底，波兰有 1580 万网民，主流媒体也推出网站等新媒体服务。60%多的网民都选择在网上浏览新闻、看电视或听广播。最流行的新闻网站有 Onet、Wirtualna Polska、Interia（PBI）。

二、主流媒体

1. 报刊

- 《事实》(*Fakt*)

《事实》为综合性日报，是波兰发行量最大的报纸，日发行量达80万份，拥有大约700万读者。《事实》模仿欧洲最畅销的德国小报《图片报》(*Bild*)，该报主要面向低收入消费者，主要针对中产阶级，播报的新闻具有煽动色彩。报道覆盖政治、经济、社会等各个方面，在政治上处于中立地位。《事实》致力于批评媒体监管机构，坚持批判的新闻风格，批评那些忽视新闻职业道德原则的行为，两次被波兰新闻界授予年度电视金鬣狗奖（Hyena Of The Year）。2004 年刊登谋杀目击者的裸体尸体照片；2005 年刊登一张无辜的受害者照片并配上"性犯罪者逍遥法外"的标题。

然而，该报最近支持波兰前总理马辛基维茨（Kazimierz Marcinkiewicz）的政治主张，马辛基维茨经常被邀请发表评论。《事实》的周末副刊取名为《欧罗巴》(*Eupora*)，刊登一些学者和公共知识分子的文章。

网址：http://www.fakt.pl/

- 《选举报》(*Gazeta Wyborcza*)

《选举报》1989 年 5 月 9 日创刊，报头的座右铭是"没有团结就没有自由"（Nie ma wolności bez Solidarności）。在 1989 年 6 月 4 日的半自由选举中，《选举报》发出团结的声音,是19世纪40年代晚期第一个独立于共产主义政府控制的合法报纸。《选举报》报道的内容有国际新闻和一般时政新闻。过去报纸发行量为672000份,但到2010年,跌至319000份,主要是受到广告收入下降的影响。

网址:http://wyborcza.pl/0,0.html

- 《超级快讯》(*Super Express*)

《超级快讯》于1991年创刊,在华沙出版,日发行量大约37万份,以揭露政治丑闻而闻名。在1993年和1995年的波兰选举之前,该报举行了选前民意测验,同时还刊登了波兰战地记者瓦尔德马·米勒维格茨(Waldemar Milewicz)被伊拉克叛乱分子杀害后的尸体照片。1996年4月15日,该报发行美国版本,这是波兰报纸首次发行海外版本。

网址:http://www.se.pl/

- 《共和国报》(*Rzeczpospolita*)

《共和国报》是全国性综合日报,创办于1982年,曾是政府机关报,剧变后改制为私营性质的独立性报纸,其51%的股份由挪威的奥克拉传媒(Orkla Media)国际集团旗下的Presspublica Holding Norway公司控制,其余股份由波兰共和国国家出版社掌握。该报以波兰文出版,面向全国发行,平均日发行量20余万份。国外消息主要来自法新社、路透社等世界几大通讯社及波兰通讯社。

《共和国报》的办报口号是"我们提供信息,你来做决定",强调报道的客观性,普遍被认为持中右观点,以法律、金融和经济领域的报道见长,比较注重报道有关政府、议会和总统府的情况。《共和国报》自90年代中期开始派记者常驻北京,是目前在华有常驻记者的唯一一家波兰媒体,对华报道整体上尚为客观,涉猎题材比较广泛,驻京记者采写的反映中国改革开放以来发展变化的文章一般都能够及时在国内见报。2001年11月,主编乌卡谢维奇及国际部主任应外交部新闻司邀请访华。

网址:http://www.rp.pl/

- 《论坛报》(*Trybuna*)

《论坛报》前身是波兰统一工人党的机关报《人民论坛报》,剧变后于1990年以现名重新出版,出版商是ADNovum有限公司。由于多年来缺乏资金投入,该报目前仍是黑白印刷,广告收入也不多,经营状况不佳。该报语言为波兰文,面向全国发行,日发行量8万至10万份,国外消息主要来自外电和波兰通讯社。

《论坛报》是波兰目前唯一一家持左派观点的综合性日报。尽管对外宣称不隶属于任何党派,但由于历史原因,同现执政的民主左派联盟党关系密切,并根据该党议员团的指示,几乎每周五都开辟专栏,为其议员就不同问题发表看法提供版面,是左翼阵营的喉舌。该报对华态度比较友好,涉华报道与其他各报相比更为客观。国际部负责撰写对华报道的两位记者舍莱斯托夫斯卡(Krystyna Szelestowska)和斯沃姆科夫斯基(Slomkowski)均多次赴华进行过采访,对中国了解较深,但两人年事已高,影响减弱,目前主笔的年轻记者对中国了解较少。

网址:http://www.trybuna.pl/

- 《政治周刊》(Polityka)

《政治周刊》创办于1957年,是一份综合性周刊,面向全国发行,发行量30万份左右,主要针对受过教育的读者,出版商是政治劳动合作社,在美国、加拿大也有分销商。该报以波兰文出版,面向全国发行,发行量30万份左右。《政治周刊》刊登的以中国为题材的报道虽然数量不多,但比较客观。20世纪90年代该周刊主编曾应邀访华。

网址:http://www.polsat.pl/

- 《直言周刊》(Wprost)

《直言周刊》是一份综合性周刊,创办于1982年,面向全国发行,在美国、加拿大也有分销商,发行量30万份左右,主要读者是大中城市里受过中高等教育的人士。根据2002年1—5月份的调查结果,在全波260多万周刊读者中,选择该刊的占8.84%,位居周刊类第一。《直言周刊》以波兰文出版,主编克鲁尔及国际部主任曾于2001年10月应邀访华。该刊发表的以中国为题材的报道比较客观。

网址:http://www.wprost.pl/

- 《新闻周刊》(Newsweek Polska)

《新闻周刊》是一份综合性周刊,是美国《新闻周刊》集团自2001年起在波兰编辑出版的同名波兰文刊物,属私营性质的独立刊物,面向全国发行。该刊主要在波兰当地采编消息,有一小部分文章转载自《新闻周刊》美国版,绝大部分转载自外报外刊。因内容广泛,文章短小生动,迎合了年轻一代上班族的需要,上市后销量便迅速上升。

网址:http://www.newsweek.pl/

2. 广播电视

● 波兰电视公司(Polska Telewizja SA,TVP)

波兰电视公司的前身是创建于1952年的"波兰广播和电视台",1993年经过所有制改造转变为属于国库资产的股份公司,由独立董事会监督管理。波兰电视公司现有一、二、三台和针对海外波侨的TV Polonia(卫星节目),共四套节目,使用波兰语播出。一、二台的收视率(分别为25%、19%)在各时段基本都领先于其他电视台,一台每晚19:30播出的《新闻报道》是其黄金栏目,收视率一直居同类节目之首。三台的节目由TVP公司在首都华沙和其他省会城市所设分部制作,主要播出当地新闻。

TVP作为公共电视台对国家重要政治事件均有相关报道,经常现场直播议会对重要议题的辩论情况,总统出访时往往派出摄像和文字记者随团报道访问情况。TVP的口号是:公共电视台并不意味着仅仅满足"所有人的一切需要",而是要使"每一个人都各取所需"。

网址:http://www.tvp.pl/

● TVN电视台

TVN为私营商业电视台,以股份公司形式运作。波兰ITI媒体集团旗下的电视子公司持有TVN67%的股份,其余股份属于欧洲斯堪的纳维亚广播电视(SBS Broadcasting SA)集团旗下的一家设在荷兰的全资子公司。

TVN于1997年10月开播,使用波兰语,主要通过卫星、数字光缆和有线电视系统入户,家庭覆盖率已达83%。现有1套综合性节目,收视率为12%,主要针对16—49岁的观众。2002年4月,在波兰电视市场上推出了第一套24小时滚动播出信息的节目TVN24。

网址:http://www.tvn.pl/

- Polsat 电视台（Telewizja Polsat SA）

Polsat 于 1993 年在波兰进行商业注册，是一家波兰本土民族资本的电视股份公司，后出售一部分股权给荷兰公司。

Polsat 电视台早期通过卫星每天播出 8 个小时的节目，1994 年才被批准落地，向波兰全境传输节目，目前全天播出 3 套不同定位的节目。Polsat 商业运作活跃，1999 年入主立陶宛电视一台（占 51% 股份），同年力压 TVP，独家获得 2002 年世界杯足球赛波兰境内转播权，此外还参与拍摄电影、电视剧。

网址：http://www.Polsat.com.pl/

- 波兰电台（Polskie Radio）

波兰电台成立于 1925 年，是波兰全国性公共广播电台。现以国有股份制公司形式运作，另有独立的董事会监督电台日常工作。

波兰电台目前共播出五套节目，分别为一套、二套、三套、四套和五套（波洛尼亚电台同步转播）。前四套节目针对国内听众，使用波兰语，各套节目每天播出时间平均为 20 个小时，信号覆盖波兰全境。其中，一套节目是该台主打节目，也是波最受欢迎的综合性广播节目之一，24 小时播出。第五套 Radio Polonia 是波兰的国际台，于 1926 年开播，主要针对海外波侨和欧洲地区有兴趣的听众。每天以波兰语、英语、德语、西班牙语、俄语等十种语言播出，每种语言节目的播出时间从 30 分钟至 4 个小时不等。节目信号通过多颗卫星传输，欧、美、澳洲及亚非大部分地区都能收听到。该电台与波兰通讯社和波兰主要报刊均有很好的合作关系，消息来源丰富。

网址：http://www.polskieradio.pl/

- 玛丽亚电台（Radio Maryja）

玛丽亚电台于 1991 年开播，驻地在托伦市，是带有宗教性质的电台，隶属于波兰的宗教团体——"最圣洁的救世主大会"华沙分会。

玛丽亚电台使用波兰语 24 小时播出，信号覆盖波兰全境和美、加地区，拥有 300 万至 500 万固定听众，设有大约 600 个"电台之友"协会。该台播出的节目以宗教内容为主，政治立场鲜明，与波右翼党派关系密切，具有相当的社会影响。

网址：http://www.radiomaryja.pl/

- Radio Zet

Radio Zet 属商业电台,于 1990 年开播,隶属于波兰 EUROZET 有限公司,是私营性质的独立电台。Radio Zet 使用波兰语 24 小时播出节目,信号覆盖波兰全境,以新闻和音乐类节目为主,面向 20—40 岁、受过中高等教育的听众,一周内平均收听率约为 31%,与波右翼自由派关系密切。

网址:http://www.radiozet.pl/

3. 通讯社

- 波兰通讯社(PAP)

简称波通社,1944 年成立,是国家通讯社,总社在华沙。该社每天向国内报刊、电台、电视台提供大量国际国内新闻,包括政治、经济、文化、社会、重大事件和网络新闻。提供政治、经济、文化、军事和农业等分类的参考资料。用俄文、英文向国外发布电讯,发行《每日新闻》日刊。另外还以俄语、德语、英语、法语发行《波兰评论》周刊。

网址:http://www.pap.pl/

- 波兰国际新闻社

波兰国际新闻社于 1976 年由波兰通讯社等三个组织合并而成,总社在华沙。该社在克拉科夫、卡托维兹等 12 个城市设有分社,在 12 个国家派有记者。波兰国际新闻社向所有对波兰及波兰问题感兴趣者提供资料、照片、消息及 19 种文字的书报杂志。该社总社下设的对外合作部、报刊新闻部、摄影部、书籍出版部、对外处等,为在波兰访问的外国记者等提供工作以至生活上的方便,包括组织记者参观访问,帮助解决翻译、住宿、交通和通讯工具等问题,向世界 1000 多家通讯社、报纸、杂志提供资料,用多种文字出版画报月刊《波兰》、新闻周刊《华沙电讯》等。

三、教育·科研

- 华沙大学新闻学院

华沙大学(Uniwersytet Warszawski)建立于 1816 年,是波兰最大的公立大学,近几年来在波兰大学的排名中名列第一。1917年,华沙大学的政治科学学院建立了出版与新闻学系(Instytut Dziennikarstwa)。如今的新闻学系属于新闻与政治科学学院,是波兰新闻与社会科学领域最大的研究中心。学系开办有摄影棚、广播和电视工作室、学术广播厅等三个工作室。

新闻学系的学科设置广泛,除了历史、社会学、哲学、经济和国际关系方面的课程外,还设置媒介研究等更深入的课程,如:"波兰媒介体系""大众传播""国外媒介体系""媒介历史""媒介伦理""媒介法""公关与广告"等。新闻学系招收海外留学生,提供学士、硕士及博士生学位,设置本科(三年制,设置晚间课程)、硕士研究生(两年制,设置晚间和校外课程)、博士研究生(四年制)课程。

新闻学系拥有超过80名的教职员工,包括教授、讲师等,师资力量雄厚。托马什·加茨科夫斯基(Tomasz Gackowski)博士是国际关系与研究中心副主任,波兰社会传播与个人投资者协会(the Polish Society of Social Communication and the Association of Individual Investors)的会员。托马什·加茨科夫斯基主要教授的领域有:传播理论学、大众传播理论、媒介研究方法、社会学、作者专题演讲、政治传播、传播工作室、股票研讨会、媒介图像分析等。

新闻学系的出版物包括:《媒介修辞学》(Under the Editorship of Professor. Assoc. Margaret Marcjanik,2012);《结构设计工作:文学作品中的哲学、人性、文艺理论和版权》(StrukturalnaBudowaUtworu. DzieLoliterackiewfilozofii, naukachhumanistycznych, literaturoznawstwieIprawieautorskim,2012);《组织机构的图像——图像研究大学的理论和实践》(Wizerunek organizacji;Teoriaipraktykabadaniawizerunkuuczelni,2012)等。

华沙是波兰的首都,也是该国最大的城市和交通枢纽,以及政治、经济与文化中心。华沙吸引着众多的游客来访,其著名的建筑包括:城堡广场、王宫城堡、克拉辛斯基宫、圣约翰教堂、美人鱼雕像等。华沙还是居里夫人、肖邦的故里。

网址:http://en.id.uw.edu.pl/

电话: +48 22 826-93-66

邮箱:biuro@id.uw.edu.pl

- 克拉科夫雅盖隆大学新闻与社会传播学院

克拉科夫雅盖隆大学(Uniwersytet Jagielloński w Krakowie)建校于1364年,是

波兰最好的大学之一,也是中欧最古老的大学之一,国际声誉良好,吸引了众多的留学生来此学习。

克拉科夫雅盖隆大学的新闻与社会传播学院(Instytut Dziennikarstwai Komunikacji Społecznej)属于管理和社会传播系。

克拉科夫雅盖隆大学的新闻与社会传播学院设置学士、硕士和博士学位,面向国际招生。该学院学科设置广泛,包括传播与社会媒介系、新闻研究中心、新闻国际学院、政治传播与媒介系以及新闻学系。

克拉科夫雅盖隆大学的新闻研究中心(Press Research Centre)成立于1956年。50多年来,该中心对大众传播的政治、经济、文化、法律与社会领域进行了系统的研究,搜集了波兰媒介市场变化的信息,对报刊、广播、电视进行了内容分析,组织了对于新闻媒体受众、广播和电视的阅听行为的全国性研究。自1957年以来,新闻研究中心便成为国际媒介和传播研究协会(International Association for Media and Communication Research)的机构会员。自1990年以来,又成为国际传播协会(International Communication Association)的会员,欧洲网络融合研究(European Network on Trans-Integration Research)机构的会员。

托马什·高班克拉斯(Tomasz Goban-Klas)教授是传播与社会媒介研究机构的主席,也是波兰学术信息中心的主任。他得到了Batory Foundation[①]的资助,引进了一个新的研究专业:社会传播。1998年,他被聘为纽约州立大学教授。2002—2003年间,他被任命为波兰教育部(MENiS)的国务秘书。自2003年起,托马什·高班克拉斯便一直是波兰国家广播电视委员会(Polish National Council of Radio and Television)的成员。他的研究领域包括:传播理论、社会传播以及媒介理论等方面。他的重要作品有:《媒介与大众传播》(*Media i komunikowaniemasowe*)、《媒介的历史与发展》(*Historiairozwójmediów*,2001)、《信息社会——机遇、威胁和挑战》(*Społeczeństwoinformacyjne. Szanse, zagrożenia, wyzwania, co-authored*,1999)等。

克拉科夫市是波兰的第三大城市,也是中欧古老的城市之一。1320—1609年间,该市曾是波兰的首都,如今该市是著名的水陆交通枢纽和工业中心。市内建筑

---

① 原完整名称应为Stefan Batory Foundation,史蒂凡·贝特瑞基金(索罗斯)。

古老风雅,被誉为波兰最美丽的城市。

联系方式:

网址:http://www.media.uj.edu.pl/

电话:+48 012 664-55-27 (Maria Magoska, Director)

邮箱:idiks.sekretariat@uj.edu.pl

四、管理·规制

- **国家广播电视委员会(KRRiT)**

国家广播电视管理委员会是在1989年共产主义政权垮台后,波兰实行民主制以来建立的第一个全新机构。经过三年的讨论,《广播电视法案》于1992年12月29日通过。国家广播电视管理委员会于1993年3月1日起解体,国家广播电视委员会于1993年4月开始运行。

根据波兰宪法,国家广播电视委员会"应该保证言论自由、信息的知情权和维护与广播电视方面有关的公共利益"。根据《广播电视法案》,国家广播电视委员会发放广播许可证,实施具有约束力的法律法规,任命TVP的监事会成员,监督所有广播电视公司遵守广播电视法案条款,监督私营广播电视公司获得许可证条件的履行情况。委员会直接受国家财政支持。《广播电视法案》中专门列出国家广播电视委员会需要完成的11项任务:

- 与总理达成协议,制定国家的广播电视政策;
- 决定广播电视活动是否合法或符合其他条件(但是没有权力起草法律);
- 发放广播许可证;
- 授予和撤销社会广播的身份(社会广播是指传播学习和教育活动,促进慈善活动,尊重基督教价值观体系,不得传播有可能对未成年人身体、精神和道德有不良影响的节目,不得播放广告、电视购物或者被赞助的节目,不得收取任何传输节目服务的费用);
- 监督广播电视公司的活动;
- 组织对广播和电视节目的内容和受众进行调查;

- 设置公民支付的执照费收取标准(但是该职能后来被宪法法院裁定违宪),分发广播许可证和注册的费用;
- 作为一个咨询机构起草与广播电视相关的法律和国际协议;
- 发起广播领域的研究、技术开发和培训;
- 组织和发起广播电视领域的国际合作;
- 和相应的组织机构合作,以期保护版权和邻接权以及广播和电视节目服务的表演者、制作者和播出者的权利。

关于电视节目内容,《广播电视法案》定义了国家广播电视委员会的作用是:"确保广播电视的言论自由,保护广播电视公司的独立性和公共利益,同时还要确保广播电视的开放性和多元性。"

葡萄牙
Portugal

一、国家概况

葡萄牙本土位于欧洲伊比利亚半岛西南尽头,西部和南部是大西洋海岸,北部和东部与西班牙相接,大西洋的亚速群岛和马德拉群岛都是葡萄牙的领土。国土面积92090平方公里,首都里斯本。人口数量为10647763(2011年),官方语言为葡萄牙语。

葡萄牙媒体被政府、天主教堂和媒体集团三股势力所控制,其中大部分媒体都被并入了大型商业集团。主要由六家传媒集团控制着关于出版和视听的一切,这六家集团是:巴拿马国家金融公司,科菲纳集团(Corporación Financiera Nacional),控制投资公司(葡萄牙传媒股份公司),葡萄牙 IMPRESA 传媒集团,葡萄牙电视与印刷业巨头,葡萄牙第二大电信集团 SONAECOM,葡萄牙有线电视运营商 ZON MULILMF MIA。葡萄牙政府拥有卢萨(Lusa)通讯社及 RTP(葡萄牙广播电视公司),运营8个电视频道和7个广播电台;天主教堂运营着拥有最大受众份额的广播网 Renascença 集团,包括葡萄牙天主教文艺复兴广播电台(Rádio Renascença)、RFM 和 Mega FM 三个频道,该集团也直接或间接拥有一些地方报刊。葡萄牙约有互联网用户590万人。

二、主流媒体

1. 报刊

- 《早报》(*Correio da Manhã*)

《早报》是一份小型画报,也是葡萄牙的主要日报,由科菲纳(Cofina)集团出版部在里斯本发行。该报被认为是葡萄牙最广为阅读的报纸,2011年日平均发行量为12.5342万份,尤为关注食品安全问题,犯罪、丑闻和吸引人眼球的题材也是其报道关注的领域。

网址:http://www.correiomanha.pt/

- 《新闻报》(*Jornal de Notícias*)

《新闻报》是葡萄牙全国性日报,2011年日发行量85325份。目前有四个版本,分别是全国版、中部版、米尼奥版、南方版。

《新闻报》在1888年6月2日创立于波尔图,自建立以来,尤其是在"康乃馨革命"之后,成为葡萄牙受欢迎的报纸之一。20世纪90年代后期以来,《新闻报》开始用许多小礼物留住老读者、吸引新读者,比如为读者提供连载小说和餐具。

在"康乃馨革命"之后,《新闻报》被国有化,在90年代初期又被葡萄牙鲁索门多传媒集团(Lusomundo)私有化,目前与《新闻日报》(*Diário de Notícias*)一起,属于葡萄牙控制投资公司 Controlinveste 公司。

网址:http://www.jn.pt/

- 《为公众的葡萄牙人》(*Público*)

《为公众的葡萄牙人》是葡萄牙全国性报纸,2011年日发行量33159份,由葡萄牙最大的超市连锁集团 Sonae 创立于1990年3月5日,现在属于 Sonae.com 集团。该报被认为是法兰西学派的出版物,其内容多为大量的文字和少量的插图。

《为公众的葡萄牙人》是第二家推出电子版的葡萄牙主流报纸,刚推出时电子版免费,并且几乎包括了纸质版的所有文章,2005年由全部免费阅读改为订阅式。2006年,当天报纸的网页版重新免费,其他的 PDF 版本(只供订阅者使用)、网页增强版、阅读往期的报纸都要登录并订阅。

网址：http://publico.clix.pt/

- 《新闻日报》(*Diário de Notícias*)

《新闻日报》是葡萄牙日报，1864年10月29日由托马斯·昆蒂诺·安图涅斯（Tomás Quintino Antunes）和厄多瓜多·科厄尤（Eduardo Coelho）创办于里斯本，逐步成为葡萄牙最著名的报纸，2011年日发行量34119份。现在，《新闻日报》与《新闻报》都属于控制投资公司。

在19世纪70年代和80年代，当时驻英国葡萄牙外事服务机构的小说家艾萨·德·克罗兹（Eça de Queiroz）向报纸投稿"伦敦书信"，这些书信后来以《英格兰书信》(*Cartas de Inglaterra*)为名出版。

音乐批评家Joaquim Seabra Pessoa（著名作家费尔南多·佩索阿的父亲）也曾经在1868—1893年为该报工作过。

网址：http://www.dn.pt/

- 《快报》(*Expresso*)

《快报》是IMPRESA集团旗下的旗舰式出版物，由弗朗西斯科·平托·巴尔塞芒（Francisco Pinto Balsemão）创办于1973年。该报是一份周报，涵盖内容包括综合新闻、商业、体育、国际新闻、娱乐、社会，还有一本杂志、招聘及房地产分类广告，以及网站。《快报》是葡萄牙的主要周刊，发行量超过10万份，拥有约60万读者，其因编辑独立与深度政治报道而闻名，报道被广为引用。

网址：http://www.expresso.pt/

2. 广播电视

- 葡萄牙广播电视集团（Rádio e Televisão de Portugal, S. A., RTP）

RTP是葡萄牙的公共广播服务机构，拥有4个地面电视频道、3个国家广播频道以及卫星与有线电视。RTP是国有公司，财政来源主要为广告收入、政府资助和包含在国家电费里的广播税。

葡萄牙广播电视集团（Radiotelevisão Portuguesa）的电视服务始于1955年12月15日，1956年从里斯本娱乐公园Feira Popular演播室开始试验播出，但直到1957年3月7日才开始正常播出节目，65%的葡萄牙人都可以收看到。在20世纪

60年代中期,RTP覆盖全国;1959年,RTP成为欧洲广播联盟的正式成员。在"康乃馨革命"之前,RTP基本上是政府的喉舌。1975年,RTP开始播出彩色电视,现场直播了"康乃馨革命"后的第一次议会选举。1991年,RTP拥有了自己的发射机网络,这一网络后来被转交到一家国有公司手中。2004年,RTP与葡萄牙广播电台RDP合并,成为国有股份公司葡萄牙广播电视公司的一部分。同年,第二频道改名为"2频道",提供公民社会服务,2007年3月,重新改为"RTP2"。2012年8月3日,葡萄牙政府宣布将RTP2的广播执照转交给某私营公司,所以目前RTP只剩一个免费频道。

RTP的主要频道有RTP1、RTP2、RTP国际频道、非洲频道、亚速尔频道、马德拉频道、资讯频道、高清频道、移动频道等。

RTP1是最老的电视频道之一,1957年开播,也是RTP的旗舰频道,播放各种节目,包括新闻、脱口秀、电视剧、国内外电影和电视连续剧。

RTP2主要播放文化类节目、纪实类电视节目、儿童节目等,是在葡萄牙可用16:9屏幕免费收看的第一个频道。

RTP国际频道(RTP Internacional)是葡萄牙公营广播组织葡萄牙广播电视公司的国际电视服务,播放来自RTP国内频道的节目,并且为欧洲、非洲、南美和北美、澳门、东帝汶的葡萄牙移民观众专门制作节目。

网址:http://www.rtp.pt/

- 独立电视台(TVI)

独立电视台建于1993年,是葡萄牙的第四个地面频道,也是葡萄牙第二个私营频道,自从2005年以来一直是葡萄牙收视率最高的频道。目前,作为国内收视率最高的电视台,TVI主要播出大量的国产真人秀和肥皂剧,也播出地方制作的肥皂剧、家庭连续剧和真人秀、新闻节目及国外电影和电视剧(大多数为美国制作)。

TVI的复兴是在1999年完全被Media Capital集团(葡萄牙最重要的媒体公司之一)收购以后,之后便开始播放更多葡萄牙制作的节目,包括国产肥皂剧。这对提高收视率起到了一定作用,特别是在2000年,由于《老大哥》(*Big Brother*)的播出,TVI的受欢迎程度大大提升。

网址:http://www.tvi.pt/

- 独立传播公司(SIC - Sociedade Independente de Comunicação)

SIC 是葡萄牙电视网络和媒体公司,运营多个电视频道,主打频道是与公司同名的 SIC。SIC 建立于 1992 年 10 月,是葡萄牙第三个地面电视台,现为葡萄牙媒体公司 Impresa 所有。SCI 公司还运营其他卫星和有线电视,包括:新闻频道(SIC Notícias)、针对年轻受众的综合娱乐频道(SIC Radical)、针对女性观众的综合娱乐频道(SIC Mulher)、针对儿童的综合娱乐频道(SIC K)和国际频道(SIC Internacional)。

SIC 是葡萄牙的第一个私营电视频道,也是葡萄牙第一个在开播几年内就赢得较高收视率的电视频道。葡萄牙最受欢迎的电视节目基本都属于 SIC,这反映出该频道的创新能力。SIC 在欧洲知名度很高,不仅因为其在开播三年后就获得了高收视率,还因为该频道成为由法德电视网 Arte 所拍摄的纪录片《这就是你们的电视》(Cette Télévision est la Vôtre)中提到的主要电视台之一。

目前,SIC 的节目主要有脱口秀、由巴西 Globo 电视网制作的肥皂剧、葡萄牙肥皂剧、游戏节目和喜剧。与另一个主要电视台 TVI 一样,SIC 在凌晨一点后也播放国外电视剧,如《犯罪心理》《犯罪现场调查》等。SIC 也大量依赖 Globo 电视网的节目制作,因为双方有合同规定 SIC 必须播出 Globo 制作的所有肥皂剧。

网址:http://www.sic.pt/

- Antena 1

葡萄牙公共广播电台是葡萄牙广播电视公司(Rádio e Televisão de Portugal)旗下的三个国有广播电台之一。Antena 1 采取综合节目策略,主要播放新闻、当前大事件、体育和当代社会问题讨论,以及流行音乐等。澳门广播电台和澳门广播电视有限公司在北京时间每晚 8 点到第二天早晨 7 点(周六周日到 8 点)转播 Antena 1 的节目。

网址:http://tv1.rtp.pt/antena1/

- 葡萄牙天主教文艺复兴广播电台(Rádio Renascença,RR)

Rádio Renascença(或 Renascença)是葡萄牙的私营商业广播电台,属于葡萄牙天主教堂,建立于 1934 年,1936 年开始播音。RR 还拥有其他三个广播电台,分别是 RFM、Mega FM 和面向 55 岁以上老人广播的 Rádio Sim,其中 RFM 是葡萄牙收听率最高的广播电台。RR 与 Rádio Sim 同时联播一些节目,比如新闻和宗教活动,这一点与 RFM 和 Mega FM 不同。葡萄牙本土可以通过 FM 调频收听到 RR,大部分地区通过中波收听 Rádio Sim,一小部分地区用 FM 也可以收到 Rádio Sim。

网址:http://www.rr.pt/

- 葡萄牙音乐广播台(RFM)

葡萄牙音乐广播台创立于 1987 年,属于葡萄牙天主教文艺复兴广播集团,主要播放现代流行、摇滚音乐,尤其是国内外较受欢迎的音乐。RFM 拥有广泛的 FM 国内广播网,国内大部分人口都可以收到 RFM 的广播。此外,RFM 在亚速尔群岛的圣米格尔岛设有发射机,可以将信号传到圣米格尔和圣玛利亚岛;RFM 还在马德拉群岛设有发射机,信号不仅可以覆盖这一个岛屿,还可以到达圣港岛。

网址:http://www.rfm.pt/

- 葡萄牙商业广播电台(Rádio Comercial)

Rádio Comercial 是葡萄牙定位于成人和青年的商业广播电台,播放各种形式的音乐,包括现代、流行、摇滚音乐,是葡萄牙收听率最高的电台之一。

网址:http://www.radiocomercial.pt/

3. 通讯社

- 葡萄牙卢萨通讯社(Lusa News Agency,卢萨社)

葡萄牙卢萨通讯社是葡萄牙的国家通讯社,50% 的股份由葡萄牙政府所有。成立于 1986 年 11 月 28 日,由葡萄牙新闻社和葡萄牙通讯社合并而成,主要提供新闻服务,旗下拥有报纸、广播频道、电视台等。

网址:http://www.lusa.pt/default.aspx?page=home

三、教育·科研

- 科英布拉大学(Universidade de Coimbra)文学院哲学、传媒与情报系

科英布拉大学创建于 1290 年,是葡萄牙最古老的大学,是伊比利亚半岛上历史悠久的高等学府。文学院哲学、传媒与情报系(Departamento de Filosofia,

Comunicação e Informação，Faculdade de Letras）主要从事哲学、新闻和情报科学领域的教学与研究，设有新闻学本科专业、传媒与新闻学硕士研究生专业、传播学博士研究生专业。传媒方向的学士学位旨在向学生提供新闻学课程，特别是注重培养学生人文和文化传播能力，培养专业能力和多方面的技术能力；硕士学位旨在深化专业知识，注重研究，特别是掌握当代社会背景下的传媒学特点；博士学位旨在进行社会科学的社会、经济和文化领域跨学科研究。

本科课程有：一年级主要普及"媒体历史""媒体研究入门""新闻学入门""单条新闻理论""新闻写作技巧""新闻图片研究""传媒社会学"等课程；二年级学习"电视新闻理论与实践""广播新闻理论与实践""演讲与传媒""新闻学理论""媒体社会经济"等课程；三年级进一步加深"多媒体新闻学""新闻种类学""社会传媒法""媒体分析"等课程的研究与学习。

硕士课程有：第一年学习"传媒研究方法论""传播学的道德伦理""多媒体传播学""政治传播学""女性主义媒介研究""深度报道研究""广播与传播""电视与传播"等课程；第二年完成硕士论文或项目研究。

博士课程有："调研项目""传媒科学高级研究""传播学与政治""传播学的道德伦理""葡语国家的媒体""传播与媒体的关键问题"，最新博士论文成果为《新科技环境下的传媒》。

文学院哲学、传媒与情报系拥有两个科研中心：CEIS20 和 CIMJ，曾获得 2010 年欧洲议会新闻奖、2010 年欧洲青年记者大奖、2011 年澳门新闻报道大奖和 2011 年花旗银行记者卓越成就奖等。2009 年，科英布拉大学文学院与巴西环球媒体签订协议，以增进与其学术机构的教学经验与知识的交流。这一协议拉近了科英布拉大学和环球电视台的关系，双方多次进行学术交流，并定期合办电视新闻领域的研讨会和培训课程。

该校位于科英布拉，1139—1260 年这里曾是葡萄牙的首都。科英布拉是葡萄牙第三大城市，位于葡萄牙多山的北部，正处在里斯本和波尔图连接线的中点。城市东面靠山，西面临海，一年四季气候怡人，是一个南北交通枢纽，也是葡萄牙语言的发源地。科英布拉的著名历史景点有葡萄牙第一个国王建立的圣十字教堂，还有葡萄牙最古老的高等学府科英布拉大学。

电话:+ 351 239 859 983

网址:http://www.uc.pt/fluc/

邮箱:dirfci@fl.uc.pt

- 葡萄牙天主教大学(Universidade Católica Portuguesa)人文学院社会与文化传播系

葡萄牙天主教大学人文学院社会与文化传播系(Licenciatura em Comunicação Social e Cultural da Faculdade de Ciências Humanas)创建于1972年,拥有强大的师资队伍,这些教师拥有丰富的教学经验,旨在培养符合社会需求的传播类高素质人才。

人文学院社会与文化传媒系现有社会传播、新闻、文化传播、数字传播、视觉传播等本科专业,媒体与新闻、电视与电影传播、网络与新媒体、市场营销传播与广告学等研究生专业,以及传播学博士生项目。学院推行小班个性化教学,其低师生比(1:10.6)为教学质量提供了有力保证。同时,课程设计与就业市场相衔接,每年为社会提供高素质传媒类人才。

传媒系传媒研究本科专业课程包括:16门必修课(课程内容涉及传播学的基础知识,共85学分)、必修课的补充课程(外国语言文化,共40.5学分)和5类选择方向。方向分别涉及5个专业领域:社会新闻传播(34学分)、文化传播(37学分)、数字传播(29.5学分)、视觉传播(34学分)以及组织传播(32.5学分)。每类可选课程包括7门课,每门课学分不同。

学校位于波尔图(Porto),波尔图是葡萄牙北部重要的港口城市,是葡萄牙的第二大城市。从里斯本乘特快火车至此仅需3个半小时,人口33万,多罗河蜿蜒穿越整个城市,城中历史建筑众多。

电话:21 - 721 4199

邮箱:direccaofch@fch.lisboa.ucp.pt;escarvalho@fch.ucp.pt

网址:http://www.fch.lisboa.ucp.pt/site/custom/template/ucptpl_fac.asp?sspageID =881&lang =1

- 葡萄牙新里斯本大学社会人文学院传媒系

葡萄牙新里斯本大学(Universidade Nova de Lisboa)是葡萄牙著名的综合性大

学,不仅采用了最新的教育模式以增强各学科间的交流和技术发展,并且仍保留着包括医学、科学和人文学科等传统的主要学术领域。社会人文学院传媒系(Ciências da Comunicação, Faculdade de Ciência Social e Humanas)经过80年的发展,已经建立了完整的学科体系,并汇集了传媒领域优秀的教师队伍。如今,新里斯本传媒系已经成为葡萄牙大学中的佼佼者,不仅在国内享有盛誉,更是葡萄牙高等教育本科传媒专业门槛最高的院校。

传媒系在1984年就开设了传媒硕士专业,并建立了葡萄牙在传媒领域的第一个研究中心——语言和传媒研究中心。1985年,该研究中心发行了欧洲最早的传媒学术期刊《语言学和传媒杂志》。90年代初期,传媒系开始与别的研究学院合作办学,拓宽学生视野。传媒系与葡萄牙传媒组织(SOPCOM)、葡语国家传媒协会联盟(LusoCom)、美国传媒协会(ACA)、大众传媒和新闻教育协会(AEJMC)、国际媒体和传媒研究协会(IAMCR)、欧洲传媒研究和教育协会(ECREA)等机构都有密切联系。

除了本校的师资队伍,传媒系还邀请国内知名传媒人士、专家担任客座教授。新里斯本大学传媒系涌现出了许多优秀的教师,他们是葡萄牙传媒史上的名人,分别是艾米迪奥·德-奥利维拉(Emídio Rosa de Oliveira)、佩德罗·米盖尔·弗雷德(Pedro Miguel Frade)、厄多阿尔多·普拉多·科厄尤(Eduardo Prado Coelho)、曼努埃尔·何塞·洛佩斯·达席尔瓦(Manuel José Lopes da Silva)、若昂·韦斯特伍德(João Westwood)、何塞·奥斯斯都·莫朗(José Augusto Mourão),为学院的各种学术项目作出了重大贡献。传媒系早期的毕业生在葡萄牙传媒界非常具有影响力。

新里斯本大学传媒系提供多个传媒方向的本科、硕士和博士课程。本科研究方向分为:电影和电视、传媒、文化和艺术、传媒艺术策划、新闻学。硕士研究领域有:电影和电视、当代文化和新技术、传媒艺术策划、新闻和媒体学、传媒和艺术。博士研究领域有:电影和电视、传播和艺术、策划传播、社会学传播、传播和语言、当代文化和新科技、媒体和新闻研究、传播学理论、视频制作技术、新闻学、公众和市场。

学校位于葡萄牙首都里斯本,里斯本是葡萄牙的政治、经济、文化、教育中心,是一座国际化的大都市,也是南欧著名的世界都市。

电话:21 790 83 23

网址:http://www.fcsh.unl.pt/faculdade/departamentos/ciencias-da-comunicacao

邮箱:ciencias.comunicacao@ fcsh.unl.pt

地址:Avenida de Berna,26-C,Lisboa

四、管理·规制

1. 管理机构

● 媒体监督局(Entidade Reguladora para a Comunicação Social,ERC)

媒体监督局设立于2006年,是独立于政府之外的公共机构,与国家通信管理局和国家竞争管理局相互配合。该机构中的委员由议会选举产生,主要负责确认一系列框架性原则的实施:多样化、信息自由、公民的基本权利、保护敏感的媒体阅听者(如儿童与老人)以及信息的准确性和可信性。ERC的主要职责是确保媒体多样化,避免所有权过度集中,另外,ERC也促进共同管理,鼓励自我管理机制。

2. 法律法规

《葡萄牙宪法》包括保护出版自由的规定,《葡萄牙出版法》不仅规定了记者的权利与义务,也包括了雇佣其他公司组织的权利与义务。《葡萄牙宪法》规定,出版自由包括记者的言论与创作自由,记者拥有接近信息及保护职业独立和秘密的权利,公民拥有不受政府干预创办报纸和其他出版机构的权利。

罗马尼亚
Romania

一、国家概况

罗马尼亚国境西边分别与匈牙利与塞尔维亚接壤，南边与保加利亚，北边与东北乌克兰、摩尔多瓦接壤。国土面积238391平方公里，是东南欧面积最大的国家，首都布加勒斯特。人口数量为19043767(2011年)，官方语言为罗马尼亚语。

罗马尼亚的纸媒丰富多样，2007年有近300家媒体出版报纸，350家媒体出版杂志。最重要的日报有《大事件报》(*Evenimentul zilei*)，属于瑞士荣格(Ringier)集团；《自由罗马尼亚报》(*Romania libera*)，属于本地商业大亨丹·艾达梅斯科(Dan Adamescu)和德国 WAZ 集团。罗马尼亚的广播由私营FM电台主导，2009年有700多家私营电台取得了执照。公营广播公司罗马尼亚电台(Radio Romania)是由5个全国台、1个国际台和12个地方台组成的广播网。成功的私营电台属于强势的广播网。Radio Zu（隶属于Intact传媒集团）, Radio 21（隶属于Lagardere传媒公司）, ProFM（隶属于CME集团）, Kiss FM（隶属于德国电视台ProSiebenSat1）是最受欢迎的私营广播网。罗马尼亚近700万个家庭拥有电视机，电视仍然是最受欢迎的娱乐媒体。商业电视台 ProTV（隶属于CME集团）、Antena 1（Intact）、Acasa TV（CME）、Realitatea TV（罗马尼亚传媒集团 Realitatea-Catavencu）、Prima TV(ProSiebenSat1)，以及公营电视台 TVR 1 频道都是最受欢迎的全国性电视台。公营电视有5个全国频道(TVR 1、TVR 2、TVR 3、TVR 文化和 TVR 资讯)、一个国际频道(TVRi)、基于地区的地方台以及高清测试频道(TVR HD)。近年来细分电视台(niche stations)开始瓜分大众频道市场。随着网民数量的增加,罗马尼亚的网络媒体不断发展。最受欢迎的网站有 Cancan. ro 和 Libertatea. ro。传统媒体开始重视打造自己的网络和移动平台。

二、主流媒体

1. 报刊

- 《罗马尼亚真理报》(*Adevărul*)

《罗马尼亚真理报》(英文含义"真理")创立于1871年,后来于1888年、1919年、1946年和1989年分别重建。日发行量为33000—51000份。它是罗马尼亚主要的左翼媒体力量。

网址:http://adevarul.ro/

- 《罗马尼亚自由报》(*Libertatea*)

《罗马尼亚自由报》是一份小型报纸,总部设在布加勒斯特市。创立于1989年12月22日,是在罗马尼亚革命之后出现的第一份报纸。

网址:http://www.libertatea.ro/

- 《大事件报》(*Evenimentul Zilei*)

《大事件报》是罗马尼亚一家代表性的报纸,1992年创办于布加勒斯特市,曾经创下日发行量高达11万份的壮举。

网址:http://www.evz.ro/index.php

- 罗马尼亚国家报(*Jurnalul Național*)

《罗马尼亚国家报》创办于1993年7月7日,是 Intact 传媒集团的组成部分,旗下还拥有非常知名的电视台 Antena1 台。

网址:http://jurnalul.ro/

2. 广播电视

- 罗马尼亚国家电视台(TVR)

罗马尼亚国家电视台(罗马尼亚语 Televiziunea Română)一般称为 TVR 台,创办于 1956 年 12 月 31 日,隶属于罗马尼亚电视集团。旗下有六大电视频道 TVR1 台、2 台、3 台、文化台、新闻台、TVRi 频道和 TVR 高清频道。另外在地方城市也有分站。

网址:http://www.tvr.ro/

- 安特纳电视台(Antena 1)

安特纳电视台又称 Antena1 台,创办于 1993 年 11 月 29 日,隶属于 Intact 传媒集团,收视份额大概占全国的 10.8%。该电视台引进大量的肥皂剧、足球比赛和娱乐节目。

网址:http://a1.ro/

- Pro TV

Pro 电视台创办于 1995 年 12 月,几乎全罗马尼亚人(观众数约 2150 万,占总人数的 99%)都收看 Pro TV。其中 48% 的节目主要是面向地方城市的。24 小时不间断播出,平均收视份额达到 16.5%。

网址:http://a1.ro/

- Prima TV

Prima TV 创办于 1997 年 12 月,是一家商业性质的电视频道,主要借助真人秀电视节目而走红全国。其口号是"我们喜欢让你娱乐"。姐妹频道是 Kiss TV。

网址:http://www.primatv.ro/

3. 通讯社

- 罗马尼亚通讯社(Agerpres)

罗马尼亚通讯社创办于 1889 年 3 月 27 日,是一家公营性质的通讯社,其名称的含义是罗马尼亚新闻通讯社。总部设在布加勒斯特市。

网址:http://www.agerpres.ro/media/index.php

三、教育·科研

- **罗马尼亚斯皮鲁·哈列德大学新闻与大众传播系**

罗马尼亚斯皮鲁·哈列德大学是由罗马尼亚现代教育的创始人、备受赞誉的社会学家、数学家和教育家斯皮鲁·哈列德创办,因其优质的教学质量和突出的教学成就,每年都吸引着成千上万的高中生和大学生申请入学。在建校至今的20年中,罗马尼亚斯皮鲁·哈列德大学不断提高教学质量和改善教研方法,已经逐渐与欧洲以及国际的教学原则和实践接轨,取得了国内外的一致好评。现今罗马尼亚斯皮鲁·哈列德大学不论是在国内还是在欧洲甚至在全球都有着良好的声誉,成为众多欧洲和国际教育组织的成员,是教育领域中唯一一个受邀参加各种大型欧洲和国际活动的罗马尼亚大学。

罗马尼亚斯皮鲁·哈列德大学之所以能够取得如此辉煌的教学成就和好评如潮的教学声誉,要归功于它经验丰富的师资队伍、优质的教育服务和完善齐全的教学设施(这里有一万多台联网电脑等设备)以及罗马尼亚缅因州自制广播电台、电视台、顶尖出版社和印刷厂的支持。该校学生受益于这种良好的学习环境和多样的休息及娱乐选择,可以在业余时间去大讲堂听专家讲座、参加学术研讨会、在实验室和图书馆学习实践以及参加各种学生社团和体育俱乐部等。同时罗马尼亚斯皮鲁·哈列德大学的学费合理,不但可以让大多数学生都有上学的机会,还允许学生分期支付学费,另外对成绩优异的学生还会授予丰厚的奖学金。

新闻与大众传播系的研究领域主要是新闻学、传播学、大众传媒、公共关系等。大众传播系开设的本科课程是"新闻学",研究生课程是"大众媒体与传播""公共关系和宣传"。

四、管理·规制

- **国家视听委员会(CAN)**

国家视听委员会是视听节目服务领域唯一的监管机构。国家视听委员会成立于1992年,既监管公共媒体又监管私有媒体。作为一个自治性的公共机构,它保护视听领域的公共利益。其活动有《无线电电视法》(下文称《视听法》)规范,在媒体政策制定和广播市场监管中拥有特权。国家视听委员会的目标包括:

保证国家广播媒体播出节目中思想和观点的多元表达;

保证广播领域信息来源多元化和自由竞争;

保护罗马尼亚文化和语言以及本国少数民族的文化和语言;

保护成人和儿童;

保证广播行业的透明。

国家视听委员会的任务包括:

制定发放广播许可证的条件、程序和标准;

向无线电和电视媒体发放许可证并对其转播授权;

对广播媒体遵守《视听法》的情况进行监督;

为广播政策制定和广播业发展提供建议。

国家视听委员会最重要的任务之一是通过持续、认真审查广播媒体的节目来保证和提升媒介内容的质量。例如,从2003年9月到2004年6月,国家视听委员会在全国共审了32个频道(包括19个电视频道和13个无线电频道)。监管者进行了总体审查、主题审查和基于受众诉求的审查。国家视听委员会在其专家撰写的审查报告的基础上,采取了很多行动,包括与广播媒体开会讨论违反法规问题,发布包含国家视听委员会就重大媒体事件表达立场的出版物,向广播许可证获得者提出建议、发出警告信和传票、实施罚款等。

- 传媒和信息科技检查总局(IGCTI)

传媒和信息部(MCTI)以前是广播频率管理机构,现在该项工作由传媒和信息检查总局(IGCTI)负责。

2004年9月,传媒和信息科技检查总局被改造成一个自治公共机构,经费完全来自其赢利收入,直属于罗马尼亚政府。该机构包括一名主席和一名副主席。

传媒和信息科技检查总局的主要工作包括:

规划和分配频率;

根据一项全国战略来管理无线电频率波段;

制订频率资源的技术监管计划；

在国际组织中代表国家参与重要会议、活动等；

审查无线电频率使用者遵守相关法规的情况。

传媒和信息科技检查总局和国家视听委员会的混合委员会于2002年建立,致力于制定一套利用该国频率波段的国家战略,即"视听传媒无线电频率波段分配国家计划",该计划于2003年9月被批准。该委员会包括六名成员,三名成员来自传媒和信息科技检查总局,三名成员来自国家视听委员会。

俄罗斯
Russia

一、国家概况

俄罗斯又称俄罗斯联邦,国土面积1707万平方公里,首都莫斯科。人口数量为14547万左右,官方语言为俄语。

俄罗斯有400多家日报,以迎合各种受众的需求。俄罗斯电视主导整个传媒行业,既有国有的也有私营的电视台。政府控制着Channel1台和俄罗斯1台,这两个电视台是三大主要联邦电视频道的其中两家。国营电视台巨头控制着另一家主要电视台NTV,许多批评家认为俄罗斯的独立新闻报道因此受到很大的影响。由于电视新闻是俄罗斯民众最主要的新闻来源,随着快速增长的付费电视市场以及卫星电视的发展,电视的受众越来越多。政府也开始计划发展数字电视并开始向家庭推广。俄罗斯境内大约有6亿多俄罗斯人使用互联网,网络比传统媒体管制更少,许多受欢迎的门户网站开始发展起来,博客平台以及社交网络也逐渐兴起。2012年的传媒立法使得政府能够干预网站上的部分内容,将它们屏蔽。有许多人批评说此举是违反言论自由的行为。俄罗斯塔斯社也是全世界知名的国际通讯社,现在仍然发挥着巨大的影响力。

二、主流媒体

1. 报纸媒体

- 俄罗斯真理报（*Komsomolskaya Pravda*）

《真理报》最早由俄国社会民主工党领导人托洛茨基于1908年10月3日创建于奥地利维也纳，针对俄国工人发行。早期的《真理报》为避免沙皇政府的新闻管制，全部在国外刊印，再偷运入俄。

《真理报》（俄文：Пра́вда）在1918年至1991年间是苏联共产党中央委员会的机关报。

1991年8月22日，俄罗斯总统叶利钦下令解散共产党，包括《真理报》报社在内的所有共产党资产收归联邦政府。叶利钦的命令并未受到来自《真理报》编辑、记者们的反抗，这些人在几个星期后就注册开办了一份新的报纸，名字仍叫《真理报》。

几个月后，报纸的主编谢列兹尼奥夫（Gennady Seleznyov，后来的俄罗斯国家杜马主席）将报社卖给了希腊 Yannikoses 集团，继任的总编亚历山大·伊利因（Alexander Ilyin）将报纸的注册商标、获得的列宁勋章和注册证书交给了新主人。

然而之后编辑部却发生了严重分裂，造成1991年以前就加入《真理报》的记者中90%的人辞职。这些记者另外创建了一份同名报纸，但不久就迫于政府压力关闭。1999年，在原编辑瓦迪姆·戈尔谢宁（Vadim Gorshenin）和维克托·林尼克（Viktor Linnik）的带领下，辞职的记者们创建了"真理报在线"，这是第一家网页形式的俄文报纸，同时提供英文、意大利文和葡萄牙文版本。如今发行的《真理报》与"真理报在线"没有任何关系，但双方记者常有来往。《真理报》分析新闻事件持左翼立场，而"真理报在线"则持民族主义立场。

网址：http://www.kp.ru/

- 俄罗斯报（*Rossijskaya Gazeta*）

《俄罗斯报》是俄罗斯国家政府机关报。1990年11月11日创刊，在俄全境及独联体国家发行,目前总发行量超过 22 万份。该报纸是俄罗斯报界具有权威性的一家报纸,是俄国家的各种法律文件生效后唯一有权刊载的媒体。《俄罗斯报》目前在全国设立了 32 个记者站,同时在俄全国 44 个城市刊印发行。

网址:http://www.rg.ru/

2. 广播电视

- 俄罗斯广播电台(Радио России,Radio Rossii)

俄罗斯广播电台是国营广播公司,1990 年 12 月 10 日首次播音,每天 24 小时播出,节目覆盖俄罗斯全境,用长波、中波、超短波广播,网上也可以在线收听。

俄罗斯广播电台的节目听众覆盖面广,新闻节目比重大,其他节目涵盖了音乐、娱乐、文学、儿童、军队、农业、医学等领域和社会底层人群,多以严肃文化和社会关注焦点为主。

网址:http://rus.ruvr.ru/

- 俄罗斯之声(Voice of Russia)

俄罗斯之声电台于 1946 年 12 月 3 日开播,原名"哈巴罗夫斯克广播组""哈巴罗夫斯克对外广播总编辑部",后来又改为"创作生产联合体莫斯科国际广播电台哈巴罗夫斯克分台",现在叫俄罗斯之声国家广播公司,使用呼号是"俄罗斯之声广播电台"。

"俄罗斯之声"国家广播公司于 1929 年 10 月 29 日开始对外广播。该广播公司由俄政府拨款,直接由主席和编辑委员会领导,委员会中有来自广播部门的负责人。

"俄罗斯之声"国家广播公司在自身工作中严格按照政府审批的广播电台章程进行管理,记者们独立自主地工作。该广播电台的主要任务是让全世界了解俄罗斯人民的生活,提供发生在俄罗斯的真实事件消息,使其更贴近听众。

如今"俄罗斯之声"广播电台用包括俄语在内的 38 种语言广播。"俄罗斯之声"广播电台共播出 340 套节目,这些节目向听众提供了关于俄罗斯不同地区和领域的信息。160 多个国家的听众同时利用传统的联系方式和因特网与该广播电台保持着联系。

1996 年 7 月广播电台创建了自己的网页,使用 Real Audio 播放方式直接在因特网上用俄语、英语、德语、西班牙语、法语、日语进行广播。

"俄罗斯之声"掌握着关于全世界听众的主要资料。研究工作基金会在其中发挥着重要职能,基金会拥有 1000 个科研实践项目,这些项目由位于世界十个国家的社会学研究中心来完成。

该广播公司有自己的广播信息通讯社"太空-泰杰斯特",每日出版专刊,刊载全球广播节目的简评。

从 1990 年开始,该电台制作俄语和英语电视系列节目。"俄罗斯之声"电视制作室已经出品了近 100 部历史文化题材的电影。

- 俄罗斯国家电视台(Rossiya 1)

俄罗斯国家电视台是俄最具影响力、收视率高的电视频道之一,属俄罗斯国家电视和广播公司所有,建于 1991 年 5 月,覆盖全俄罗斯及部分独联体国家。

网址:http://rutv.ru/

- 俄罗斯第一频道(1TV)

俄罗斯第一频道是俄罗斯的第一大公共电视机构,它在俄罗斯电视界的领先地位无可非议,其前身是 1995 年 4 月改组成立的、著名的俄罗斯公共电视台,2002 年更为现名。《第一频道》播出的主要电视栏目有:新闻直播、电影节目、体育赛事转播、电视访谈、儿童节目、文化历史节目和娱乐节目等。

网址:http://www.1tv.ru/

- 俄罗斯独立电视台(NTV)

俄罗斯独立电视台是俄罗斯唯一一家私营股份制电视台,由号称俄"七大巨头"之一的传媒大亨古辛斯基创办于 20 世纪 90 年代初。1993 年开始运营,目前仅其卫星频道就拥有订户 20 万。

最近,俄罗斯独立电视台进行了新一轮人事调整。亚历山大·列文取代基里尔·纳布托夫被任命为该台的新副总经理兼总制片人。此前,该台市场调研部经理和电影制作播出部经理也被重新任命。俄罗斯独立电视台是一家大型的全国性私营电视台,该台制作的节目以新颖、辛辣而闻名,使该台成为俄罗斯高收视率的电视台之一。2001 年 9 月,其产权易主,收归国家控股的天然气公司所有。此后,该台的节目仍然与众不同,有自己的风格。

网址:http://www.ntv.ru/

3. 通讯社

- 塔斯社(ITAR-TASS)

塔斯社是俄罗斯的国家级通讯社,地位相当于中国的新华社,外文简称 ITAR-TASS。塔斯社是前苏联国家通讯社,国际性通讯社之一。前身是 1917 年 11 月 18 日成立的俄国彼得格勒通讯社。1918 年与全俄中央执行委员会所属的新闻局合并,命名为俄罗斯通讯社,简称罗斯塔。1925 年 7 月 10 日改名塔斯社。总社设在莫斯科。1990 年有工作人员 5000 人,国内有 80 多个分社和记者站,记者 500 多人,向 4000 多家报纸、电台和电视台供稿。国外有 120 个分社,驻外记者 220 人。对外用俄、英、法、西班牙、葡萄牙、德、意、阿拉伯语 8 种文字发稿,向 115 个国家和地区的新闻机构或商务代表处提供新闻或经济信息。

前苏联解体后,塔斯社归属俄罗斯联邦新闻中心管理。1992 年 1 月 22 日俄罗斯总统叶利钦签署命令,塔斯社同前苏联新闻社的一部分合并,组建新的国家通讯社——俄罗斯通讯社;同时,在俄通社中保留独立的塔斯社机构。同年 1 月 30 日开始以俄通社-塔斯社名义发稿。

- 俄罗斯新闻社(RIA-Novosti)

俄新社总部大楼 1961 年在苏联新闻社的基础上创建了新闻出版社(Novosti Press Agency, APN)。新闻出版社的主要目的是向海外传播关于苏联的正面信息,向苏联人民介绍国外人民生活和促进国际的相互理解、信任和友谊发展。

新闻出版社的座右铭是"为全球福祉与人民友谊服务"。新闻出版社在世界上 120 多个国家拥有自己的代表处。出版社发行 45 种语言、60 种彩色印刷的报纸和杂志,一次发行量达 430 万份。1989 年新闻出版社创办了电视中心,而后该中心改组为现在的"TV 新闻"电视广播公司。

1990 年 7 月 27 日根据苏联总统戈尔巴乔夫《关于建立"新闻"通讯社》的总统令,在新闻出版社的基础上创建了新闻通讯社。1993 年俄罗斯新闻社成为国家的信息分析机构。俄罗斯新闻社信息出版物的主要特点是实时性强、客观、准确,拥有不受政治局势影响的独立观点。

三、教育·科研

- 莫斯科国立罗蒙诺索夫大学新闻系

莫斯科国立罗蒙诺索夫大学(Московский государственный университет им. М. В. Ломоносова)是俄罗斯规模最大、历史最悠久的综合性高等学校。1755年由教育家 М. В. 罗蒙诺索夫倡议并创办。莫斯科国立大学新闻系(Факультет журналистики)原属于语言学系的一部分,语言学系成立于1947年,1952年成为独立的新闻系。今天,它被认为是莫斯科、俄罗斯乃至独联体国家新闻与大众传播教育的领导机构。自其成立以来,已有15000多名毕业生就职于国内外多家出版社、电视台、广播台及通讯社,并赢得了俄罗斯及国外媒体的高度赞赏。

新闻系本科专业分为印刷媒体新闻、广播电视新闻、在线新闻、媒体设计基础知识、广告学、公共关系、社会学新闻等主要新闻业务模块和国际新闻、政治新闻、商业新闻、社会新闻、新闻前沿等;研究生专业有媒体经济和管理、电视及期刊研究、传媒语言、战略传播、国际新闻、跨文化交际、数字媒体(主要针对独联体国家)等。

新闻系本科专业学制5年,第1—2学年学生必须完成新闻系基础课程,为之后的传媒专业课程做好准备。第3—5学年学生可以选择一个专业或方向进行深入学习。按照媒体的不同可分为:报刊新闻、电视新闻、广播新闻、网络新闻、摄影报道、媒体业务、媒体设计基础知识、广告学、公共关系、社会新闻学等;按内容划分为:国际新闻、政治新闻、商业新闻、社会新闻、文体新闻等。研究生学制两年,其研究涉及的学科领域有:现代科学和新闻实践问题、新闻研究方法、现代大众传播理论、俄罗斯新闻史、世界传媒和新闻史、修辞学以及媒体权利、媒介经济与管理、新闻心理学、新闻基础和创作等选修课程。

新闻系有教职员工230人,其中包括教授和副教授120名。新闻系几乎与所有的媒体都有联系。合作的主要媒体有:俄罗斯电视1台、俄罗斯电视2台、俄罗斯文化电视台、俄罗斯独立电视台、俄罗斯国家广播电台、莫斯科回声电台、俄通社－塔斯社、俄罗斯文传电讯社、《论据与事实》报、《消息报》、《独立报》等,新闻系的学生有机会到以上媒体进行实习与考察,优秀毕业生则直接被媒体录用。

莫斯科是俄罗斯首都,也是俄罗斯最大的城市和经济、文化、金融、交通中心,还是世界著名古城和国际化大都市。

电话:＋7 495 6297435

邮箱:referent@ smi. msu. ru

网址:http://www. journ. msu. ru

地址:город Москва, улица Моховая, дом 9（станция метро "Библиотека имени Ленина"）。

- 圣彼得堡大学新闻传播学院

圣彼得堡大学（Санкт － Петербургский государственный университет）是俄罗斯最古老的大学,是世界知名的众多学派的源头,也是进步的社会运动的重要中心之一。俄罗斯总统弗拉基米尔·弗拉基米罗维奇·普京、俄国化学家德米特里·门捷列夫、高级神经活动生理学的奠基人巴甫洛夫都是该校的知名校友。圣彼得堡大学新闻系建于 1946 年,2012 年改名为新闻传播学院（Высшая школа журналистики и массовых коммуникаций）,被认为是俄罗斯国内领先的新闻和公共关系教育机构之一。

新闻传播学院下设新闻系与应用传播系两个系,现共有近 2000 名学生就读于新闻系,包括本科生、研究生和博士生以及职业培训人员。硕士研究生课程方向有:大众传媒设计、俄罗斯新闻史、国际新闻、政治新闻、公共关系、商业新闻和商务沟通、体育新闻、休闲新闻。

新闻传播学院共有 103 名教师,其中包括 60 名教授,此外还邀请了近 150 名客座教授。

圣彼得堡位于俄罗斯西北部,是列宁格勒州的首府,也是俄罗斯第二大城市。圣彼得堡不仅是俄罗斯政治、经济、文化中心,也是俄西北地区的中心城市,又称"北方首都"。它拥有 4000 多个工业企业,是俄罗斯通往欧洲的"窗口",同时也是一座科学技术和工业高度发展的国际化城市,拥有众多的高等院校、科研机构,是俄罗斯的科学文化艺术首都,也是全俄重要的水陆交通枢纽。

电话:8 – 931 – 251 – 7413

邮箱:pr. dept@ jf. pu. ru

网址:rus. jf. spbu. ru

联系地址:Санкт-Петербургский, государственныйуниверситет, 199004, Санкт-Петербург,1-я линия В. О. , 26

- 莫斯科奥斯坦金诺广播电视学院新闻系

莫斯科奥斯坦金诺广播电视学院(Московский Институт Телевидения и Радиовещания "Останкино")新闻系(Факультет журналистики)开设于2005年,旨在为电视、广播、网络媒体、广告及公关领域培养专业人才。莫斯科"奥斯坦金诺"广播电视学院新闻系下属两大分支机构,分别是:广播电视新闻系、公共关系及广告系,是俄罗斯培养电视、广播、戏剧、电影、广告和新闻方面专门人才的高等院校。

新闻系课程由莫斯科奥斯坦金诺广播电视学院全体师资队伍共同担任,严格遵守俄联邦教育标准,课程涉及社会经济学、数学和自然学科、一般学科和传媒专业学科、广播电视新闻和通信技术专业技能学科等。

新闻系旨在培养传媒领域的复合型人才——"纵向型"记者,即不仅要学会抓住事件本质、创建思路、提出问题、写出文章,还要成为"数字化"新型人才,即掌握拍摄、制作音效、剪辑等能力。

新闻系学生将在五年内学习传媒方面的基础知识,如"电视编辑""出镜记者基础""记者素养"以及其他专业技能,如创建节目格式、节目摄制预算、独立拍摄剪辑节目等。第三学年将学习专业课程,如"广播新闻基础""广播节目编辑""声音设计""节目成本评估""灯光技术"等。第四学年的课程有:"出镜记者""视频剪辑""现代电子大众媒介"(网络传媒)"印刷媒体组织""演员技巧""新闻发布会""表达技巧""摄影摄像技术基础""制片技巧""舞台技巧"等。除必修课程外,学生还可选修"宗教历史""20世纪文化——问题与挑战"(1年级)"电影历史"(2年级)"政治新闻""电视修辞学""伦理学与美学"(3年级)"广播电视评论基础""荧幕思考""计算机培训""礼仪""舞台表演基础""视听经济学"(4年级)等课程。

莫斯科奥斯坦金诺广播电视学院新闻系的一大特点是注重实践。首先,该系拥有良好的物质技术基础;其次,新闻系拥有一批高水准教师队伍,并能很好地将理论与实践相结合。

电话:+7(495)545-37-37

邮箱:patrimax@mail.ru

网址:http://www.mitro-tv.ru/institute/fakultet-jurnalistiki

地址:111033,г.Москва,ул.Волочаевская,д.38,стр.1

- 沃罗涅日国立大学新闻系

沃罗涅日国立大学(Воронежский государственный университет)起源于尤里耶夫(德尔普)大学,由俄沙皇亚历山大一世于1802年建立。沃罗涅日国立大学新闻课程始于1961年,1985年正式成立新闻学院(Факультет журналистики)。多年来为国家中部地区、伏尔加河中下游地区的报刊、广播电台、电视台、出版社等传媒机构培养了4000多名优秀的新闻工作者。其中包括很多来自国外的毕业生,现工作于独联体、东欧、亚洲、非洲、拉美等国家。

新闻系学制本科4年,研究生2年,分为新闻学、广告学和公共关系两个方向。新闻学方向的课程主要有"当代信息技术""大众传媒技术""报刊出版""计算机教程""经济学"和"外语"等基础课程以及"新闻史""社会新闻学""外国新闻史""电子媒介发展史""新闻体裁修辞学"等专业课程。广告和公共关系方向除"外语""计算机"等基础课程外,还有"广告工艺学""新闻发布""修辞与文编""传媒经济学""艺术史"等专业课程。

新闻系学生可以在演播室、广播台、照片冲印室、印刷室工作学习,在计算机房、录像室、编辑出版中心都拥有现代的报刊出版技术。除此之外,新闻系还设有环境良好的图书馆,拥有多个阅览室。新闻系还设有多种专业学科小组,如外语小组学生可与来自国外的留学生互相交流、共同学习。

新闻系拥有非常优秀的师资,其中包括10名博士、7位教授、16位副教授、4位讲师和25位教师。该系下设7个教研室,分别为:新闻理论和实践教研室、广播电视新闻学教研室、广告设计教研室、公共关系教研室、新闻史教研室、文学编辑修辞学教研室、新闻学教研室(旧奥斯科尔分部)。

新闻系每年举办国际和全俄高校间的学术研讨会,并出版会议报告合集。从1996年起,新闻系开始出版学术丛集《评论:大众传媒中的新事物》,并得到了独联体国家、东欧及美国等国家的高度认可。参与创作这些合集和丛集的不仅有教师,还有研究生及来自国内外的大学生。从2004年起开始出版杂志《沃罗涅日国立大学学报》。

沃罗涅日州属于中央联邦区,位于俄罗斯欧洲部分的中心。现在沃罗涅日州在工业方面高度发展的部门有很多,比如电力、机械制造、金属加工业、食品、化学、石油化工业等部门。而粮食生产与畜牧业在沃罗涅日州的农业中起主导作用,主要播种物有小麦、黑麦、荞麦、甜菜、向日葵。

电话:+7 (473) 266-17-56

邮箱:deanery@jour.vsu.ru

网址:http://www.jour.vsu.ru

地址:394068, Россия, г. Воронеж, ул. Хользунова, 40а

● 喀山联邦大学新闻社会学系

喀山联邦大学(Казанский федеральный университет)成立于1804年11月5日,由当时沙皇亚历山大一世签署批文,位于俄罗斯鞑靼斯坦共和国首府喀山市市中心,是俄罗斯继莫斯科大学和圣彼得堡大学之后成立的第三所大学。喀山国立大学是俄罗斯东部地区最高等的学府,该校已经成为俄罗斯教育和科学文化中心,在学校里形成了一定的学术派别。喀山大学新闻社会学系(Факультет журналистики и социологии)于1990年正式运营,前身为喀山国立大学新闻部,之后又陆续开设了社会学及公共关系学等学科。该系的传统学科为公共关系发展研究、新闻理论和新闻史、社会学研究,还有其特色学科,如鞑靼和鞑靼斯坦新闻史研究等。

新闻系社会学系共有学生近千人。本科分为新闻学、社会学和广告与公共关系3个专业;研究生专业分为新闻学和社会学两个方向。新闻专业的课程主要有"时政与新闻""创新新闻学""互联网新闻""新闻史""外国新闻史""鞑靼新闻史"等专业课程以及"外语""鞑靼语""文学史""外国文学史"等基础课程。社会学专业课程主要有"社会数据分析""高等数学""社会政治学历史""国家社会学基础"

"当代社会学理论"等课程。广告和公共关系专业设有"市场营销研究和情况分析""市场营销理论""管理学基础""大众传播心理学""大众传播社会学"等专业课程。该系拥有社会文化中心、新闻网络中心、计算机中心、照片冲印室等学术研究中心。

新闻社会学系拥有近70位非常优秀的教师,包括多名教授、副教授、讲师和助教。该系下设5个教研室,分别为:新闻学教研室、鞑靼新闻学教研室、社会学教研室、电子传媒理论与实践教研室和应用政治学教研室。新闻社会学系出版了多种报刊,如《喀山新闻报》和《喀山大学报》,并开设了在线节目"喀山24小时"。

喀山是俄罗斯联邦鞑靼自治共和国首府,位于伏尔加河中游左岸。喀山城青山环抱,江水如带,绿树成荫,名胜古迹甚多。喀山城中的克里姆林宫遗址群是一处华丽的建筑群遗址,它凝聚着几个世纪的建筑精华。

电话:(843) 221-34-73

邮箱:joursocio.dep@yandex.ru, gazizova_1983@mail.ru

网址:http://www.kpfu.ru

地址:г. Казань, ул. Товарищеская, д. 5

- 乌拉尔联邦大学新闻系

乌拉尔联邦大学(Уральский федеральный университет,英文UrFU)又名叶利钦大学,2011年初经俄罗斯教育部批准,总统梅德韦杰夫签发命令,将乌拉尔国立大学与乌拉尔国立技术大学合并,组建成为乌拉尔联邦大学,成为俄罗斯七所联邦大学之一。乌拉尔联邦大学新闻系(Факультет журналистики)属于人文艺术学院,已有70年历史,同时隶属该学院的还有历史系、文学系以及艺术理论与文化学系。

新闻系本科生和研究生学科都只设有一个专业方向,即新闻学。新闻系的课程包括公共课,如"逻辑学""文学理论基础""俄罗斯文学""世界文学史""俄罗斯新闻史""国外新闻史""新闻理论""心理学""社会学""经济学""媒介管理""广告"和"公共关系课程"等。专业课包括"当代国外媒体""新闻实务""新闻修辞学""创意工作室实践""学术报刊制作"等。

新闻学系有50位教师,包括5位博士、3位教授、15位副博士①、9位副教授、8位讲师和10位助教。新闻系下设5个分支机构,分别是广播电视新闻和新闻技术教研室、俄语与修辞学教研室、期刊教研室、新闻史教研室以及传媒管理、市场和广告部。该学院拥有一个考古博物馆、图书馆、学科实验室以及配备有高新科技产品的计算机中心和多媒体室。

叶卡捷琳堡始建于1723年,以女皇叶卡捷琳娜一世的名字命名。是斯韦尔德洛夫斯克地区的中心,也是乌拉尔和俄罗斯联邦重要的工业、交通、贸易、科学、文化和行政中心,还是俄罗斯重要的交通枢纽、工业基地和科教中心,现为俄罗斯中央军区司令部所在地。

电话:+7(343)350 80 01

邮箱:Boris.Lozovsky@ usu. ru

网址:http://journ.igni.urfu.ru/

地址:620083 РФ г. Екатеринбург, К-83, пр. Ленина, 51 - Факультет журналистики

- 克麦罗沃国立大学语言和新闻系

克麦罗沃国立大学(Кемеровский государственный университет)成立于1974年,其前身是克麦罗沃师范学院,克麦罗沃国立大学是克麦罗沃区重要的科学、文化、教育中心。该校是俄罗斯西西伯利亚地区规模庞大的大学之一,同时也是最早一批发展区域信息基础设施建设的大学之一。克麦罗沃国立大学语言和新闻系(Факультет филологии и журналистики)至今培养出了150名副博士、5名博士、超过3000名获得高等文学和新闻学历的专业人才。该系与多个国家有合作关系,从1992年开始对外国留学生进行培训,多数来自土耳其、中国、蒙古,定期还会有比利时的学生来进修。

克麦罗沃国立大学语言和新闻系培养语言学和新闻两个方面的专业人才,其中新闻专业有期刊出版和电视新闻两个方向。语言和新闻系本科专业学制为5

---

① 副博士学位(俄制),前苏联、现在的俄罗斯、乌克兰等流行俄式学制的欧亚国家的一种颁给研究生的学位,级别比硕士学位高,低于俄式学制的全博士学位。

年,课程包括"传播学概论""现代信息技术""新闻理论基础""正字正音实践""大众传播体系""外国新闻史""数学和信息技术""广播新闻基础""电视新闻基础""国内新闻学""新闻心理学""广告学基础"以及文学和语言学方面的课程。研究生专业学制两年。

该系下设的新闻及20世纪文学教研室有副教授及副博士7人,同时还吸引了有经验的记者和大众传媒机构的管理人员前来担任教职。语言和新闻系下设7个教研室和6个教学方法研究室,其中包括新闻史及新闻理论研究室和大众传媒技术研究室。语言和新闻系设有6个实验室和1个电视中心。校园内覆盖有无线网,并有40多个多媒体教室,能组织视频会议、实现电视卫星中转和直播。学校设有语言学习中心,为所有想学习语言的同学提供英语、法语、捷克语、荷兰语、阿拉伯语、意大利语和汉语的课程。此外,学校拥有该地区最大的图书馆,藏书近百万,包括俄文和外文书籍。

克麦罗沃国立大学所在的克麦罗沃市是俄罗斯西西伯利亚南部城市,克麦罗沃州首府。克麦罗沃市是库兹巴斯煤田开采中心,也是仅次于新库兹涅茨克市的第二大工业城市,市内有8所高等学校、60个公共图书馆、4个博物馆、4家剧院。

电话: + 7 3842 582745

网址: http://www.kemsu.ru/

邮箱: dekanat-filol@kemsu.ru

地址: 650043, г. Кемерово, ул. Красная, 6, КемГУ

- 俄罗斯人民友谊大学新闻系

俄罗斯人民友谊大学(Российский университет дружбы народов)始建于1960年,是俄罗斯著名的综合性大学之一,被称为"世界政治家的摇篮"。它是一所新兴的以研究国际关系和世界文化为主的著名学府。俄罗斯人民友谊大学新闻系(Филологический факультет)开设于1980年,有新闻学理论和历史、大众传播两个教研室。

新闻专业本科专业学制为4年,专业课程包括"传播学基础理论""信息学""新闻学基础理论""外国新闻史""国内新闻史""电视新闻学""无线电广播基础""新媒体""亚非拉国家新闻"等;基本课程包括"社会学""伦理学""历史学""文学""心理学""外语"等。在 2、4、8 学期还安排了实践课程,训练学生动手的能力,学生不仅在教室中学习,还会被安排到广播电视中心、印刷厂和摄影工作室去学习。研究生专业学制两年,课程包括"现代传播理论""跨文化传播""公关理论与实践""媒介经营管理"等。

该系有教师近 300 人,其中有 48 名教授、80 名副教授、11 名科学院院士和通讯院士。该系设立 30 年来培养了一大批新闻人才,其毕业生通过附加考试后,除获得新闻专业毕业证书外,同时获得记者证、教师资格证及俄语翻译证。

俄罗斯人民友谊大学的图书馆藏书量超过 200 万册,拥有体育馆、医院、国际文化中心、与国际网连接的计算机局部网络。该校坐落在莫斯科西南森林公园旁,是俄罗斯最美丽的地方之一。该校是俄罗斯教育部和中国教育部首推学校,是外国留学生学习俄语最好的学校之一。

莫斯科是俄罗斯首都,是俄罗斯最大的城市和经济、文化、金融、交通中心,也是世界著名古城和国际化大都市。

电话:+ 7 495 4343745

网址:http://philrudn.ru/

邮箱:filfak-rudn@ rudn.ru

地址:117198,г. Москва,ул. Миклухо-Маклая,д. 6

- 新西伯利亚国立大学新闻系

新西伯利亚国立大学(Новосибирский государственный университет)建于 1958 年,2009 年通过评测成为俄联邦 29 所国家科研大学之一(包括国家核研究大学和国家技术研究大学),是该国唯一与科学院紧密合作的高校,综合实力在俄罗斯高校中排名第四位,被誉为俄罗斯的"硅谷"。新西伯利亚国立大学新闻系(Факультет журналистики)成立于 2000 年,在教学过程中重视古典人文素养的基础,培养大众传媒、出版、广告、公关方面的人才。

新闻系有一支高水平的教师团队,其中包括俄罗斯科学院人文学院的带头学者、著名记者和新西伯利亚的媒体工作人员。该系下设符号学与话语分析、大众传播、新闻理论和历史 3 个教研室。

新西伯利亚大学新闻系学制为 5 年。大一、大二为基础教育,在大三时学生选择自己的新闻学研究领域——文化、政治、科学或者经济方面进行深层次的研究，两年以后进行职业方向的划分：电视新闻、广播新闻或是报刊新闻。新闻系的课程分基础人文公共课和基础专业公共课。人文公共课包括"经济学""社会学""心理学""历史""国际关系""外语"（英语、德语、法语）；基础专业公共课包括"俄罗斯文学史和外国文学史""俄罗斯新闻和世界新闻""语言学"；而从"新闻创作基础""新闻技巧""新闻伦理""媒体社会学""新闻心理学""媒体经济学"等课程中，学生不仅能学到新闻学的基础知识，还能了解现代媒介市场的整个流程。从2002年开办新闻实践中心以来，开设了"照片制作""现代外国电影艺术""摄影技术"三门课程，学生在这里能学到当今专业广播电视工作中各种设备的操作方法。

新闻系设有1个学习实践中心，在这里学生们能自己排版、摄影、摄像、剪辑、调音，使用Adobe In Design、Adobe Photoshop、Sony Vegas Pro、Adobe Audition等软件来完成自己的创作。

新闻系特别重视教学与实践相结合，每学年结束后，学生能够在新西伯利亚或者其他城市传媒机构进行暑期实践。学生和老师也有机会通过交换的方式去美国和欧洲进修，了解当地的大众传播实务。新闻系还经常组织学生与著名作家、记者召开见面会。

新西伯利亚大学城位于生态区，有8幢大学生宿舍楼、1幢硕士生楼、1幢博士生楼，同时也为考生及家长提供临时住处。大学城配有体育中心，有游泳池、网球场、排球场等运动场所。

新西伯利亚于1893年建城，是新西伯利亚州的首府，也是西伯利亚最大的城市和经济、科技、文化中心，为俄罗斯第三大城市。该城工厂繁多，拥有一些俄罗斯最好的大学、博物馆和剧场。

电话：+7 383 3634333
　　　+7 383 3634022
网址：http://www.nsu.ru/exp/zhurf
邮箱：poly@ admin. nsu. ru, jur@ lab. nsu. ru
地址：630090, Новосибирская область, г. Новосибирск, ул. Пирогова, д. 2.

- 托木斯克国立大学新闻系

托木斯克国立大学(Томский государственный университет)原为沙皇俄国托木斯克帝国大学,创建于1878年,在很长一段时间内是俄罗斯西伯利亚和远东地区唯一一所高等院校。托木斯克国立大学新闻系(Факультет журналистики)成立于2004年,曾经是语言系的一部分,新闻专业开设于1976年。35年来,新闻系培养了1000多名毕业生,他们在俄罗斯和国际传媒领域工作,其中有电视公司TV2的总裁阿尔卡吉·马伊奥菲斯等。

该系现有400名学生(包括全日制和非全日制),每年大约招收50名本科新生。新闻系本科学制为5年。包括"摄影方法""新闻基础理论""国内新闻史""外国新闻史""新闻学法律基础""新闻学职业道德""大众传播理论""现代外国传媒""传媒经济学"等课程。

新闻系分为新闻理论实践教研室和广播电视新闻教研室2个教研室。理论实践教研室有7名副教授、1名高级教师、2名助教。新闻系设有一系列供实践使用的专业教室与设备,包括照相暗室、电视演播室、数码印刷车间、编辑出版工作室等。新闻系在大学生实习框架内与当地10多家地方传媒机构以及联邦传媒托木斯克代表机构有合作关系。

托木斯克是西伯利亚地区教育和科学中心,2005年俄罗斯政府首批划定六个经济特区,托木斯克因其在科技领域的优势而被定为技术型经济特区。该市拥有两个话剧剧院(州话剧院和音乐话剧院)、青年剧院、木偶剧院、托木斯克国立大学文艺剧院、音乐厅、文化宫、电影院、体育宫、俱乐部、交响乐队、儿童合唱团、图书馆网络、德国文化中心、波兰文化中心、鞑靼文化中心、体育场、游泳池、保龄球场等。

电话:+7 3822 512790

网址:http://www.newsman.tsu.ru/index.php

邮箱:fruit@newsman.tsu.ru

地址:634050, г. Томск. ул. Ленина 66, корпус №7

四、管理·规制

- 俄罗斯 1993 年《宪法》

俄罗斯 1993 年《宪法》规定:"大众传媒的自由必须得到保障,所有的审查都是禁止的。"

- 俄罗斯《传媒法》

俄罗斯《传媒法》于 1992 年 2 月 8 日发布,主要是为了规制大众传媒的发展。该法令给予了私营传媒企业建立分公司的权利。

塞尔维亚
Serbia

一、国家概况

塞尔维亚位于欧洲东南部,是巴尔干半岛中部的内陆国,与黑山、波斯尼亚和黑塞哥维那、克罗地亚、匈牙利、罗马尼亚、保加利亚、马其顿及阿尔巴尼亚接壤。国土面积8.8万平方公里。

1834年塞尔维亚出现了第一份报纸,1904年第一份面向公众的现代报纸《塞尔维亚政治报》(*Politika*)问世。塞尔维亚有523家纸质媒体,其中有20家日报、84种周刊、186种月刊。阅读量较大的日报有《布利克报》(*Blic*,14.5%)、《新闻晚报》(*Vecernje Novosti*,9.0%)、《Kurir日报》(*Kurir*,7.3%)、*Press*(6.6%)、*Alo*!(5.1%)、《24小时报》(24 *Sata*,4.2%)、《塞尔维亚政治报》(2.5%)。在塞尔维亚,广播有着悠久的历史,是大众获得资讯和娱乐的主要来源。一般的塞尔维亚家庭都不止有一台收音机。最受欢迎的是Radio S、Radio B92和Radio Belgrade,其中Radio Belgrade是国家公营广播。电视在塞尔维亚的普及率也很高,96%的家庭都有电视。塞尔维亚有两大公营广电集团:一个是全国性的Radio Television Serbia(RTS),下设两个频道RTS1和RTS2,RTS1是最受欢迎的频道;另一个是多民族聚集的伏伊伏丁那(Vojvodina)省的伏依伏丁那广播电视台(Radio Television Vojvodina,RTV),同样下设两个频道RTV1和RTV2。著名的私营电视台有TV Pink和TV B92。互联网在塞尔维亚的总体经济收益并不高,但是塞尔维亚的传统媒体正在逐步走到网络平台。Facebook 在塞尔维亚特别流行,2010 年大约有 200 万的塞尔维亚用户。

二、主流媒体

1. 报刊

- 《塞尔维亚政治报》(*Politika*)

《塞尔维亚政治报》是位于塞尔维亚贝尔格莱德的一份私营报纸,成立于 1904 年,被认为是塞尔维亚历史上最早的报纸。日发行量为 125000 份。

网址:http://www.politika.rs/

- 《今日报》(*Danas*)

《今日报》创立于 1997 年 6 月 9 日,总部设在贝尔格莱德,设立之初报社雇佣的编辑和记者遵循自由撰稿的原则,不受政治倾向的影响。如今《今日报》是塞尔维亚三大重要报纸之一。

网址:http://www.danas.rs/danasrs/naslovna.1.html

- 《民众之声》(*Glas javnosti*)

《民众之声》创办于 1998 年 4 月 20 日,总部设在贝尔格莱德。到 2012 年 1 月,该报停止了印刷版本,开设了门户网站。

网址:http://www.glas-javnosti.rs/

2. 广播电视

- 塞尔维亚国家电视台(RTS)

塞尔维亚国家电视台创立于 1929 年 3 月 24 日,是塞尔维亚国家电视台,主要播出新闻节目、电视剧、体育节目。RTS 电视台自从 2001 年 7 月开始成为欧洲广播电视联盟的成员之一。同时也是塞尔维亚最大的电视台。

网址:http://www.rts.rs/

- B92 电视台

B92 电视台是塞尔维亚一家国际电视台,创办于 1989 年 5 月 15 日,总部设在贝尔格莱德市。该电视网主要针对的是城市以及年轻受众群体。

网址：http://www.b92.net/

- 粉红电视台（RTV Pink TV）

RTV Pink 台是塞尔维亚一家私营电视台,在私营电视台中占据领导地位。其娱乐节目大受年轻人的欢迎。另外,该电视台还引进很多国外电影大片,如动作片、惊悚片、短剧等。创办于 1994 年 9 月 16 日,隶属于 Pink 国际公司。

网址：http://www.pink.rs/

3. 通讯社

- 南斯拉夫通讯社（南通社,TANJUG）

南通社是塞尔维亚国有通讯社,隶属于新闻传媒集团,创立于 1943 年 11 月 5 日,总部设在贝尔格莱德。

网址：http://www.tanjug.rs/

三、教育·科研

- 贝尔格莱德大学新闻传播系

贝尔格莱德大学是塞尔维亚顶尖的传媒教育机构,尤其是在研究生培养方面。该校成立于 1905 年,当时主要有三个系:哲学系、法律系和工程系。直到 1941 年发展为 7 个学院。如今已经发展成为 30 个学院和 8 个科研机构。

网址：http://www.bg.ac.rs/

四、管理·规制

- 2002 年《广播法案》

2002 年通过的《广播法案》是自 2000 年以来通过的一批媒体法律中的第一部广播电视法律。这个法案适用于一般情况下的广播电视,并且第一次可以同时控制公共服务和商业媒体。《广播法案》介绍了一套全新的许可制度,定义了一般的节目标准,规定了广告和赞助问题,并且引进了反垄断方法。新的管理机构——塞尔维亚共和国广播电视管理局(RBA),开始着手大批预想的任务,它的成立标志着控制广播电视台的权力由政府转移到了独立的个人手里。这也成为塞尔维亚广播电视业改革的基础。

斯洛伐克
Slovakia

一、国家概况

斯洛伐克是中欧的一个内陆国家,西北邻捷克,北邻波兰,东邻乌克兰,南邻匈牙利,西南邻奥地利,国土面积为 49035 平方公里,首都布拉迪斯拉发,人口 5445324(2011 年),官方语言为斯洛伐克语。

斯洛伐克国内对纸质媒体的兴趣一直在下降,只有一半左右的成年人每天读报。报刊由少数几家媒体集团所有,如斯洛伐克公司(Slovak company)和 Petit Press。最受欢迎的日报是《新时报》(Nový Čas, New Time),属于处于领先地位的瑞士荣格公司(Ringier)。除了公营广播斯洛伐克电台(Rádio Slovensko, Slovak Radio)外,斯洛伐克每年有 25—30 家私营广播运营。Rádio Express 是最受欢迎的私营电台,曾一度超过斯洛伐克电台(Rádio Slovensko)成为第一,创造了奇迹。约有四分之三的斯洛伐克人常听广播。电视在斯洛伐克是最流行的媒体。排在前两位的是私营电视台 Markíza 电视台和 Joj 电视台,分别属于美国公司 CME(中央欧洲传媒公司,Central European Media Enterprises)和 J&T 传媒公司,排第三位的是公营电视 Slovak Television(STV)的 Jednotka 和第一频道(一共有三个频道)。此外,斯洛伐克还有捷克语和匈牙利语的电视台。斯洛伐克所有的日报都有自己的网站,网络版和纸质版会有不同,有开始收费的趋势。广播电视平台上的节目也能在网上找到。斯洛伐克曾经尝试创建基于网络的日报和文化周刊,但是由于较低的广告收益而停止。

二、主流媒体

1. 报刊

- 《新时报》(*Nový čas*)

《新时报》是斯洛伐克最受欢迎的一份报纸,日发行量在2005年达到19万份。创立于1990年。

网址:http://www.cas.sk/

- 《真理报》(*Pravda*)

《真理报》创立于1990年,是一份主张言论自由与独立的报纸。在2011年发行量达到71460份,从2010年开始,其销量开始下滑。之后开始运营网络报纸。

网址:http://www.pravda.sk/

- 《SME报》

《SME报》的含义是"我们是日报"的缩写,是斯洛伐克的主流报纸之一。创立于1993年1月,政治倾向偏中右派,主张言论自由。总部在布拉迪斯发。

网址:http://www.sme.sk/

2. 广播电视

- 斯洛伐克国家电视台

斯洛伐克国家电视台主要有两个,一个叫做"杰多卡"(Jednotka)电视台,另一个叫做"德沃耶卡"(Dvojka)电视台。

- "马尔其扎"(Markíza)电视台

"马尔其扎"电视台创办于1996年8月31日,是斯洛伐克最大的私营电视台,隶属于CME集团。

网址:http://www.markiza.sk/

3. 通讯社

- 斯洛伐克共和国新闻通讯社(TASR)

TASR 通讯社是斯洛伐克国家通讯社，创办于 1992 年 1 月 30 日，总部位于布拉迪斯拉发。其主要目的是为了收集、存储和向斯洛伐克各大媒体提供新闻以及向各大媒体提供图片、文字消息等内容。

网址：http://www.tasr.sk/

三、教育·科研

- 布拉迪斯拉发科美纽斯大学新闻与传播系(Comenius University in Bratislava)

科美纽斯大学是斯洛伐克新闻传播专业顶尖的高校，自从其建立以来已经有超过 1400 名新闻传媒专业的学生从此毕业。其传媒教育提供以下课程："新闻理论与历史""传媒和通讯社新闻学""广播电视新闻"以及"广告学"。

网址：http://www.uniba.sk/

- 布拉迪斯拉发独立新闻中心(The Centre for Independent Journalism in Bratislava)

布拉迪斯拉发独立新闻中心是独立新闻基金委(IJF)下四所高校中的一所，专门培养提供奖学金的新闻学教育，主要针对东欧和中欧国家的学生。

网址：http://www.ijf-cij.org/bratislava.html

四、管理·规制

1. 管理机构

- 广播理事会

广电业的主要监管机构是广播和转播理事会（以下简称广播理事会）。理事会于 1992 年依法成立，命名为斯洛伐克共和国广播电视理事会，是一个监管斯洛伐克广播电视的独立机构。依据《广播和转播法》，协会于2000年更名为广播和转播理事会，该法律也规定了协会的活动。

广播和转播理事会的主要任务是保证公众的知情权、言论自由、接受教育和了解文化的权利。理事会必须执行国家广电业的有关规定，特别是保证广播电视公司提供新闻节目的多样性。

理事会的主要职责包括：

颁发和撤销播出牌照；

给公营广播电视公司提供新的频谱资源；

观察广播电视公司遵守法律义务的情况；

制裁广播电视公司；

保存牌照和牌照申请记录；

起草计划，在频谱使用方面与国家通信部门合作；

提交播出节目统计数据，重点是欧洲节目的统计数据；

在欧洲跨界电视常设委员会代表斯洛伐克共和国；

参与有关广播电视业的立法；

在年末90天内向议会提交有关国家广播电视业状况及其活动的年度报告。

2. 法律法规

- 《斯洛伐克公共电视台法》

在1998—2002年，梅恰尔所在的政党在1998年的竞选中失利。新执政联盟上台不久便通过了《斯洛伐克公共电视台法》(1991年)和《斯洛伐克公共广播电台法》(1991年)的修正案，使斯洛伐克公共电视台理事会和斯洛伐克公共广播电台理事会（以下简称广播理事会）名存实亡，并承诺采取常规立法，防止1998年选举前的情况再次发生。

斯洛文尼亚
Slovenia

一、国家概况

斯洛文尼亚是一个位于中欧南部，比邻阿尔卑斯山的小国。西邻意大利，西南通往亚得里亚海，东部和南部被克罗地亚包围，东北有匈牙利，北接奥地利。国土面积20273平方公里，首都卢布尔雅那，人口数量为2050189（2011年），官方语言为斯洛文尼亚语。

斯洛文尼亚有8种日报，按发行量排在前列的《劳动报》(*Delo*)和《斯洛文尼亚新闻报》(*Slovenske novice*)都属于 Delo 和 d. d. 公司。五分之一的斯洛文尼亚人阅读《报章24》(*Žurnal24*)，这是一种免费的、像杂志一样的日报，属于奥地利传媒公司斯蒂里亚传媒集团（Styria Verlag）。1928年斯洛文尼亚开始出现广播，到2008年底，有98家持执照的广播媒体。斯洛文尼亚广播公司（RTV SLO）拥有8个公营广播频道：Radio Slovenija 1、Radio Slovenija 2、Radio Slovenija 3、Radio Koper、Radio Maribor、Radio Capodistria（听众为在斯洛文尼亚的意大利人）、坡穆尔斯科区匈牙利广播电台（Pomurski madžarski radio，MMR，听众为在斯洛文尼亚的匈牙利人），以及斯洛文尼亚国际广播电台（Radio Slovenia International）。此外，斯洛文尼亚还有79家私营广播。斯洛文尼亚1958年开始出现电视节目，公营电视 RTV Slovenia 是斯洛文尼亚最大的电视台，下设两个全国性的频道：TV SLO 1，主要播出新闻时事、儿童节目和时下的娱乐节目；TV SLO 2，主要播放体育、纪录片、艺术方面的节目。

同时还有两个地方台科佩尔电视台(Television Koper/Capodistria)和 Tele M。TV SLO 3 是一个特别频道,主要用于直播和重播国会会议。外国资本占据了斯洛文尼亚的电视市场,三大商业电视台都属于外国公司。Pop TV 和 Kanal A 属于美国 CME 公司,TV3 属于瑞典公司现代时代集团(Modern Times Group,MTG AB)。由于斯洛文尼亚语使用范围小,从国外买入节目比本土制作成本低,本土制作的多为访谈等成本低的节目。2008 年,59% 的家庭可以上网。访问量最多的是 Google.com。本土网站访问量最大的是斯洛文尼亚搜索引擎网站 Najdi.si。新闻网站的访问量在不断上升。

二、主流媒体

1. 报纸媒体

- 《劳动报》(*Delo*)

斯洛文尼亚《劳动报》是该国最大的全国性日报之一。成立于 1959 年 5 月 1 日,隶属于 Delo 集团。其政治倾向偏左翼,同时是社会自由主义的支持者。

网址:http://www.delo.si/

- 《斯洛文尼亚新闻报》(*Slovenske Novice*)

《斯洛文尼亚新闻报》是一家小型报纸,创办于 1991 年,也是由 Delo 公司创办的。

网址:http://www.slovenskenovice.si/

- *Zurnal24*

Zurnal24 是一份较受欢迎的流行小报,可以说是斯洛文尼亚最年轻的一份报纸,由奥地利斯蒂里亚(Styria)媒体集团创立。

网址:http://www.slovenskenovice.si/

2. 广播电视

- 斯洛文尼亚国家台(Radiotelevizija Slovenija)

公营电视 RTV Slovenia 是斯洛文尼亚最大的电视台,下设两个全国性的频道:

TV SLO 1,主要有新闻时事、儿童节目和时下的娱乐节目;TV SLO 2,播放体育、纪录片和艺术方面的节目。同时还有两个地方台科佩尔电视台(Television Koper/Capodistria)和 Tele M 电视台。

网址:http://www.rtvslo.si/

● POP TV

POP TV 隶属于美国传媒公司,创办于 1995 年,是斯洛文尼亚最大的商业电视台之一。

网址:http://pro-plus.si/eng//

● 斯洛文尼亚 3 台

TV3 属于瑞典公司 Modern Times Group(MTG AB)。创办于 1995 年 12 月 24 日。

网址:http://www.tv3.si/

3. 通讯社

● 斯洛文尼亚新闻通讯社(Slovenska tiskovna agencija,STA)

斯洛文尼亚新闻通讯社创办于 1991 年 6 月,是斯洛文尼亚国家官办通讯社。

网址:http://www.sta.si/

三、教育·科研

● 卢布尔雅那大学

卢布尔雅那大学(Universitas Labacensis)成立于 1919 年,是卢布尔雅那唯一的大学,是斯洛文尼亚历史最悠久、规模最大的高等学院,目前有超过 6 万名学生在此学习。大学有 23 个系、3 个学院、共 130 多个专业可供选择。有 3000 余名教师任教。

卢布尔雅那大学位于首都卢布尔雅那市中心,教育设施先进,学生可以攻读从本科到博士的各种课程,学历为世界各国承认。

斯洛文尼亚文化教育程度较高。2001 年,共有小学 814 所、中学 147 所、综合性大学 2 所(卢布尔雅那大学和马里博大学)。卢布尔雅那大学和马里博大学皆为历史悠久的欧洲名校、正规的国立大学。

四、管理·规制

1. 管理机构

- 斯洛文尼亚文化部

斯洛文尼亚主要的广播管理机构是文化部,包括以下人员:传媒督察和该部专门负责管理媒体的理事会(成立于 2004 年秋);邮政电子通讯局(APEK);广播电视委员会(SRDF)。邮政电子通讯局最重要的工作是确保《电子通讯法》的实施和监督电台电视台在其节目制作上是否遵守《大众媒体法案》的要求。它依据广播电视协会具有约束力的基本指导原则来发放广播电视营业执照,并且作为其他各种机构中的一个独立个体,监督广播电视营业者是否履行许可证所要求的义务。文化部通过其视察专员主动展开调查或依据公众举报调查违法行为来监督《大众媒体法案》的实施。

2. 法律法规

- 《大众媒体法案》

《大众媒体法案》废除了之前对于包括外国人在内的任何人所有权不得超过 33% 的限制,并要求限制国家集权的所有制。公共广播机构的管理则依据斯洛文尼亚广播电视的相关法律。

西班牙
Spain

一、国家概况

西班牙位于欧洲西南部,西邻同处于伊比利亚半岛的葡萄牙,北濒比斯开湾,东北部与法国及安道尔接壤,南隔直布罗陀海峡与非洲的摩洛哥相望。其领土还包括地中海的巴利阿里群岛、大西洋的加那利群岛以及在非洲的休达和梅利利亚。国土面积505925平方公里,首都马德里。人口数量为47190493人(2011年),官方语言为西班牙语。

西班牙的报纸基本属于各媒体集团所有,《国家报》《世界报》、*ABC* 并称为西班牙三大主流报纸,其中《国家报》是独裁者弗朗哥去世后西班牙第一份民主倾向的报纸,*ABC* 是目前仍在发行的西班牙最古老的报纸。体育类报纸在西班牙也销量很高。西班牙广播电视实行公营制与商业制并行体制,西班牙广播电视集团旗下的西班牙国家电视台(TVE)和西班牙国家广播电台(RNE)提供公共电视与广播服务。在电视界,商业电视 Telecinco 电视台占有最大的收视份额,其次是公营电视 La1 和商业电视 Antena3;西班牙广播界则经历了内战、二战与战后独裁时期的洗礼,虽然独裁时期公营广播曾一家独大,但目前私营广播处于领先位置。西班牙的互联网用户超过3160万人,Facebook 用户超过了1760万。

二、主流媒体

1. 报刊

- 《国家报》(*El País*)

《国家报》是西班牙发行量最大的日报,1976年5月4日由PRISA创立,总部位于马德里,属于西班牙PRISA媒体集团。《国家报》的风格严肃,这既表现在整体设计审美上,也表现在新闻信息处理上。多数版面包括五个栏目,每个栏目整洁清晰,有不同的新闻分类;照片与图表发挥次要作用,主要用于支撑文字。该报的设计从创立一直到2007年都没有改变,2007年,该报对纸质版、电子版的形式进行修订,并且用"国际化的西班牙语报纸"代替了以往的座右铭"一份独立的早间日报"。

《国家报》是西班牙第一份建立内部质量监控的报纸,也是第一份定位于"读者拥护"的报纸,还是第一家出版风格指南的报纸,这份指南成为记者质量测试的基准。此外,《国家报》同其他欧洲持有社会民主观点的报纸达成联合协议,1989年与意大利《共和报》、法国《世界报》一起参与创立了信息资源公共网。2001年10月,《国际先驱论坛报》西班牙版发行了《国家报》的英文增刊。

网址:http://www.elpais.com/

- 《世界报》(*El Mundo*)

《世界报》全名为《21世纪世界报》,是西班牙的第二大报,于1989年10月23日由佩德罗·J.拉米(Pedro J. Ramírez)等人创办。《世界报》的日发行量在33万份以上,拥有西班牙最大的电子版报纸,2009年网站访问达到2400万。

《世界报》通常表达西班牙中右派的观点,其中暗含独立与自由派的声音,多次在揭露丑闻上发挥关键作用。2004年3月11日,《世界报》与《真理报》以及地方电台马德里电视台(Telemadrid)和COPE广播网指出西班牙司法部门对于"马德里3·11连环爆炸案"作出的解释不足以信服。其他西班牙媒体,如《国家报》、ABC和Cadena SER广播网,指责《世界报》与其他媒体操作此事,爆炸事件与随后的司法判决至今仍在西班牙存有争议。

网址：http://www.elmundo.es/

- *ABC*

ABC 是西班牙全国性日报，由托尔瓜多·卢卡·德代纳（Torcuato Luca de Tena）和阿尔瓦雷斯·奥索里奥（Álvarez-Ossorio）创立于1903年1月1日。*ABC* 最初是周报，1905年改为日报，如今是西班牙第三大综合性报纸，也是马德里至今仍在发行的最古老的报纸，与《国家报》和《世界报》并称西班牙的主流大报。*ABC* 涉华报道除政治内容外基本客观。*ABC* 是一份合同大小的装订报纸，比包括《国家报》和《世界报》在内的大多数西班牙日报的散装报都要更小，封面一般是一张整版图片。从立场来看，该报以支持保守政治观点和维护西班牙王室而著称。

网址：http://www.abc.es/

- 《先锋报》（*La Vanguardia*）

《先锋报》于1881年由戈多家族创立，是西班牙历史最悠久的报刊之一，也是西班牙第二大城市及经济中心——巴塞罗那的标志性刊物和加泰罗尼亚自治区发行量最大的报刊。《先锋报》还是欧洲商业广告量最大的报刊之一。现任社长为何塞·安蒂奇（Jose Antich）。《先锋报》驻外记者遍布五大洲，现有工作人员800人，其中编辑部300人。《先锋报》涉华报道较多，比较客观。

- *MARCA*

MARCA 是西班牙全国性体育报纸，属于 Unidad Editorial 集团。该报主要关注足球方面的消息，尤其是皇家马德里每天的活动，日销量在30万份以上，是西班牙销量最大的日报，占有体育类读者的一半以上。从2001年2月起，马尔卡电台（Radio Marca）配合该报进行24小时的体育广播，2010年又有了马尔卡电视台。

网址：http://www.marca.com/

2. 广电类媒体

- 西班牙国家电视台（Televisión Española，TVE）

西班牙国家电视台是西班牙全国性国有公共服务电视广播机构，总部位于马德里，隶属于西班牙广播电视集团。该集团在议会任命的总经理之下全面负责国家公共服务电视,总经理根据2006年颁布的《公共广播电视法》对董事会负责,向国家议会的各党派委员会汇报。TVE经费曾经由广告收入和政府补助两部分组成,2010年1月后,经费来源只剩下政府补贴。

TVE的主要频道有综合(La1)、文化(La2)、新闻、体育、儿童、高清等。综合频道(La1)播放西班牙和拉美节目、电影(特别是西班牙语和北美电影)、新闻报道,以及一些体育节目、娱乐节目、纪录片等,是西班牙第一个电视频道,于1956年10月28日首播。文化频道(La2)主要播放公民与文化问题类节目、北美连续剧、纪录片、西班牙和欧洲其他国家电影、新闻报道和辩论、另类新闻、文化和音乐以及重播电视小说节目。该频道是西班牙的第二家电视台,首播于1966年。

网址:http://www.rtve.es/

- 西班牙商业电视频道(Telecinco)

西班牙商业电视频道由意大利传媒集团(Mediaset)下属的西班牙集团于1990年建立,因其为第五个全国性地面电视频道,当时叫做Tele5(五频道)。1997年,Tele5更名为Telecinco,采用与其他Mediaset频道相同的花形台标。Telecinco是综合性电视频道,迎合所有受众的口味,播放大众电影、电视剧和体育节目。Telecinco的真人秀节目也非常有名,并且推红了其他节目,比如早间节目《安娜·罗莎的节目时间》(*El Programa de Ana Rosa*)、午间节目《拯救我》(*Salvame*)、每周讨论节目《Deluxe》,这些节目都因真人秀效应而提高了收视率。

网址:http://www.telecinco.es/

- Antena 3

Antena 3台是隶属于Antena 3集团的西班牙地面电视频道,在西班牙电视中是三台。Antena3最大的赢家有美国动画片《辛普森一家》(*The Simpsons*)、西班牙悬疑青春偶像剧《寄宿学校》(*El Internado*)、日常脱口秀《日记》(*El Diario*)等。

Antena 3国际(Antena 3 Internacional)是Antena 3集团所属的另外一个频道,但其推广主要靠墨西哥传媒公司MVS Comunicaciones,主要为拉美和加勒比海地区服务。该频道创立于1955年,总部位于圣塞巴斯蒂安。除新闻节目之外,Antena 3国际只转播Antena 3的原有节目,即使这些节目比在西班牙播出晚几个月甚至几年。

网址:http://www.antena3.com/

- 西班牙国家广播电台(Radio Nacional de España,RNE)

西班牙国家广播电台是西班牙国家公共广播,成立于1963年,与西班牙国家电视台一样,是西班牙广播电视公司的一部分。RNE的主要频道有综合频道(Radio Nacional)、音乐频道(Radio Clásica)、青年电台(Radio 3)、加泰罗尼亚语地方广播(Radio 4)、24小时新闻频道(Radio 5 Todo Noticias)和短波国际广播服务(Radio Exterior de España)。

- 综合频道(Radio Nacional)

该频道即之前的Radio1,基于语言的节目居多。音乐频道(Radio Clásica)即之前的Radio 2,主要播放音乐会和古典音乐。青年电台(Radio 3)主要是流行、摇滚、世界音乐、乡村音乐和联合文化活动。短波国际广播服务(Radio Exterior de España)有8000万听众,是除BBC和梵蒂冈广播之外,全球听众最多的广播电台,主要使用西班牙语、法语、阿拉伯语、拉丁语、葡萄牙语、俄语和英语进行广播。

网址:http://www.rtve.es/(西语)

http://www.rtve.es/radio/20100129/english-language-broadcast/314985.shtml(英文)

3. 通讯社

- 埃菲社(La Agencia EFE,S.A.)

西班牙最大的通讯社。埃菲社于1938年创办于布尔戈斯,次年迁至马德里,由法布拉等通讯社合并而成。埃菲社是商业性质的通讯社,但由国家提供部分经费,政府任命社长。该社70年代后逐渐面向国外,特别是向拉丁美洲发展,成为国际性通讯社。

埃菲社在国外设有80多个分社,用西班牙语、法语和英语向世界1000多家订户提供消息。利用西班牙在语言、文化方面与拉丁美洲国家的历史渊源,埃菲社提出建成西班牙语第一大通讯社的方针,把半数驻外记者部署在拉丁美洲的28个分社,15条卫星线路中有14条直通拉丁美洲。埃菲社报道拉丁美洲新闻较及时、全面,受到重视。1988年在拉丁美洲有订户900余家。该社有专业与技术人员约

600人,驻外记者200多人。每年对内播发10万多条国内外新闻,对外年发稿量为8000多万字(其中3500万字发往拉丁美洲地区)。除提供新闻外,每月还向国外报刊提供300多篇专稿,负责转发西班牙政府的公报与法令,但不代表政府表态或发表评论。

网址:http://www.efe.com/efe/noticias/english/4(英文)

三、教育·科研

- 巴塞罗那自治大学传播学院

巴塞罗那自治大学(Universitat Autonoma de Barcelona, UAB)传播学院(Facultad de Ciencias de la Comunicación)坚持传统与创新相结合,是西班牙国内传播教学领域的先驱。

传播学院成立于1971年至1972年间,经过40年的发展,学院始终坚持将与时俱进、不断创新的精神与传统教学研究相结合。根据社会实际需求传授知识并甘当国内传媒领域的先驱者。学院曾承办第23届"国际大众传播研究协会国际学术研讨会暨大会"。依托自身优势,传播学院积极参与多个研究项目,如:交流传播与健康(简称OCS)、面向大众的新闻与传播实验室(Laboratori de Periodisme i Comunicació per a la Ciutadania Plural)、加泰罗尼亚地区著名的电台广播研究小组(Publiradio研究组)。

传播学院设有四个分支:视听传播与广告;广告、公关与视听传播;媒体、传播与文化;新闻与传播学。同时充分利用校内优秀教学资源,与其他学院合作,开设"艺术""社会学""翻译"等课程。本科课程设有"视听传播""新闻学""广告与公共关系"等。硕士课程设有"视听传播与广告""传播与新闻学研究""媒体传播与文化""广告与公共关系"等。

巴塞罗那是西班牙第二大城市,在西班牙具有主要的经济地位,也是西班牙最重要的贸易、工业和金融基地。巴塞罗那气候宜人、风光旖旎、古迹遍布,素有"伊比利亚半岛的明珠"之称,是西班牙最著名的旅游胜地。

电话:(+34)935811639

网址:http://www.uab.cat/comunicacio/castellano/

邮箱:sid. comunicacio@ uab. cat

地址:Roc Boronat, 138, 08018 Barcelona

- 胡安·卡洛斯国王大学传播学学院

胡安·卡洛斯国王大学(Universidad Rey Juan Carlos, URJC)传播学学院(Facultad de Ciencias de la Comunicación)成立于2000年,共有四个系:传播学1系、传播学2系、社会学系、西班牙语系。根据设系情况,分方向进行专业研究。交流关系学科是在胡安·卡洛斯国王大学所提供的教学服务中最具特色的一项。学校的教学理念是按国际化和市场要求完成教学发展,所以越来越多的公司参与到大学活动中,越来越多的学生参加实践项目。

传播学学院的本科专业有:新闻学、视听传媒、广告与公共关系;研究生专业有:视听内容的创建和管理、创造力和电视写作、数字电影、新格式和视听媒体、纪录片和新媒体、新闻机构、体育新闻学(报纸、广播和电视)、新闻学研究、数据可视化、电视新闻学、电影及视听表演课程进修班、广告和时装中的数字摄影、戏剧、电影和电视的舞台设计、艺术性和创造性的数字摄影。

胡安·卡洛斯国王大学的传媒学院拥有多个教学实验室,分布在两层楼和一层地下室内,分别占地2735平方米及1210平方米,其中包括:电视摄影棚、导播室、广播室、光化学影像室、18间非线编室、图表动画及3D设计室等。卡门卡法雷尔教授是视听传媒领域的专家,从2004年4月到2007年1月任西班牙广播电视台的主任,从2007年6月起任塞万提斯学院的院长。

胡安·卡洛斯国王大学传播学学院位于西班牙首都马德里(Madrid),马德里是全国第一大城市和全国经济、交通中心,是欧洲著名的历史名城。因地理位置十分重要,在历史上因战略位置重要而素有"欧洲之门"之称。

电话:(+34) 93 581 16 39

网址:http://www.uab.cat/comunicacio/castellano/

邮箱:sid. comunicacio@ uab. cat

地址:Roc Boronat, 138, 08018 Barcelona

- 马德里卡洛斯三世大学新闻与视听传播系

马德里卡洛斯三世大学(Universidad Carlos III de Madrid,UC3M)建于1989年,是马德里地区七所公立大学之一。新闻与视听传播系(Departamento de Periodismo y Comunicación Audiovisual)分为新闻学与视听传播学两类学科,旨在培养具有竞争力的、全面的媒体专业人才,提高学生专业素质,完善传播教育体系,研究国内外传播学界的先进学术成果。

新闻学学科包括新闻学(可选双语)本科专业,新闻与视听传播双学位专业,新闻法律本科专业,新闻经济本科专业,传媒调查硕士专业(学术型)和新闻与科学、技术、环境硕士专业(专业型)。视听传播学学科包括视听传播本科专业、新闻与视听传播双学位专业、媒体研究硕士专业(学术型)和电影与电视剧编导硕士专业(专业型)。

新闻学学科拥有教职员工27人,其中包括教师21人、行政管理人员5人、博士后研究人员1人。新闻与视听传播系的研究成果主要有:"移民与虐待事件中信息普及研究"(Ánalisis de la cobertura informática en casos de inmigración y malos tratos)、"新闻伦理与道德:面对马德里受众期望的新闻职责学"(Ética y excelencia informática. La deontología periodística frente a las expectativas de la ciudadanía de Madrid)。

马德里是西班牙的首都,也是全国经济、政治、历史与文化中心。马德里位于西班牙中部,曼萨纳雷斯河贯穿其中。建城于9世纪,1992年被评选为"欧洲文化之都"。马德里拥有大量博物馆,其中普拉多博物馆由于其大量艺术藏品而跻身于世界著名博物馆之列。

电话:(+34) 91 624 95 00

网址:http://www.uc3m.es

邮箱:pdnieto@ hum.uc3m.es

地址:C/Madrid, 126 (28903) Getafe, Madrid

- 纳瓦拉大学传播学院公共传播系

纳瓦拉大学(Universidad de Navarra,UNAV)建立于1952年,基本办学思路是:寻找传播真相,致力于学生的学术、文化和个人能力培养,推动科学研究和社会公益活动，为教师和学生提供发展空间，实现文化拓展与社会推进。该大学传播学院的前身是新闻研究所，于1958年创办，公共传播系正式成立于1988年。学院拥有高质量的教师队伍和完善的教学设备。

该学院的本科专业包括新闻学（双学位）、视听传播（双学位）、公共关系，硕士专业包括政治与机构传播。公共传播系的本科专业课程分为专业必修课和选修课。专业必修课程包括"传播学历史""传播学与信息学理论""全球传播""当代政治司法机构""社会学""义务论""西班牙新闻史""广告与公共关系指责学""信息法"等；选修课程包括"国际传播""政治传播与选举进程""西班牙近代政治史""广告史""西班牙司法与政治机构""社会学思想"等。

纳瓦拉大学传播学院公共传播系的主要科研成果包括：《国际战略性传播：公共外交与软实力》《信息权利：电视数字化与公共电视改革》（联合国教科文组织编号：5699）《西班牙与欧洲的未来电视司法规制》（联合国教科文组织编号：332509）和《公共舆论研究》（联合国教科文组织编号：550611）。

纳瓦拉是西班牙北部的一个自治区，前身是一个独立王国。纳瓦拉自治区的首府是潘普洛纳，位于自治区东北部，纳瓦拉大学就坐落在这里。潘普洛纳是欧洲著名的"绿色城市"，绿地面积占整个城市的六分之一。潘普洛纳因每年夏天举办"奔牛节"而闻名世界。潘普洛纳拥有诸多罗马帝国遗址古迹，旅游业发达，同时也是西班牙北部重要的交通枢纽。

电话：（+34）948 42 56 00

网址：http://www.unav.es

邮箱：mmartinez@unav.es

地址：Aptdo. 177 - 31080 Pamplona (Navarra)

- 庞培法布拉大学传播学系

庞培法布拉大学（Universitat Pompeu Fabra，UPF）始建于1990年，位于西班牙巴塞罗那市，是一所公立大学，也是欧洲发展最迅速的大学之一。传播学系（Departemento de Comunicación）成立于2009年，由传媒领域高质量的教师队伍（包括教授和研究学者）组成。依托巴塞罗那市拥有高新科技和先进传媒技术企业这一优势，该系拥有先进的配套设备以满足专业教学要求，同时参与校内本科生和研究生的跨专业交流与合作。

庞培法布拉大学传播学系本科专业有：新闻学、视听传媒、广告与公共关系；研究生专业有：社会传播高级研究、电影与当代视听说；博士专业有：传播学。

传播学系由从事传播学相关领域的教授与专家学者组成，另有五个专门研究小组，分别是：CAS 电影小组、DigiDoc 小组、新闻学研究小组、科学传播研究小组、视听传播研究单位(简称 UNICA)。该系近期的研究成果包括：由欧盟委员会资助的《欧洲科学传播研讨会：可行的信息通讯技术机制推动最新科学知识长期在非专业领域更快捷的分享》(The European Science Communication Workshops. ICT-Enabled Mechanism for Fast and Efficient Sharing of New Scientific Knowledge among Larger, Non-expert Segments of Society)的计划；由科学创新部资助并由新闻学研究小组开展的《道德观与信息获取的优越：面对公民期望的新闻道义学》(Ética y Excelencia informativa. La deontología periodística frente a las expectativas de los ciudadanos)；由科学创新部资助，视听传播研究单位实施的《电视与政治解放：电视真人秀节目下的观众空间构建》(Televisión y deliberación política. La construcción del espacio público a través de los géneros televisivos de la realidad en España)等。

电话：(+34) 93 542 24 36

网址：http://www.upf.edu/decom/es/

邮箱：secretaria.dcom@upf.edu

地址：Roc Boronat, 138, 08018 Barcelona

- 马德里康普顿斯大学新闻学院

马德里康普顿斯大学(Universidad Complutense de Madrid, UCM)是西班牙历史最悠久、规模最庞大、科系最齐全的大学，正式建校于 1499 年，但其源头可追溯到 1293 年。新闻学院(Facultad de Ciencias de la Información)成立于 1971 年，通过研究传播理论及新闻编写等从专业、高深的角度探索社会学领域。新闻学院师资设备力量雄厚，曾培养出多名传媒界重要人士。女性记者、散文家康塞普西翁阿雷纳(Concepción Arenal)，记者、编辑、议员费尔明·卡瓦列罗(Fermín Caballero)，《国家报》总编辑及创办人胡安·路易斯·塞布里安(Juan Luis Cebrián)，ABC 创办人托尔瓜多·卢卡·德纳特(Torcuato Luca de Tena)和阿尔瓦雷斯·奥索里奥(Álvarez-Ossori)等都是马德里康普顿斯大学新闻学院的知名校友。

新闻学院的本科专业有：新闻学、视听传媒、广告与公共关系；研究生专业有：机构组织传播，社会传播，创造性写作，政治传播，新闻学研究，演说和传播，视听遗产的历史、恢复及管理，多媒体新闻学；博士专业有：大众传播的理论、结构和伦理观，视听传播和广告，大众传播，新闻报道、娱乐和宣传，社会传播，与传媒有关的语言、文学和演讲，新闻学，政治、传播和文化，图像创作的理论和过程，社会与美学的应用，电影理论、分析及资料研究，当代社会的传播权利。

新闻学学院位于马德里大学城内，拥有充足的媒体资源和人力资源，并为学术活动和调查研究提供了充足的必要材料。学院内设有图书馆、会议室、礼堂、实验室、新闻播报室等，资源设备完善，为开展教学工作提供了最好的保证。

电话:Tel.：(+34)913942166

网址:http://www.ucm.es/centros/webs/fcinf

地址:Ciudad Universitaria, 28040 - Madrid

四、管理·规制

1. 管理机构

西班牙设有专业的、具有权威性的委员会监管记者的不良行为与职权滥用，这些问题一般由司法法庭来解决。加泰罗尼亚、纳瓦拉和安达卢西亚分别有地方性的视听委员会，来监督视听内容使之符合法律要求。有些报纸有内部新闻条例，《国家报》等报纸和杂志设有监察员，周刊时代 *Tiempo* 设有读者委员会。

2. 法律法规

1978年，西班牙颁布宪法，其中第20条给予公民公开表达意见的权利，并保护使用外语出版的权利，这是西班牙新闻立法历史上的巨大转变。在西班牙内战时期，弗朗哥政府曾颁布《1938年法》，将新闻出版控制在军队势力之下。1966年，

《弗拉加法》在审查制度和新闻自由上建立了有控制性的自由化的形式。虽然该法律较之前的法律在一定程度上有所放松，但仍然在审查制度上延续了之前法律的重要方面，许多记者因此受到制裁。

瑞 典
Sweden

一、国家概况

瑞典全名瑞典王国,是位于北欧斯堪的纳维亚半岛的国家。国土面积将近45万平方公里,人口数量为997万。教育普及程度达到总人口的99%,官方语言为瑞典语。

瑞典一共有93家报纸,日发行量370万份;一共有169家电视台,家庭电视机普及数量达到460万台。几乎所有的瑞典人都阅读报纸,可以说是世界上消费报纸数量最高的国家之一。其中销量最高的报纸是《晚报》(*Aftonbladet*),还有许多地方的报纸也大受欢迎,就连许多政府办的报纸也绝不会因为其官办性质而成为附庸。另外,电视也是很受欢迎的媒体。公共电视台SVT和私营电视台TV4台可以说是竞争最激烈的两个电视台。瑞典同时也是两大传媒巨头的故乡,包括Bonnier传媒集团和现代时代集团MTG。几乎所有的家庭都配备了多频道有线电视和卫星电视,瑞典已经成功地从地面数字电视模式过渡到付费电视模式。另外,电台节目主要是由瑞典非营利性独立公共广播电台(Sveriges)称霸。

全国一共有100家私营广播电台。到2011年12月,大约有840万的瑞典网民,超过了人口比例的92%。

二、主流媒体

1. 报刊

- 《南瑞报》(*Sydsvenskan*)

Sydsvenska Dagbladet Snällposten 通常被称为《南瑞报》,是瑞典的日报,成立于1848年,总部设在马尔默。主要在斯堪的纳维亚地区发行。《南瑞报》的主要特点是报道地方性新闻。2004年10月5日,《南瑞报》从大版面的报纸改变为论坛报。

网址:http://www.sydsvenskan.se

- 《瑞典日报》(*Svenska dagbladet*)

《瑞典日报》,简称 SvD,于1884年12月18日在斯德哥尔摩出版并发行第一期。在众多瑞典报刊之中,其发行量达到195200份(2007),紧随《每日新闻报》和《哥德堡邮报》之后,位列全瑞典早报前三。

网址:http://www.svd.se/

- 《哥德堡邮报》(*Göteborgs-Posten*,*G-P*)

《哥德堡邮报》是瑞典主流日报,在哥德堡发行第一版,其中包含了本地和全国的新闻。它的发行量位列全国第二,在《瑞典日报》之前和《每日新闻报》之后。

《哥德堡邮报》在1813年发行第一期。1939年开始一周发行七天。在2004年10月5日,该报从传统大张版面报纸转换成紧凑型报纸。

网址:http://www.gp.se

- 《每日新闻报》(*Dagens Nyheter*)

《每日新闻报》是瑞典日报,成立于1864年12月。它是全国发行量最大的早报,也是向全国发行的早报。2009年每天发行量达到316000份,接触量达到881000人次。政治倾向为独立自由党,总部设在斯德哥尔摩。

网址:http://www.dn.se

- 《快报》(*Expressen*)

《快报》成立于1944年,是瑞典国内两个晚报之一。

网址:http://www.expressen.se

- 《晚报》(*Aftonbladet*)

《晚报》是北欧五国最大的日报之一,由瑞典工会联合会(Swedish Trade Union Confederation)和挪威的传媒集团施伯史泰德(Schibsted)所有。1830年瑞典现代化时期,由拉尔斯·约翰·耶塔(Lars Johan Hierta)创办《晚报》。报纸创刊之初,不仅报道新闻,还对当时的新瑞典国王卡尔十四世·约翰(Charles XIV John)进行批评。因此,国王下令禁止该报出版发行。后又按照以前的发行模式改版26次,才被国王允许发行。该报的政治倾向左右不定。

1929年,《晚报》被克鲁格尔(kreuger)家族控制,当时大部分的股份被瑞典烟草制造商瑞典火柴集团(Swedish Match)买下,自此,其政治立场中立。到20世纪90年代早期,《晚报》陷入经济困难。1996年5月2日,挪威传媒集团购买其49.9%的股份,后又于2009年购买41%的股份,最终成为其最大股东,占91%的股份。

网址:http://www.aftonbladet.se

- 《商业日报》(*Dagens Industri*)

《商业日报》成立于1976年,是金融类论坛报,也是瑞典最畅销的日报。办报初期每周会有两刊,后于1983年增加至每周5期,最终在1990年确定为每周6期。该报在奥地利、爱沙尼亚、拉脱维亚、立陶宛、波兰、俄罗斯、苏格兰以及斯洛文尼亚均有流通发行。

网址:http://di.se

- 《丹麦语》(*Dagbladet Børsen*)

《丹麦语》创办于1896年,是以丹麦语出版发行的紧凑型日报。

网址:http://borsen.dk

2. 广播电视

- 瑞典国家公立广播电台(Sveriges Radio,SR)

瑞典国家公立广播电台成立于1925年1月1日,包括:瑞典国家广播电台(Sverigesriksradio,RR)、瑞典地方广播电台(Sverigeslokalradio,LRAB)、瑞典教育广播电台(Sverigesutbildningsradio,UR)、瑞典电视台(Sverigestlevision,STV),该台不允许任何广告植入。

SR 在全国范围内有 4 个频道:P1 台,主要是播放时事政治、科学、文化等方面口述节目的电台;P2 台为古典音乐、乡村音乐、爵士乐和世界音乐频道,同时还播出小语种的语言类节目;P3 台为年轻观众播放流行音乐和喜剧、悲剧节目;P4 台主要是流行音乐、娱乐、体育节目,主要受众群体是老年人。SR 国际频道使用 13 个语种播报节目。

网址:http://sverigesradio.se/

- C more 娱乐公司(C more entertainment)

C more 娱乐公司最初叫 Canal+,1997 年由法国付费电视 Canal+ 创办,是一个以赢利为目的的公司。2003 年,改名为 C more 娱乐;2005 年被斯堪的纳维亚广播电视集团(SBS BROADCASTING GROUP)收购;2008 年瑞典 TV4 集团用 3.2 亿欧元买下其经营权。其经营理念是基于体育、电影和电视剧的节目特色。

网址:http://cmore.se

- 现代时代集团(Modern Times Group)

现代时代集团是瑞典一家传媒公司,其业务主要是维赛广播电台。维赛主要运营 TV-3 和全世界的二级频道,俄罗斯、非洲加纳都有运营频道。1987 年新年之夜创建的 TV-3 是斯堪的纳维亚半岛地区第一个商业频道。经过数年发展,在北欧各国均设立了频道,发展良好。1994 年成为瑞典最大的频道。

网址:http://www.mtg.se

- SVT 1

SVT 1 是瑞典公立电视台最初的电视频道。最初叫 Radiotjänst TV,一年后改名为 sveriges TV。1969 年 SVT 2 成立后,之前存在的频道则成为 SVT 1。1979 年 7 月 1 日,这两个频道都成为 SVT 的一部分。1996 年,频道再一次进行重组并且重新命名为 SVT 1 和 SVT 2。

网址:http://www.svt.se/

- SVT 2

SVT 2 是瑞典 SVERIGES 电视台下的两个频道之一。相比 SVT1,SVT2 更加专业化。1969年12月5日,SVT 2开播,此举被称为"频道分流"。SVT 1和SVT 2隶属于同一家公司,但他们独立运营且相互竞争。两个频道最后同意在同一时段的类似节目上不展开直接竞争。比如,SVT 2在每周五播出流行的周末娱乐秀,而SVT 1则每周六播出。

1987年7月1日,频道改制后,Kanal 1变成一个只播放斯德哥尔摩制作的电视节目的地方台,而瑞典频道(SVT 2)恢复为瑞典国家台。1996年后两个频道重新命名。2001年SVT 2进行了大调整,采用全新的实况转播和节目安排。2008年8月26日的大变动使SVT 2成为更专业的频道。晚间6点至7点半的黄金档播出的栏目,如《新闻》《新闻联播》和《脱口秀》,被移到SVT 1。取而代之的是一档纪录片栏目和日常生活小智慧栏目。SVT 2不是24小时播放,在特定时段才播出节目。

网址:http://www.svt.se/

3. 通讯社

- TT通讯社

由多家传媒集团共同所有。

网址:http://www.tt.se/

三、教育·科研

- 斯德哥尔摩大学媒体研究系

斯德哥尔摩大学(Stockholms Universitet)建校于1878年,是瑞典规模最大的综合类大学之一。媒体研究系(Institutionen För Mediestudier)于2012年由两个系和一个中心合并而来,属于人文科学院。现今,该系包括两个部门(新闻与媒介部门、电影研究部门)和一个研究中心(时尚研究中心)。2008年夏天,新闻、媒介与传播系与斯德哥尔摩大学共同主办了媒介与传播研究国际协会世界大会(IAMCR)。

媒体研究系招收海外留学生,设置了从本科到研究生全方位的英语课程,并提供相关学位。电影研究部门设置本科及研究生课程,其中硕士研究生课程每年开设一次,秋季入学。两年制的硕士研究生会在这里获得很多前沿知识、重要的研究方法以及关于运动图像和屏幕文化变迁领域的视角。媒体研究部门开设本科及研究生课程,两年制硕士研究生课程安排如下:第一学期的理论课程涉及当代学科领域和辩论的状况,如全球化研究与区域理论;第二学期提供诸如"媒介哲学""媒介与犯罪"等选修课程,也可以选择斯德哥尔摩大学其他院系的课程;在第二或第三学期,设置两堂必修课程——"研究伦理"和"学术英语";第三学期提供各种方法论课程,或侧重定性或侧重定量的方法;第四学期主要用来写论文,目标是争取在国际期刊上发表。时尚研究中心提供本科及研究生课程,包括"时装学""时尚研究"等课程。

媒体研究系有超过100名的教职员工,包括教授、副教授、博士生及博士后讲师等,其中电影研究部门教职员工35名,新闻与媒介部门教职员工50名,时尚研究中心教职员工20名。媒体研究系在电影方面的研究在瑞典处于领先地位,且享有很高的国际地位。2012年出版的研究成果有:《弱势群体与市场》(*Sårbaraochsäljbara*);《从拉尔斯·诺伦到布朗丁贝拉的现实文化》(*Realitykulturfrån Lars Norén till Blondinbella*);《创造世界:纪录片和超现实主义》(*Attuppfinnavärlden：Surrealism ochdokumentärfilm*)等。媒体研究部分2012年出版的研究成果有:《人们正在热议什么?》(*Vadärdetsomdiskuteras?*);《无意识的阶级自觉?从阶级角度探析大众对电视剧和新闻的接受程度》(*Unconscious Class Awareness? The Reception of Class Dimensions in Television Fiction and News*);《信源:互联网:建立在信源批判原则上的信息评估》(*Källa：Internet：attbedöma information utifrånkällkritiskaprinciper*)等。时尚研究中心进行的研究包括时尚的定义探讨、戏服、女装和时尚的区别等。

斯德哥尔摩是瑞典的首都和最大的城市,也是瑞典的经济、政治和文化中心,国家政府、国会以及皇宫等都坐落于此。它也是诺贝尔的故乡,市内的音乐厅正是诺贝尔奖金颁授的地方。斯德哥尔摩濒临波罗的海,位于梅伦湖入海口,风景优美,岛屿众多,有"北方威尼斯"之称,是享受盛名的风景旅游胜地。

网址:http://www.ims.su.se/

电话:+46 8 16 20 00(总机);+46 8 674 70 00(总机)

邮箱:Alberto.Tiscornia@su.se(系主任邮箱)

地址：Department of Media Studies, Box 27 861, S-115 93 STOCKHOLM, Sweden/Suède

- 哥德堡大学新闻、媒体与传播系

哥德堡大学（Göteborgshögskola）建立于1891年，是一所在多项领域都拥有一流研究水平的综合性大学，广受国际好评。该校的新闻、媒体与传播系（Journalistik, MedierochKommunikation, 简称为JMG）被誉为瑞典头牌新闻与传媒教育研究中心，其教学在整个北欧相关专业教学中都处于领先地位，新闻学科方面的课程更是在全国排名第一。该系由从前的新闻学院与从属于政治科学系的大众传播科于1990年合并而来，当时称作新闻与传播系，到2010年改为现用名。

新闻、媒体与传播系分为新闻学教育和媒体与传播研究两个方向。新闻学教育方向以"调查、解释和讲故事"为口号，为学生提供瑞典最顶尖的新闻学教育，致力于为学生打下坚实的从业基础，强调新闻从业者不仅要有灵敏的"新闻鼻"，还要注重自身综合素质的培养。该方向教学研究涉及所有的媒体领域，包括报纸、杂志、广播、电视和数字媒体，与媒体行业及研究人员紧密联系，密切关注社会问题。媒体与传播研究方向以"关注舆论"为口号，着力于从多个角度来研究人、媒体和传播及其之间的关系，既致力于巩固学生的理论基础和实践能力，也为学生面对今日新媒体环境提供新视角。该校提供完整和独立的课程，教学根源于社会科学，注重解决当下的社会问题。教师都拥有丰厚的传播领域的经验，也在与业界人士的密切联系中不断拓展和完善自身研究。

新闻、媒体与传播系拥有近50名员工。其中包括5名全职教授：根特·艾斯普（Kent Asp，专注于新闻与民主）、奥尼卡·德耶尔夫－皮埃尔（Monika Djerf-Pierre，专注于新闻、性别与媒体的历史）、马兹·埃克斯托姆（Mats Ekström，专注于政治传播、新闻、媒体话语和社会交往）、本特·约翰逊（Bengt Johansson，专注于新闻和政治传播）、伦纳特·韦伯（Lennart Weibull，专注于媒介历史、结构和受众）；5名副教授；还有几名助理教授、讲师、博士后和博士生。

新闻、媒体与传播系的研究强调社会科学视角，注重实践调研，拥有长期和短期的科研项目。长期科研项目通常由瑞典研究委员会等部门资助，而短期项目也常由各种公共机构资助，如媒体出版商协会、瑞典记者联盟等。如今研究的长期项目有两个:新闻与民主、媒体结构和媒体受众。许多资深的研究者也投入到了这两项研究项目当中。其他研究项目还有:新闻的商业化趋势、传播危机、媒体逻辑、明日媒体、媒体素养等。博士研究项目包括:小学中的信息与通信技术和媒介素养教育、媒体和移民、媒体与政府质量、社会记者等。

该系已经完成的科研项目有:权力的性别(Gender of Power)、媒体和禽流感(Media and the Bird Flu)、报纸记者和受众(Newspaper Journalists and their Audience)、新闻业中的女性新闻工作者(Women in Journalism)、儿童对报纸内容的理解(Children's Understanding of Newspaper Content)、免费日报的历史(History of Free Dailies)、成功报刊组织的领导(Leadership in Successful Newspaper Organizations)、媒体和海啸灾难(Media and the Tsunami Catastrophe)等。已经完成的博士科研项目包括:跨媒介新闻工作(Cross-Media News Work)、转型中的新闻业(Journalism in Transition)、记者和他们的受众(Journalists and their Audiences)、媒体和精神病学(Media and the Psychiatry)、报纸所有权的实践(The Practice of Newspaper Ownership)等。

歌德堡大学的大部分学院位于哥德堡市市中心。哥德堡市是瑞典第二大城市、瑞典的文化中心,也是斯堪的纳维亚最重要的港口城市。哥德堡市工业发达且日趋多样化,沃尔沃(Volvo)、爱立信微波系统公司(Ericsson Microwave Systems)等多家知名企业均落户于此。哥德堡市还是世界大型的纸浆和新闻纸的交易中心之一。哥德堡市是北欧对华贸易的先驱城市,因此一直有对华贸易的传统,如今更是上海的友好城市。

网址:http://www.jmg.gu.se/

电话:46(0)31 786 0000

邮箱:mailto:jmg@ jmg.gu.se

地址:Box 710, S 405 30, Gothenburg, Sweden

- 隆德大学媒体与传播系

隆德大学(Lunds Universitet)建立于1666年,是瑞典最大的综合大学,也是世界百强大学之一。媒体与传播系(Institutionenför Kommunikationoch Medier)属于社会科学学院,设有媒体与传播学、新闻学、媒体历史学以及修辞学等专业。

媒体与传播系为海外留学生设置了本科、硕士研究生以及博士研究生课程,并提供相关学位。该系新闻学、媒体历史、媒体与传播学的大部分本科课程都以瑞典语教学为主,媒体与传播学的研究生课程设置有英语课程。媒介历史学自20世纪70年代便设立了,是一门理论学科,从历史的视角来洞察媒介演变。在隆德大学,媒介与传播学是作为一门独立课程来教学的。通过学习,学生能够了解到互联网对民主的重要性,以及电视媒介、新闻评价的原则、消费与生活方式、组织和战略传播等知识。在修辞学课程中,学生学习如何通过媒介,使用话语和文字以达到说服的目的,包括口头和书面的练习。修辞学也关注电影、图片、行为等方面的修辞。

媒体与传播系共有超过40名的教职员工,其中包括新闻学教师5名、媒介历史学教师8名、媒介与传播学教师15名、修辞学教师7名,以及其他教职员工7名,师资力量雄厚。媒体历史学方面如今研究的项目包括:19世纪的名人建构、第二次世界大战期间的亲德国媒体网站研究、千年之交网络新闻报纸的兴起等。媒体与传播学研究的项目包括:儿童体验网络广告,卡罗林娜·马尔蒂纳兹(Carolina Martinez);图像内容与图像感知是如何相关联的,雅娜·霍尔萨诺瓦(Jana Holsanova)等。

隆德大学位于斯科讷省隆德市,该市建立于1990年左右,曾为北欧的基督教中心,至今保存着很多古老和著名的建筑,如隆德大教堂等。

网址:http://www.kom.lu.se/

电话:+46 46 222 00 00

邮箱:Exp@kom.lu.se(联系人:Linda Troein)

地址:Department of Communication and Media, Lund University, SE-221 00, Lund, Sweden

- 乌普萨拉大学信息与媒体系

乌普萨拉大学(Uppsala universitet)建立于1477年,是瑞典乃至北欧最古老的大学,先后有15位瑞典国王在此接受教育。乌普萨拉大学居世界百强大学之列,是世界诺贝尔奖获得者众多的大学之一。乌普萨拉大学的信息与媒体系(Institutionen förinformatikoch media)隶属于社会科学系,教学科目包括信息系统学、人机交互学以及媒介与传播研究。

信息系统学研究是基于信息技术基础上的信息系统的应用、建模以及发展。人机交互学着眼于人与信息、通信和技术之间的交互关系。媒介和传播研究从社会和文化的角度出发,研究媒介历史、媒介政治、媒介经济、媒介文化、媒介使用和媒介效应等。

至2012年,信息与媒体系有超过70名的教职员工,包括教授、副教授、博士生及博士后讲师等,师资力量雄厚。克里斯蒂安·福斯(Christian Fuchs)是信息与媒体系的教授,在媒介与传播研究方面卓有成就,发表了很多著述。他是《全球可持续发展信息社会》期刊(*Journal for a Global Sustainable Information Society*,http://www.triple-c.at)的编辑,信息通信技术与社会网站(the ICTs and Society network,http://www.icts-and-society.net)的创始人之一,欧洲社会学协会的18号网络研究(the European Sociological Association's Research Network 18)——传播与媒介研究社会学的主席。

信息与媒体系的研究成果颇丰,信息系统目前的研究方向包括:社会媒介(Social Media)、绿色信息技术(green IT)、软件工程(Software Engineering)、交通运输系统(Transport Systems)、电子医疗(E-health)等。媒介与传播研究主要专注于两个研究领域:重要媒介和传播研究(Critical Media and Communication Studies),电子媒介、社会媒介与Web 2.0、网络与社会(Digital Media,Social Media and Web 2.0,the Internet and Society)。人机交互领域研究方向包括:人与数字技术的交互关系的研究(the Study of the Interaction between Humans and Digital Technologies),服务与平台的交互反过来塑造新的数字化使用模式与新的数字化实践(Services and Platforms — Interaction that in Turn Shapes New Digital Use Patterns and New Digital Practices)。

2012年发表的论文或研究报告有:《开放式创新软件的持续影响》("Sustainability Impact of Open Innovation Software", Bengtsson, F., Eriksson Lundström, J., Sjöström, S., Hrastinski, S., Ozan, H),《组合、改编和软件应用:智能手机与移动游戏》("Assemblage, Adaptation and Apps: Smartphones and Mobile Gaming", Christensen, C., Prax, P.),《服务于社会的深度封包检测互联网监控的启示报告》("Implication of Deep Packet Inspection (DPI) Internet Surveillance for

Society. Report",Fuchs,C.)等。

2012 年出版的书籍有:《管理开放创新科技》(*Managing Open Innovation Technologies*,Eriksson Lundström,J.,Wiberg,M.,Hrastinski,S.,Edenius,M.,Ågerfalk,P.),《Web 2.0 的监测与艺术》(*Web 2.0 Surveillance and Art*,Fuchs,C.),《媒介、战争与信息技术》(*Media,War and Information Technology*,Fuchs,C.)等。

乌普萨拉市位于瑞典东部,风景秀丽,植被繁茂,是瑞典第四大城市,也是该国的宗教中心,距离首都斯德哥尔摩约 70 公里。乌普萨拉市是瑞典旧王朝的故都,因此保留了很多古老的历史建筑。乌普萨拉市诞生了许多名人,如著名的物理学家、天文学家、摄氏度的发明者——安德斯·摄尔修斯,现代生物学分类命名的奠基人——卡尔·林奈等。

网址:http://www.im.uu.se/

电话:+46(0)18-471 1010,+46(0)18-471 1011

邮箱:info@im.uu.se

地址:Box 513,751 20 UPPSALA,Sweden

- 于默奥大学媒体与文化研究系

于默奥大学(UmeåUniversitet)建立于 1965 年,是瑞典第五古老的公立大学。媒体与文化研究系(Institutionen för kultur- och medievetenskaper)是一个融多种学科于教学和研究的系,师资力量雄厚,课程丰富。

媒体与文化研究系包括戏剧-剧场-电影学、民族学、文化学、艺术史、文学研究、电影剧本、电视和新媒体、博物馆学、媒介与传播研究、文化新闻学和科学新闻学等学科。该系招收海外留学生,设置本科、硕士研究生、博士研究生、博士后课程以及交换生项目课程,并提供相关学位和文凭。

媒体与文化研究系拥有超过 100 名的教职员工,包括教授、副教授、博士生及博士后讲师等,师资力量雄厚。媒体与文化研究系的研究通常都是跨学科的,中心研究领域包括:性别研究、通俗文学、青年学、新闻、文化遗产与文化政策、多元文化研究、文化与传播的政治学、媒介修辞、人际传播、摄影等。

2012 年媒体与文化研究系发表了多篇论文,如:《观众与敏感性评估的重要性》(*Om betraktarensbetydelseochkänsligaomdömen / On the significance of the Viewer and Sensitive Assessments*),作者为 Eriksson 和 Ann-Catrine;《是否过度依赖社会媒体？HSB 的战略、Facebook 和 Twitter 的目标与愿景以及个中成员如何应对组织机构的研究》(*Finns det en övertropåsocialamedier?：En studieav HSBs strategier, målochvisioner med Facebook och Twitter samth urmedlem marnabem öterorganisation eninom kana lerna*),作者为 Nilsson,Linda;《免费影院的陈辞：一项关于报纸与小报中的免费电影院的研究》(*Representation eravdet friat eater livet.：En studieav de friatea trarnaidags- ochkvällstidningar*),作者为 Forslund,Jenny。

于默奥市邻近波的尼亚湾,是瑞典北部最大的港口城市,发展迅速,交通便利。该市被称作瑞典的大学城,拥有两所大学及超过 3 万名学生。于默奥市的市民和企业都注重环保,又有"桦树之城"的美誉。

网址:http://www.kultmed.umu.se/

电话:46(0)90-786 50 00

系招生办负责人邮箱:ulla.westermark@kultmed.umu.se

国际招生负责人邮箱:ann-catrine.eriksson@arthist.umu.se

地址:Umeå university,SE-901 87 Umeå,Sweden

四、管理·规制

1. 管理机构

- 瑞典传媒议会

瑞典传媒议会是瑞典最重要的新闻监管机构,每年会在固定时间总结当年媒体报道新闻的情况并作出相应举措。

2. 法律法规

- 《瑞典广播电视报纸伦理法典》(*Sweden's Code of Ethics for Press, Radio and Television*)

《瑞典广播电视报纸伦理法典》规定:媒体有足够的自由报道新闻,并且可以对当前政府、社会以及政策上的不足提出任何的批评和意见,给予了充分自由的权利。该法典还规定媒体同时也应该履行报道事实的义务。这要求媒体报道新闻事实必须做到准确和客观。另外,该法典还强调保护个人的隐私权不受外界干扰,所以媒体必须注意避免干扰到个人的隐私,除非该个人隐私已经触犯了公共利益。

瑞 士
Switzerland

一、国家概况

瑞士是位于欧洲中南部的多山内陆国。东界奥地利、列支敦士登,南邻意大利,西接法国,北连德国。人口数量达 770.02 万(2009 年),其中瑞士籍人口占 79.8%,外籍人口占 20.2%。瑞士应用的语言共四种:德语、法语、意大利语及英语。

瑞士有大量地方性报纸,但没有全国性报纸。地区性报纸市场虽然大,但是主要依靠广告收入。在过去十年,瑞士报纸的读者量大体上没有大幅度变化,仍然有相当的竞争力。瑞士使用多语言,也是多文化的国家,电台使用不同语言向各地播放。有 6 个国家电台和 4 家地方电台,用 16 个频道向听众提供地方新闻。2008 年每年一共播出 159610 个小时。瑞士电视消费率低,人们平均每天看 147 分钟的电视。2008 年,32% 的市场被国家电视台占据,私营电视台还不到 8%,而国外的频道占据 60%。瑞士互联网普及程度从 1997 年的 7% 增至 2009 年的 73%。不同的使用情况主要依据个人收入和人口特点。在瑞士所有较大的城镇都有网吧,方便本地居民和外来游客上网。

二、主流媒体

1. 报刊

- 《一瞥报》(*Blick*)

《一瞥报》是瑞士发行量最大的报纸,归荣格集团所有。该报创刊于1959年,总部位于苏黎世,每期发行量约32万份,读者约75万。

网址:http://www.blick.ch/

- 《新苏黎世报》(*Neue Zürcher Zeitung*)

《新苏黎世报》创刊于1780年,历史悠久,是瑞士最大的报纸。起初名为《苏黎世报》,1821年改为现名,发行量为17万份,每天出版。该报以报道国际政治、经济、金融新闻见长,在欧洲德语区有着广泛影响。在传统报纸的基础上与国外报业集团联合,向苏黎世推出了《20分钟报》和《首都报》两份小版面报纸。

《新苏黎世报》在国际宣传方面比较突出,它一年刊登的关于国际问题的报道和文章超过5万篇,平均每天有100篇以上。有家"国际新闻研究所"曾作过统计,它刊载的国际新闻数量比其他6国23家性质相近报纸平均多一倍。它的国际新闻来源主要是由其驻外特派记者和在外国聘请的兼职记者提供,还从美联社、合众国际社、法新社等处获得稿源。

《新苏黎世报》对国内报道也很重视,投入大量人力,在国内报道方面有两个比较引人注意的特点,一个是它的经济、金融、贸易报道(该报报名底下有个副标题,叫《瑞士财贸报》),另一个是它对联邦、州议会和法院的报道。

该报大部分订户为工商界和政界人士,大多数读者年龄在30—49岁之间,他们具有中等以上收入,主要是政府官员、实业家、经理、店主和家庭妇女,学生读者约占读者总数的6%。

网址:http://www.nzz.ch/

- 《每日导报》(*Tages-Anzeiger*, *Tagi* 或 *TA*)

《每日导报》创立于1893年,在苏黎世出版,是瑞士全国性德语日报。该报拥有的读者人数达到 55 万，是瑞士拥有读者量最多的报纸之一。虽然在经济和政治上都保持独立，但该报还是保持亲政府的左派政治立场。

《每日导报》分为好几个版面，第一版主要是国内和世界新闻，第二版是地方新闻，第三版是文化和社会版面，第四版是经济和体育新闻。有时也会增加特别版，报道比如选举之类的大事件。

网址：http://www.tagesanzeiger.ch/

- 《时报》(*Le Temps*)

《时报》成立于 1998 年，在日内瓦发行，是瑞士法语地区影响较大的报纸之一。《时报》由《日内瓦日报》《洛桑日报》《新日报》等合并而成，其读者多为受教育程度较高的政治、经济、外交和学术界人士。周一到周六发行，有几个副刊：周四为文化日报（Sortir），周五为工作与管理（Carrières），周六为周六文化（Samedi Culturel）以及周末特别版、专题特别版，还有网络数字应用程序客户端。《时报》50% 的股份由瑞士博施出版集团所有，另外 50% 归荣格集团所有。该报有自己的广告公司——时报传媒。

网址：http://www.letemps.ch/

- 《日内瓦论坛报》(*Tribune de Genève*)

《日内瓦论坛报》通常称为《茱莉报》(*La Julie*)，系无党派报纸，标榜"中立"，是瑞士的主要法语报纸之一。

《日内瓦论坛报》于 1879 年 2 月 1 日创刊，截止到 2007 年，发行量 67151 份，拥有读者数 175000 人。该报与《24 小时》报共享新闻资源，其网络版还有部分英语新闻。45% 的《日内瓦论坛报》通过报亭销售，其余放在自动售报箱销售。

网址：http://www.tdg.ch/

- 《24 小时》(*24 heures*)

《24 小时》于 1762 年创刊，发行量 86153 份，读者量 245000 人，是瑞士报纸中发行量最大的，用法语出版发行。从 2005 年 2 月 25 日开始，有四种地方版本，每个版本以州的特别地域分成几个章节。

网址：http://www.24heures.ch/

- 《晨报》(Le Matin)

《晨报》在洛桑出版,是瑞士的主要法语报纸之一。发行量69350份,读者数为331000。《晨报》的周日版《周日晨报》(Le Matin dimanche)发行量207945份。

网址:http://www.lematin.ch/

- 《提契诺报》(Corriere del Ticino)

《提契诺报》在瑞士南部提契诺州出版,为意大利语日报,发行量4万份。

网址:http://www.cdt.ch/

2. 广电类媒体

瑞士有2个德语电视台(设在苏黎世)、2个法语电视台(设在日内瓦)、2个意大利语电视台(设在卢加诺)。六个电视台的第一频道均为综合节目频道,第二频道均为辅助性频道,新闻节目的编播体制也大致相同。此外,瑞士还有14家地方电视台,播放时间一般较短。

- 瑞士电视台(SF)

瑞士电视台属瑞士公共广播电视公司,其电视节目类型包括地方节目和美国黄金时间节目秀。

网址:http://www.sf.tv/

- TSR

TSR于1954年11月1日开播,是瑞士第一家法语电视台。1968年,RTS开始播放彩色电视节目,1985年与TSR创办TV5,专门用于互联网播出。

网址:http://www.rts.ch/

- 瑞士罗曼电台(Radio Suisse Romande,RSR)

瑞士罗曼电台是瑞士法语地区最有影响力的电台,使用法语播报,听众可以收听 La 1ère,Espace 2,Couleur3 和 Option Musique 四个不同类型的频道。La 1ère 主要以时事、深度报道、娱乐及音乐为主;Espace 2 为文艺频道,着重于音乐及文化领域;Couleur3 主要针对青少年,内容以摇滚及流行音乐为主;Option Musique 着重于40年代后期的法国香颂歌曲。

网址:http://www.rts.ch/

- 瑞士国际广播电台(SR – DRS)

瑞士国际广播电台于1931年开播,总部在苏黎世,是瑞士第一家德语电台。该台覆盖全瑞士,通过调频、数字音频、电缆和卫星播送,网络同步直播收听。

瑞士国际广播电台的节目主要是新闻和娱乐节目,同时也有讽刺文学、游戏和儿童节目。该台用官方语言和英语、西班牙语及阿拉伯语制作节目,播出内容有瑞士新闻和国际新闻、瑞士对国际事件的专题分析等,通过无线电短波、卫星向国外传送。

网址:http://www.drs.ch/www/de/drs/nachrichten.html

- 荣格集团(Ringier AG)

荣格集团创立于1883年,是瑞士最大的综合性媒体集团,总部设在苏黎世,全球拥有员工8000多人,2009年实现销售额12.96亿瑞郎。

荣格集团是一个跨国多媒体集团,始创于1833年,该集团目前已是瑞士最大、最具国际性的媒体企业,运营着众多平面、电视、广播、网络及移动媒体品牌,在出版、娱乐及互联网业务领域占据重要地位。作为一家家族企业,现由荣格家族第五代传人掌管,集团董事长为荣格家族的迈克尔·荣格(Michael Ringier)先生,首席执行官为马克·沃尔德(Marc Walder)先生。

荣格集团在中国的业务发展可以追溯至20世纪90年代初,目前在中国运营四家公司:荣格(中国)广告有限公司、亚洲飞航杂志有限公司、荣格贸易出版有限公司、泰业(香港)有限公司。

网址:http://www.ringier.ch/

- 瑞士公共广播电视公司(SRG SSR)

瑞士公共广播电视公司成立于1931年,是一个全国性的广播电视领导机构,总部设在伯尔尼,其余分支机构设在苏黎世、日内瓦和联邦大厦。它受联邦政府委托,协调和管理全国广播电台和电视台的行政业务和对外联络等,有来自24个国家的200多名工作人员在集团内任职。

瑞士公共广播电视公司于1997年开播,享有联邦广播特许权,一是瑞士广播电视特许状,它是对从事国内电台广播电视服务的许可文件;二是瑞士国际广播特许状,它是对从事国内电台广播服务的许可文件。瑞士公共广播电视公司负责用四种官方语言制作和播送广播和电视节目。由于广播电视宣传具有很强的垄断性,联邦要求广播电视公司必须承诺对国家和社会负责。

- 瑞士广播公司(SBC)

瑞士广播公司为私营的非营利性公司,拥有雇员约 7000 人,总部设在伯尔尼。公司作为全国性兼地方性机构,享有联邦政府授予的广播特许权,在考虑民族状况和文化多样性的基础上,SBC 负责用本国通行的四种语言制作和播放广播和电视节目,为社会公众提供服务。

3. 通讯社

- 瑞士通讯社(ATS)

瑞士通讯社于 1894 年成立,总部在伯尼尔,是瑞士唯一的国家通讯社。该社最早由《日内瓦日报》《新苏黎世报》《巴塞尔消息报》《洛桑日报》等联合组成,是一家股份制公司。

瑞士通讯社实际上是一个半官方通讯社,联邦政府每年资助 10%,为近 40 家报社提供服务,在各主要城市和联合国派驻记者,用德语、法语、意大利语和英语发布新闻,提供国内外政治、经济、文化、社会等各类消息。

瑞士通讯社不仅为外国通讯社提供瑞士新闻,还向瑞士各大报社转发外国通讯社的新闻,如经常转发法国新闻社、德国新闻社、英国新闻社、美国合众国际社的新闻,有时也转发欧洲其他小通讯社的新闻。2010 年 1 月,瑞士通讯社与美联社联合,为大众媒体提供信息。

网址:http://www.sda.ch/d/

- 瑞士政治通讯社(CPS)

瑞士政治通讯社成立于 1917 年,起初名为"瑞士中层通讯社",主要为中产阶级服务,为小报提供新闻述评。

三、教育·科研

瑞士大学能够提供新闻媒体研究的主要学习项目有:

巴塞尔大学媒体研究院（Institute for Media Studies at the University of Basle）、伯尔尼大学媒体研究院（Institute for Media Studies at the University of Berne）、弗里堡大学新闻与传播研究院（Institute for Journalism and Communication Study at the University of Fribourg）、日内瓦大学传播与媒体研究院（Communication and Media Studies at the University of Geneva）、洛桑大学大众传播社会学研究院（Institute for Mass Communication Sociology at the University of Lausanne）、卢加诺大学传播学系（Communication Science Department at the University of Lugano）、卢塞恩大学传播与文化研究院（Institute for Communication and Culture at the University of Lucern）、纳沙泰尔大学新闻传播研究院（Institute for Journalism and Communication at the University of Neuchâtel）、苏黎世大学出版与媒体研究研究院（Institute for Publishing and Media Research at the University of Zurich）、圣加伦大学媒体与传播管理研究院（Institute for Media and Communication Management at the University of St. Gallen）。

四、管理·规制

1. 管理机构

- 联邦传播办公室、传播能源部

负责监督瑞士广播和电视的播出。

- UBI（节目投诉独立机关）

该机构处理节目投诉，共有11名委员。委员们根据职业规范和社会价值对具体的节目进行判断。一般的程序是：在节目播出的20天之内，任何人都可以对播放该节目的广播商的调解机构（即监察专员）提出投诉。监察专员将对投诉的问题进行调查并进行协调。如果投诉人对监察专员的调查结果不满，可以向UBI进行投诉，投诉必须由20人以上联合署名。投诉人可以向联邦法院提出对UBI最后决定的诉讼。UBI的投诉程序原本为确保新闻报道准则而设立，但由于通过律师进行投诉的数量逐渐增多，有些投诉就进入了法律范围。监察专员和UBI必须以负责任的方式，权衡节目制作者和观众的言论自由以及电子媒体向受众传播信息的责任之间的关系。

2. 法律法规

《瑞典新闻出版法》呼应宪法的要求,尤其保障"出版、广播、电视的自由以及其他形式的公共产品和信息的大众传播的自由"。瑞士在立法传统上注意保持新闻出版机构的多样性。1995年关于卡特尔和其他竞争限制的联邦法案规定:超过一定额度限制的有计划的合并和接管必须通知竞争委员会。其他许多法律法规的创立也都间接与经济意义上的新闻自由有关,如1986年《反不正当竞争法》、1992年《信息保护联邦法》等。

土耳其
Turkey

一、国家概况

土耳其共和国位于西亚和南欧，国土包括西亚的安纳托利亚半岛以及巴尔干半岛的东色雷斯地区，是一个横跨欧亚两洲的国家。北临黑海，南临地中海，东南与叙利亚、伊拉克接壤，西临爱琴海，并与希腊和保加利亚接壤，东部与格鲁吉亚、亚美尼亚、阿塞拜疆和伊朗接壤。国土面积783562平方公里，首都安卡拉。人口数量为74724269（2011年），官方语言为土耳其语。

与人口总数相比，土耳其读报的人数相对较少。主要的全国性日报有《时代报》（*Zaman*）、《邮报》（*Posta*）、《自由报》、《晨报》（*Sabah*）、《国民报》和《新土耳其人报》（*Haber Türk*）。土耳其的媒体主要由大的多部门集团所控制，比如多甘集团（Doğan Group）、绿松石集团（Turkuvaz）、肯纳集团（Ciner Group）、库丘罗瓦集团（Çukurova Group）、耶稣诞生集团（Doğuş Group）和费扎集团（Feza Group）。对期刊杂志感兴趣的土耳其人总数比较少。卖得最好的是《行动》（*Aksiyon*）新闻杂志，属于费扎集团。1927年土耳其出现广播，现在大约有1100家私营广播频道，其中36家是全国性的，102家是地方性的，还有950家是当地的广播台。土耳其广播电视公司（TRT，Turkish Radio and Television Corporation）下设4个全国广播频道：Radyo 1（综合频道）、Radyo 2（TRT-FM，土耳其传统音乐、民乐、流行乐频道）、Radyo 3（传统音乐、爵士、西方流行乐、英法德语新闻频道）和 Radyo 4（土耳其音乐频道)。TRT 的国际广播土耳其之声(Türkiye'nin Sesi,The Voice of Turkey)用 26 种语言播出。私营广播台大多提供音乐节目,最受欢迎的有 Kral FM（土耳其流行乐）、Süper FM（西方流行乐）、Metro FM（西方流行乐）。电视是土耳其信息与娱乐的主要来源。现在有 24 家全国性的电视台、16 家地方电视台、215 家本土电视台。公营的土耳其广播电视公司(TRT)成立于 1964 年,下设 11 个频道：TRT 1（综合频道）、TRT 2（文化艺术）、TRT 3（青年频道,有体育、音乐节目和特殊时间的国会会议内容）、TRT 4（教育）、TRT Müzik（音乐）。TRT 同样为土耳其东南部地区开设地方台 TRT-GAP,还有两大国际频道 TRT-TÜRK（针对欧洲、美国和澳大利亚）、TRT-AVAZ（针对中亚、高加索地区）。2009 年开设了 TRT 6 库尔德语频道。最受欢迎的私营电视台有 ATV、Kanal D、Show TV、Star TV 和 TGRT。2008 年,土耳其有 2600 多万网民,所有的全国性报纸和电视频道都有网络版并且每日更新。

二、主流媒体

1. 报刊

- 《自由报》(*Hürriyet*)

《自由报》创办于 1948 年,是土耳其发行量最大的报纸之一。到 2013 年发行量达到每天 40 万份。该报纸拥有最主流、自由和全国性的视野,总部设在伊斯坦布尔。

网址：http://www.hurriyet.com.tr/anasayfa/

- 《国民报》(*Milliyet*)

《国民报》是土耳其一家最主要的日报,成立于 1950 年,政治立场偏右中翼,日发行量达到 18 万。

网址：http://www.milliyet.com.tr/Haber/index.html

- 《塔拉夫报》(*Taraf*)

"塔拉夫"的含义是"边",代表土耳其的自由派力量。创办于 2007 年 12 月 15 日,从 2007 年开始在全国范围内发行。

网址：http://taraf.com.tr/

- 《共和报》(*Cumhuriyet*)

《共和报》创办于1924年5月7日，是土耳其一家代表左中力量的自由报纸，总部设在伊斯坦布尔，日发行量5万份。

网址：http://www.cumhuriyet.com.tr/

2. 广播电视

- 土耳其国家广播电视台(TRT)

土耳其国家广播电视台，简称TRT台，创办于1964年5月1日。在土耳其的广播电视领域占据主导地位。

网址：http://www.trt.net.tr/anasayfa/anasayfa.aspx

- SHOW TV

SHOW TV是土耳其一家全国性电视频道，隶属于CiNER传媒集团，2013年被库丘罗瓦(Cukurova)传媒集团收购。创办于1991年3月1日，总部设在伊斯坦布尔。

网址：http://www.showtvnet.com/

三、教育·科研

- 翁多库兹马伊斯大学(Ondokuz Mayıs University)

翁多库兹马伊斯大学是土耳其优秀的传媒教育和科研机构，创办于1975年4月1日，总部设在萨姆松(Samsun)市。

网址：http://omu.edu.tr/

四、管理·规制

- 广播电视最高委员会(RTüK)

1994年4月13日，期待已久的《广播电视创建与播送法》开始生效。该法建立了广播电视最高委员会(RTüK),作为商业广播电台的调节器,委员会包括九名由议会任命的成员。委员会负责频率的分配和许可证的颁发,并监督广播电台遵守法律。然而,法律的制定并没有像期待的那样解决很多问题。广播电视最高委员会在促进产业健康发展方面是不起作用的。目前,所有地面广播和电视广播仍然在没有任何许可证的情况下运作。

- 电讯管理局(TK)

2000年初,信息和通信市场的自由化,特别是土耳其电信(TT),已成为人们激烈辩论的主题。作为一个负责调节和监管电信部门的独立机构,电讯管理局(TK)于2000年成立。它成立背后的主要动机是,在电信部门自由化与私有化过程中,成立一个促进和监测各公司能力的独立管理机构。

2002年广播法修订之后,为广播电视分配频率的工作就从最高委员会转到了电信管理局。这种发展显示出,在土耳其,信息和通信市场将不再被孤立看待;融合将成为争论的焦点。然而,在实践中,尽管通信技术融合,管理仍然是分离的。目前,除了发行电讯牌照,电讯管理局负责调节电磁频谱,而最高委员会保留授予广播牌照的权力。TK提出的频率计划必须经最高通信委员会批准。

- 最高通讯委员会(HYK)

作为一个批准通讯政策的机构,最高通讯委员会(HYK)于1983年建立。该委员会是一个由内政部长、交通部长、国家情报组织局副局长、总参谋部电子通信分部领导人组成的董事局,委员会在首相(或由总理授权的国务部长)的主持下召开会议。

最高通讯委员会可以批准电讯管理局提出的广播电视频率规划,也可以要求修改。当频率资源可能被拍卖的时候,委员会还多少可以再作出一些决定。然后,最高通讯委员会命令广播电视最高委员会继续招标。理论上,最高通讯委员会还具有协调电讯管理局、广播电视最高委员会、土耳其广播电视公司和土耳其电信之间关系的作用。然而,在实践中,这并不等于实际的情况,因为最高通讯委员会不是一个组织,只是一个委员会,且每年只召开两次会议。

乌克兰
Ukraine

一、国家概况

乌克兰位于欧洲东部,是欧洲除俄罗斯外面积最大的国家,东连俄罗斯、南接黑海,北与白俄罗斯毗邻,西与波兰、斯洛伐克、匈牙利、罗马尼亚和摩尔多瓦诸国相连。国土面积603700平方公里,首都基辅。人口数量为4555万(2013年),官方语言为乌克兰语。

乌克兰的许多媒体都是私营媒体,电视在传媒领域占统治地位。在纸质媒体方面,据官方统计,乌克兰有3万份期刊,其中4000份每年至少发行一次,四分之三的纸媒市场被几大出版商占领:外资出版商布尔达-乌克兰公司(Burda-Ukraine)和乌克兰埃迪普传媒出版公司(EdipPress-Ukraine)以及国内出版商赛戈德尼亚多媒体集团(Segodnya-multimedia)、事实与评论(Fakty i Kommentrarii)等。乌克兰发行量最大的出版物是以性别定位的休闲杂志和新闻杂志。许多报纸都有乌克兰语和俄语双语版。在广播方面,大部分广播台属于大型的传媒公司,主要包括:拥有香颂(Chanson)音乐电台等的商业电台集团(Business Radio Group)、拥有纳什电台(Nashe Radio)和NRJ电台的媒体集团、拥有Russkoe Radio,KISS FM等的Tavr Media以及拥有RetroFM,Autoradio等的乌克兰传媒集团(Ukrainian Media Holding)。商业电视,尤其是Inter TV和1+1台吸引了大多数观众。截止到2011年,乌克兰的网民数有1530万人。互联网在乌克兰是很受欢迎的信息渠道,有十几家重要的网站,其态度有的中立,有的倾向于反对派,有的倾向于支持政府。

二、主流媒体

1. 报刊

- 《事实报》(Fakty i Kommentarii)

《事实报》创建于 1997 年,日最高发行量 84 万份,是乌克兰发行量最大的报纸,也是乌克兰唯一一家每天在 9 个地区印刷的报纸。

网址:http://www.facts.kiev.ua/

- 《政府信使报》(Governmental Courier)

《政府信使报》于 1990 年创办,为乌克兰政府机关报,日发行量约 10.5 万份,是乌克兰发行量较大的三家报纸之一。

网址:http://www.ukurier.gov.ua/uk/

- 《乌克兰之声》(Holos Ukrayiny)

《乌克兰之声》为议会机关报,1991 年创刊,分俄文版和乌克兰文版,日发行量近 12 万份。

网址:http://uamedia.visti.net/golos_ukrainy

- 《日报》(Den)

《日报》为私营报纸,1996 年创刊,用俄文和乌克兰文发行,日发行量 8 万份。

网址:http://www.day.kiev.ua/uk

- 《基辅导报》(Kievskiye Vedomosti)

《基辅导报》于 1992 年创刊,日发行量 12 万份。

网址:http://www.kv.com.ua/

- 《镜报》(Mirror Weekly)

《镜报》于 1994 年创办,为私营政治评论周刊,周发行量约 6 万份。

网址:http://dt.ua/

2. 广播电视

目前,乌克兰共有 20 多家电视台,影响较大的有乌克兰国家电视 1 台、乌克兰国家电视 2 台、国际电视台、现代电视台、"新频道"电视台、"1+1"电视台、"ICTV

电视台和基辅电视台等。"新频道"电视台和"ICTV"电视台以新闻、综艺节目为主,每天播放约 10 小时的俄语节目。"1+1"电视台和基辅电视台每天播放约 13 小时的乌克兰语节目。除国家电视 1 台、2 台由国家财政拨款外,其余电视台均为私营股份制电视台。

乌克兰国内共有 40 多个电台,影响较大的有:乌克兰国家广播公司、基辅市广播电台、"自由"电台、"金门"电台等。

- 乌克兰国家电视 1 台

乌克兰国家电视 1 台成立于原苏联时期,用乌克兰语播出,每天播出时间约 20 小时。覆盖率和收视率均居首位,分别达 100%、98%。

- 国家电视 2 台

国家电视 2 台每天播出时间约 12 小时,其中 4 小时播放官方的乌克兰语节目,8 小时用于播放私营电视台节目。

- 国际电视台

国际电视台由乌克兰独立电视集团于 1996 年创办,是乌克兰最大的私营电视台,覆盖率和收视率分别为 65%、85%。每天播出时间 16 小时,其中 70% 为乌克兰语节目,30% 为俄语节目。

- 现代电视台

现代电视台成立于 1997 年,有 8 个栏目,覆盖乌克兰 24 个州及所有大中城市,观众近 3000 万。该台还通过卫星向西欧、东南欧、俄罗斯传送节目。

- 乌克兰国家广播公司

乌克兰国家广播公司创建于 1924 年,共 4 套节目,每天播出 94.5 小时,覆盖乌克兰全境。

3. 通讯社

- 乌克兰国家通讯社(УКРıНФОРМ 或 UKRINFORM,简称乌通社)

乌通社创建于 1918 年,每天用乌克兰语、俄语、英语、德语四种语言发布消息,向乌克兰政府机关、500 多家新闻机构、社会团体、企业、驻乌克兰外交使团提供新闻稿。乌克兰通讯社是"欧洲通讯社联盟"成员,目前在中国、俄罗斯、美国、英国等十多个国家有常驻记者。

网址:http://www.ukrinform.ua/

三、教育·科研

● 新闻学院(Institute of Journalism)

该校的前身是苏联时期基辅大学(Kiev University)的新闻学院,当时,进入该学院学习是成为记者的主要渠道。乌克兰独立后,基辅大学更名为国立基辅塔拉斯谢甫琴科大学(T. G. Shevchenko National University),原来的新闻学院成为独立的新闻学院,每年大约有140—150名记者从这里毕业。但70%的毕业生做的工作都与媒体无关,现在从乌克兰许多大学其他专业毕业的学生也可以进入媒体工作。

四、管理·规制

1. 法律法规

乌克兰议会颁布了一系列法律,这些法律规定了大众传媒的管理体制,并为其工作创立了法律基础。这些法律主要覆盖以下方面:广播电视、广播电视全国委员会、信息、广告、纸质媒体、乌克兰境内广播调频资源、国家对媒体和记者社会保障的支持、对国家权力机构活动以及地方自治体、公共电视体制的报道程序。

2. 管理机构

● 乌克兰全国广播电视委员会

该委员会是负责大众传媒的主要机关,其主要职责是确保特许经营者遵守法律和颁发许可证。乌克兰议会和总统在该机构成员任命中有等量的投票权。

● 乌克兰全国委员会

主要监督国有广播电视媒体。

● 全国士气专家委员会(National Expert Commission on Morale)

该委员会是由政府建立的咨询机构。尽管该委员会制定的政策并不具有强制性,但全国广播电视委员会"建议"各电台执行,所以政策的推行实际上不可避免。

英 国
United Kingdom

一、国家概况

大不列颠及北爱尔兰联合王国由英格兰、苏格兰、威尔士和北爱尔兰组成,是一个位于欧洲西北部大不列颠群岛的君主立宪制国家。国土面积244820平方公里,首都伦敦。人口62262000(2010年),官方语言为英语。

英国媒体发展成熟,基本可以在全球排第二位,位于美国之后。英国有11家日报、11种周报。大约有70%的成年人读报。所有全国性的报纸由8家公司所有,最大的是国际新闻集团(News International)和每日邮报集团(Daily Mail And General Trust,简称DMGT)。超过90%的英国人收听广播,BBC目前有10家全国性广播电视台,6家民族地区电台(分布在威尔士、苏格兰和北爱尔兰地区),40个地方电台,以及1个全球服务电台;10个公营电视频道,11个海外电视频道,以及BBC世界新闻频道(BBC World News)。有约300个商业电台在全国范围内广播,最大的一家是Classic FM。超过90%的英国家庭拥有多频道电视,可以收到近500个频道。英国有4家主要的公营电视台:BBC、独立电视台(ITV)、4频道和5频道。新闻集团(NewsCorp)的英国天空电视台(BskyB)是主要的卫星提供者,下设26个频道。公营电视正在引领对多频道收费的趋势。90%的英国家庭有数字电视,英国已经是一个数字化的国家。80%的居民是互联网用户。访问最多的是Google.com、Ask.com、MSN/Live Search和Yahoo!。BBC的网站也保持着很高的访问量。

二、主流媒体

1. 报刊

- 《泰晤士报》(Times)

该报1785年由印刷商约翰·沃尔特在伦敦创办,誉为"世界第一大报纸"(the First Newspaper in the World)。《泰晤士报》是英国最大的全国性日报,它和《星期日时报》都由泰晤士报业公司出版发行。该公司隶属于美籍澳大利亚报业巨头鲁玻特·默多克(Rupert Murdoch)所掌管的国际新闻集团。该报一向消息准确、社论严肃,在全球有很高的知名度。传统上,该报一向支持保守党,但在2001年和2005年的大选中,却转而支持工党。

《泰晤士报》创刊时的名字叫《每日天下记事》(The Daily Universal Register)。1788年1月1日,在出版了940期之后,改用现名。

《泰晤士报》是时报的始作俑者,世界各地的时报,如《纽约时报》《洛杉矶时报》《印度时报》《海峡时报》《马耳他时报》等都是对其的模仿。因为《泰晤士报》的名称The Times和泰晤士河(The Thames)发音相似,所以最初被译为《泰晤士报》,此后将错就错一直沿用至今。该报也是现在罗马字体的最早使用者。

2004年11月1日起,《泰晤士报》在使用宽幅印刷219年之后,改用小报体的窄幅印刷,目的是为了吸引年轻的读者和使用公交系统的上班族。2006年6月6日起,该报开始发行美国版。2005年的统计数据表明,该报的日发行量为70万份左右。1999年3月,《泰晤士报》和《星期日泰晤士报》开通了网络版。截止到2009年4月,《泰晤士报》网络版每天的读者达到75万人。

《泰晤士报》经常刊登政治、经济、科技、文学、艺术等领域的专家或权威人士的文章,所以内容更可靠、更严肃、更令读者信服。《泰晤士报》的内容涉及国内外重大事件、政治、经济、科技、金融、教育、文体、法律等领域。其中,国内外要闻和经济新闻的比重最大,这是它与多数通俗报纸最大的不同之处。该报的读者群主要有律师、政客、商人以及在政府部门工作的人员。

虽然《泰晤士报》报道客观、消息可靠,声称政治上保持独立、不偏不倚,但是其观点却相当保守。正如很多英国人所言:《泰晤士报》始终支持掌权者,支持官僚机构。因为在英国,不管谁上台掌权,官僚机构始终不变。所以该报始终维护当权者的利益。

网址:http://www.thetimes.co.uk

- 《卫报》(The Guardian)

原名《曼彻斯特卫报》(The Man-Chester Guardian),1821年创刊于曼彻斯特,后迁伦敦,1959年改称《卫报》。《卫报》是一份全国性的"质量"日报。该报目前属于卫报传媒集团(Guardian Media Group)所有。它是英国唯一一家由信托公司(Scott Trust)掌管的报纸。截止到2010年3月,该报的日发行量为283063份,仅次于《每日电讯报》和《泰晤士报》。

《卫报》是由一群不信奉英国国教的商人于1821年5月5日在曼彻斯特创办的。初创时是每周六出版一期的周报,1855年7月2日改为日报。1959年去掉了报名里的"Manchester",改为"The Guardian"。1964年总部迁移到伦敦。1993年6月,卫报传媒集团从朗诺公司手里买下了英国创刊最早的星期日报纸《观察家报》(创办于1791年)作为《卫报》的姊妹报。《卫报》没有星期日版,但出版另一份《卫报周刊》(The Guardian Weekly),专门转载《卫报》《观察家报》、美国的《华盛顿邮报》以及法国的《世界报》上的文章。

由于《卫报》是由一群商人创办的,所以它有着"中产阶级的喉舌"和"小资产阶级的报纸"的声誉。在政治立场上支持工党,读者多为政界人士和中高级知识分子。该报持"中间偏左"的政治立场,2010年大选中支持自由民主党。

《卫报》的编辑排版有一个特点,平日版每天刊登重大的国内国际新闻和一个内容包括特写、专栏、电视广播时间表和文字游戏的副刊,每天刊登不同主题的内容。周一刊登体育新闻,周二刊登与教育相关的主题内容,周三刊登与社会和环境相关的主题内容,周四刊登与科技相关的主题内容,周五刊登与电影和音乐相关的主题内容,周六刊登与文学评论、饮食、旅游、家庭、就业相关的主题内容。

网址:http://www.guardian.co.uk/

- 《金融时报》(The Financial Times)

1888年于伦敦创刊,是英国金融资本的晴雨表。《金融时报》是英国四家"高级"日报之一,主要刊登财经方面的内容,总部位于伦敦南沃克区,在全球22个地方印刷发行。该报由皮尔逊传媒出版公司所属的金融时报集团公司(The Financial Times Group of Pearson PLS)出版发行。它最大的竞争对手是总部位于美国纽约的《华尔街日报》。《金融时报》是英国唯一一家每天提供伦敦股票交易所和世界各地市场详细行情的报纸。读者主要是英国和世界各国的金融界人士。

《金融时报》原名《伦敦金融指南》,由金融家兼国会议员霍雷肖·博顿利(Horatio Bottomley)于1888年1月9日在伦敦创办,同年2月13日改为现名。该报自称是"诚实的金融家和令人尊敬的经纪人的忠实朋友"。1883年《金融时报》改用浅橙色纸张印刷,以区别当时名字相似的竞争对手《金融消息》(Financial News)。1957年,皮尔逊传媒出版公司(Pearson PLS)收购了该报。此后《金融时报》的规模、读者群和报道范围不断扩大。如今《金融时报》有记者500名左右,其中派驻海外的记者超过100名,及时报道世界各地的财经动态,目睹了世界经济全球化的进程。

1979年,《金融时报》海外版首次在法兰克福发行,此后,随着报道范围越来越国际化,该报成了一家真正具有全球性的报纸,有欧洲版、亚洲版、中东版和美洲版。1995年5月13号,《金融时报》网络版正式创刊,1996年春天开始的网络第二版为人们提供实时的股票价格行情。

《金融时报》倡导市场经济,支持经济全球化。20世纪80年代,该报支持撒切尔和里根的货币主义政策。在国内该报支持工党,外交上拥护欧洲一体化。该报着重报道财经、金融、工商和经济方面的消息和动向,消息可靠,内容权威,是英国政府制定金融政策的重要参考依据。此外,该报也刊登政治、文化和外交方面的报道和评论,重视国际消息。2008年美国总统大选时支持民主党候选人奥巴马。2010年英国大选期间,该报发表社论批评保守党。

网址:http://news.ft.com/home/rw

- 《每日电讯报》(The Daily Telegraph)

该报1855年于伦敦创刊,以"时效性"著称。《每日电讯报》是英国四家全国性"质报"之一,在英国和全球发行,其发行量位于英国各大报纸之首,截止到2009年1月,达842912份。该报是一份非常保守的报纸,政治上一直支持保守党。正因如此,英国人给该报起了个绰号Torygraph,Tory(托利党)是英国保守党的别名。

《每日电讯报》由亚瑟·斯莱上校(Colonel Arthor B. Sleigh)于1855年在伦敦创办。初创时的名字是《每日电讯信使报》(*Daily Telegraph and Courier*)。斯莱上校创办该报的目的是为了向当时即将上任的英军总司令乔治王子、剑桥公爵(Prince George, Duke of Cambridge)申诉自己的冤屈。在《星期日时报》的老板约瑟夫·利维·摩西(Joseph Moses Levy)的帮助下,《每日电讯报》第一版报纸于1855年6月29日正式发行。目前该报由电讯传媒公司的大卫·巴克利和弗雷德里克·巴克利(David and Frederick Barclay)兄弟所有。该报目前的地址是伦敦白金汉宫大道111号。

《每日电讯报》排版紧凑,内容丰富。其编辑方针之一就是"报道生活领域的一切重大事件,报道的方式应该使有文化的公众理解所发生的事件,并看到事件对人们日常生活和未来的影响",努力使《每日电讯报》成为世界上"最大、最好、最廉价的报纸"。和其他报纸相比,该报的报道更客观、更简洁。该报非常重视国际新闻报道,国际新闻占到报纸阅读内容的三分之一。除了国内外新闻,该报还设有体育、艺术、妇女、旅游、家政等专栏。

1961年,《每日电讯报》的姊妹报《星期日电讯报》正式创刊。

1994年,《每日电讯报》的网络版Telegraph.co.uk正式创办。

网址:http://www.dailytelegraph.co.uk

● 《观察家报》(*The Observer*)

1791年创刊。

网址:http://www.observer.co.uk

● 《每日快报》(*The Daily Express*)

1900年由比弗布鲁克爵士(Lord Beaverbrook)在伦敦创刊。

网址:http://www.express.co.uk/

● 《每日邮报》(*The Daily Mail*)

该报于1896年创刊,是一种知识性很强的通俗日报。《每日邮报》是一家全国性的中间市场通俗报纸。该报由联合报业集团公司(Associated Newspapers Ltd.)出版发行,是英国销量最好的报纸之一。也是英国第一份以中下层人士为读者群的报纸,价格低廉、内容通俗。创办初期,该报就以女性为主要读者群,辟有女性专栏,是英国目前唯一一份女性读者超过50%的报纸。2010年2月的一项调查表明,该报每天的销量为1993698份。2004年12月的调查表明,该报53%的读者支持保守党,21%的读者支持工党,17%的读者支持自由民主党。

该报由诺斯克利夫勋爵(Lord Northcliffe)于1896年5月4日创办。与当时同类报纸比较,价格更便宜,报道更精确。创办初期,《每日邮报》就坚持其帝国主义立场,声称不会客观地报道新闻事件。该报注重人情味的报道,为读者提供故事连载和新闻特写。

1900年,《每日邮报》开始同时在曼彻斯特和伦敦出版发行。其苏格兰版和爱尔兰版分别于1947年和2006年发行。第一次世界大战前夕,《每日邮报》报道说德国计划摧毁大英帝国,该报被指控煽动战争。1946年5月5日《每日邮报》迎来创刊50周年纪念日,丘吉尔首相亲自出席庆宴并发表贺词。

《每日邮报》对BBC持批评态度,认为后者对左派有偏见。在国际事务上,该报与主流媒体的观点不完全一致。2008年俄罗斯与格鲁吉亚在南奥塞发生冲突,该报批评英国政府支持格鲁吉亚的立场,认为政府把国家拖进了与俄罗斯对抗的泥潭。该报指出,英国政府抗议俄罗斯承认阿布哈兹和南奥塞的独立是一种虚伪的表现,是搞双重标准。因为英国政府自己曾承认科索沃从俄罗斯的盟友塞尔维亚独立。

网址:http://www.dailymail.co.uk/

• 《镜报》(*The Mirror*)

1903年创刊,1985年以前名为《每日镜报》(*Daily Mirror*)。《每日镜报》是英国一家全国性的大众化日报,周一至周六出版,周日出版其替代版《星期日镜报》。该报目前属三一报业出版集团公司所有,总部位于伦敦的一加拿大广场(One Canada Square)。该报销量一直位于英国各家日报之首,截止到2010年8月,每日销量达1232961份。政治上持中偏左的立场,支持工党。

《每日镜报》由出版界大亨阿尔弗雷·德哈姆斯沃斯于1903年11月2日在伦

敦创办。德哈姆斯沃斯打算把该报办成一家由女性管理、为女性服务的报纸。他说:"该报要反映女性的生活,既严肃又轻松,娱乐而不轻浮、严肃而不呆板。同时,也欢迎男性阅读该报。"

20世纪30年代后期,《每日镜报》从一家保守的、令人尊敬的、以中产阶级为阅读对象的严肃报纸转变成为一家追求轰动效应的、以左翼工人阶级为阅读对象的通俗报纸。这种转变使报纸获得了极大的商业成功。1939年,该报每天的销量达到140万份;20世纪40年代末期达450万份;20世纪60年代中期达500多万份。此外,该报还因坚决反对英国当局对希特勒的绥靖政策而享誉全国。

随着电视和广播的普及,《每日镜报》的销量急剧下滑。为了重新赢得读者,1968年1月30日,《每日镜报》创办了增刊《远眺》(*Mirrorscope*),内容涉及国际新闻、政治、工业、科技、艺术和商业领域,目的是给通俗性的报纸增加一些严肃的、有深度的分析性文章。然而这种策略仍然没有奏效,1974年8月27日的增刊成为绝版。

《每日镜报》是英国有名的通俗性报纸,也是最受英国人喜爱的报纸之一,其读者主要是工人阶级和市民。报纸标题醒目,文字通俗,图片较多。该报经常刊登耸人听闻的消息,特别关注桃色新闻和名人的私生活。

2004年5月的一期《每日镜报》刊登了一组所谓"英国士兵在伊拉克某个地方虐待伊拉克囚犯的照片",在国内引起一片哗然。后来证实这是一个骗局,结果导致当时的编辑摩根于同年5月14日被解雇。

2010年5月4日,《每日镜报》刊登了一幅保守党领袖卡麦仑脸上画了一个红色十字的照片。图片的说明文字是"如何阻止他成为首相"(How to stop him)。由此可见,《每日镜报》是工党的支持者。

网址:http://www.mirror.co.uk/

- 《独立报》(*The Independent*)

该报1986年由原《每日电讯报》的三个记者创办,现属于托尼·欧莱利(Tony O'Reilly)的独立新闻传媒(Independent News & Media)集团,是英国资历最浅的日报。80年代后期由于三个创办人不和、资金不足,报纸困难重重。1994年起,镜报集团和爱尔兰独立新闻、媒介集团(Independent News &Media PLC)联合控股《独立报》,1998年后,后者成为《独立报》的唯一老板。2003年9月,《独立报》在英国大报中率先推出全盘化的小报版本,大获成功,从2004年5月开始彻底转型为小报,现在发行量约为25万份。该报自称在政治上独立,和保守派的《泰晤士报》及进步派的《卫报》相比,《独立报》算是性质比较中立的报纸。

网址:http://www.independent.co.uk/

● 《经济学家》(The Economist)

1843年创刊,与《金融时报》同属"皮尔逊父子公司"所有。《经济学家》是英国最重要的新闻类周刊之一,其内容分为两大部分:国际政治及时事(World Politics and Current Affairs)和工商、金融与科技(Industry、Business、Finance and Science)。该刊目前属于"皮尔逊传媒出版公司"(Pearson PLC)旗下的子公司"经济学家报业有限公司"(The Economist Newspaper Ltd.)所有。总部设在伦敦圣詹姆斯大街25号。2009年,该刊的发行量超过160万份,其中50%在北美销售。

《经济学家》由詹姆斯·威尔逊(James Wilson)于1843年9月创办。创办的目的是"参与一场推动前进的智慧与阻碍我们进步的胆怯无知之间的较量"。这句话被印在每一期《经济学家》杂志的目录上。该刊目前有75名专职记者,其中三分之二驻在伦敦。虽然名字中有"经济"二字,《经济学家》的焦点却是国际新闻、国际政治、国际商务。同时也刊登科技、文化、艺术方面的消息和书评。《经济学家》每两周刊登一篇专题深度报道,每三个月刊登一篇科技报告。

自创刊以来,《经济学家》始终保持自己独特的风格:注重数字和图表、强调新闻事实、看重理性分析、不搞花哨版面、很少刊登广告、所有文章不署名,以精彩的内容、精确的数字、深度的报道、理性的分析赢得读者。该刊始终坚持经济自由主义、政府不干涉主义、平等竞争主义、经济全球化、政府加大教育和卫生投入的立场,始终用批判的眼光审视时事,关注自由和个体的权利,被称为"新自由主义者"(neo-liberal)。其读者群主要是受过高等教育的专家、学者、教授、经理和官员。

《经济学家》一直立场坚定,爱憎分明,支持同性恋婚姻,支持合法的"卖淫",支持土耳其加入欧盟,支持免费的教育,支持私营组织探测宇宙的计划,倡议美国加强对枪支的管理,反对死刑。该刊物坚持超党派的立场,不怕得罪大人物。最近,它就指责一些国家领导人贪污腐败,弄虚作假。其中有世界银行前行长保罗·伍尔夫森和意大利总理贝卢斯科尼。该刊报道我国和第三世界国家时,常常聚焦负面新闻。

网址:http://www.economist.com

- 《旁观者》(*The Spectator*)

《旁观者》是英国全国性周刊中历史最悠久的杂志,创刊于1828年7月6日。目前该刊物和《每日电讯报》同属于巴克利兄弟(Barclay Brothers)所有。该刊主要刊登政治和文化新闻,也涉及音乐、歌剧、餐饮、电影和电视评论等内容。《旁观者》坚持中间偏右的保守派立场,公开支持保守党,反对工党。2008年的日发行量是77146份。

在《旁观者》担任编辑是通向保守党领导层的一条捷径。担任过《旁观者》编辑的伊安·麦克劳德(Iain Macleod)、伊恩·吉尔莫(Ian Gilmour)和奈杰尔·劳森(Nigel Lawson)后来都成了内阁部长。而前编辑鲍里斯·约翰逊(Boris Johnson)后来成了保守党的伦敦市长。

和其姊妹报《每日电讯》一样,《旁观者》从创刊之日起,一直坚持维护本国利益的政治立场,认为保持与美国的友好关系胜过与欧盟的关系。在中东问题上支持以色列,但是反对伊拉克战争。《旁观者》的基本立场就是:"拥护推翻萨达姆政权,支持以色列,倡导自由市场经济,支持保护个人权利。"文化上,该刊注重歌剧、高雅艺术、书评、诗歌和经典音乐,而忽视流行文化。

21世纪以来,《旁观者》引起人们更大的关注,销量大增。部分原因是前编辑鲍里斯·约翰逊在离任之后,成了影子内阁的高等教育大臣。但不久之后,《旁观者》杂志传出了一系列丑闻:前编辑约翰逊与手下的专栏作家佩特内拉·怀亚特(Petronella Wyatt)发生过"关系",女出版商金佰利·奎因(Kimberly Quinn)与英国劳工内务部长大卫·布伦基特(David Blunkett)有婚外情,副编辑洛德·利德尔(Rod Liddle)与杂志社22岁的女接待员艾莉西亚·蒙克顿(Alicia Monckton)同居。尽管如此,《旁观者》的销量并没有受到影响。

- 《新政治家》(*The New Statesman*)

创刊于1934年,主要发表有关政治、社会问题、书刊、电影、戏剧等方面的评论。

网址：http://www.newstatesman.co.uk

- 《妇女界》(The Woman's Own)

1932年创刊，是图文并茂的妇女月刊，女性读者必看。

网址：http://www.ipcmedia.com

- 《妇女之国》(Woman's Realm)

创刊于1958年，适合新成家的青年妇女阅读。

网址：http://www.anagramgenius.com/

- 《泰晤士报文学增刊》(The Times Literary Supplement, The TLS)

每周出一期，是英国最有影响力的文学周刊之一。

网址：http://www.the-tls.co.uk

2. 广播电视

英国是世界上广播电视事业发展最早、也最为发达的国家之一。目前英国广播电视事业由民族遗产部主管，负责制定和实施广播电视政策和监督管理广播电视机构，其体制以公共广播电视和商业广播电视两大体制并存为特点。

- BBC

BBC是现代电视的发明者，1936年BBC就有电视节目播出，1948年第14届奥运会在伦敦举行，BBC是最早进行直播的电视台。BBC是国家公共的广播部门，共有7个频道：其中2个开路传输，分别是BBC1、BBC2；5个为卫星或有线传输。每年有30亿英镑的收视费，在7个频道的所有节目中都不准播放广告。

1927年之后，英国广播公司转变为公众服务组织，由王室授予特许状，其决策委员会由国家任命，收取许可证费的多少也由国家决定。因此，尽管BBC采用收取许可费而不是广告费的资金来源方式以图保证其编辑的独立性，但BBC与所有政党组阁的政府之间的关系一直都很微妙，偶尔也会受制于政府。BBC为英国观众提供多个全国性的公众服务电视频道，包括BBC News 24, BBC Parliament, BBC CBeebies, CBBC, BBC4, BBC3以及数字宽屏格式(Digital Widescreen Format)的BBC1和BBC2，此外还有一个互动频道，观众能够通过英国的数字卫星、数字天线和数据电缆三种数字化平台免费接收这些广播数字频道。其中，BBC1和BBC2历史较为悠久,对英国观众的影响较大。在 2002 - 2003 年,这两个公共频道的收视率分别为 26.5% 和 11.2%,BBC1 雄居所有频道的收视榜首。

网址:http://www.bbc.co.uk/

- ITV

ITV 为商业电视台,现由格拉纳达(Granada)公司控股,默多克的新闻集团已有该公司 10% 的股份。有 3 个频道,1 个为开路传输(ITV1),其他两个为卫星或有线传输,占据广告市场 50% 的份额。1955 年 9 月 22 日,英国的第一个商业电视台 ITV(Channel 3)开播,从而结束了 BBC 自 1936 年开始的电视屏幕垄断时代,英国广播电视进入双元体制下的温和竞争状态。之所以称为温和的竞争,是因为 BBC 与 ITV 之间是一种争夺观众的时间而不是观众的资费的竞争关系。

ITV 由 15 家地区经销商提供地方及全国广播网服务。2003 年 10 月,控制了 ITV 四分之三的地区经销商的卡尔顿集团(Carlton)和格拉纳达集团合并,于是原来拥有 ITV 产权的五家公司变成了四家,90 年代以后,卫星及有线频道雨后春笋般地开通,不断分流观众和广告费,再加上第四频道直接进入广告市场,第五频道开通,ITV 地区经销商的广告份额受到了严重挑战。

网址:http://www.itv.com/

- Channel 4

Channel 4 也是国家公共的广播部门,但节目中允许播放广告。现有 4 个频道,1 个为开路传输,3 个为卫星或有线传输。Channel 4 主要靠广告来维持生存,占广告市场 20%—25% 的份额,它自己不制作节目,全部从独立制作公司购买节目播出。Channel 4 由广告商出资,但它不能从中赢利,赢利的部分也要全部投到节目中去。Channel 4 开播于 1982 年底,在威尔士,英国政府迫于一些集团的压力要求,设立了一个单独的威尔士语频道——S4C。它是 80 年代期间有线和卫星电视到来之前的最后一个地面广播电视频道。Channel 4 成立之时是 IBA 旗下的子公司,1990 年英国广播法案推出之后,它脱离了 IBA 成为独立法人,由 ITC 指定它的董事会成员。它的定位是为小众服务的全国性公营电视频道,事实上,它是一个掺杂了公众服务与商业电视服务的混合体,是英国另一个版本的公众广播服务机构。

在80年代,Channel 4 没有获准销售自己的广告,收入来自于 ITV 各家地区公司的拨付。1982年,ITV 支持 Channel 4 的费率占其总收入的4%,1983为12%,1985年时达到17%。Channel 4 购买节目的费用通过一系列独立制片公司及其编辑的过滤,间接由广告商承付。自1993年起,Channel 4 获权可以销售自己的广告,节目取向也朝着流行品味倾斜,它的核心观众多为年轻人和富有的职业人士,对于广告商来说,这个群体非常有吸引力。从1997年到2000年之间,它的平均年增长率达到11.8%。90年代后期,众多的批评人士指出,它借着公众服务的保护伞大行商业之道,有悖公平竞争法则。竞争对手认为它要么转制为商业电视台,要么就做一个名副其实的公众广播服务机构,但不应该两者皆是。

网址:http://www.channel4.com/

- FIVE 电视台

FIVE 是一家由德国公司控股(RTL)的商业电视台,完全靠广告来赢利,主要针对中低收入的男性观众。

- 多频道电视服务(Multi-channel TV)

主要指 Sky(卫星)和 NTL(有线),它们都有30套左右的数字频道资源,靠收视费和少量的广告来维持,像 Sky 数字电视服务,每月交20英镑可以看500个台,互联网是免费使用的,体育和电影除外。如果交40英镑,就可以看到体育和电影节目,而 Sky 数字电视服务既有资源(NEWS、SPORTS等)也有平台。

3. 通讯社

- 路透社(Reuters)

英国是世界通讯社的发源地,主要通讯社有路透社。路透社(Reuters)由英国人保罗·朱利叶斯·路透(Paul Julius Reuter)1850年在德国亚琛创办,次年迁往英国伦敦。1865年,路透把他的私人通讯社扩展为一家大公司,1916年又改组为路透有限公司。20世纪80年代,路透开始快速成长,开拓产品范围。1984年,路透在伦敦证券交易所和纳斯达克挂牌上市,成为公开上市公司,并展开一系列的并购。如今,路透社在全球94个国家、200个城市设有营运处及197所新闻分社,提供19种语言的新闻,几乎所有主要的新闻媒体都订阅路透社的新闻。

路透社素以快速的新闻报道被世界各地报刊广为采用而闻名于世。路透社的消息大致有特急快讯、急电和普通电讯三种。这三种电讯的时效按顺序递减,篇幅按顺序递增。特急快讯主要针对商业用户,快讯主要适用于政府机关及电子媒介订户,普通电讯则主要服务于其他新闻媒介订户。路透社新闻报道的主要对象是国外,它的国际新闻紧密配合英国政府的外交活动,它对体育新闻也很重视。该社的经济新闻主要是商情报告,为英国和西方大企业服务。

网址:http://www.reuters.com/;http://cn.reuters.com/(路透中文网)

三、教育·科研

● 谢菲尔德大学新闻学研究系

谢菲尔德大学(University of Sheffield)的新闻学研究系是英国新闻学学习和研究的翘楚。在最新的2009年全英学生调查中,谢菲尔德大学新闻学系的学生对专业的满意度雄踞英国第一位。《泰晤士报》将谢菲尔德大学新闻学研究系排在了第一名。谢菲尔德的多媒体应用课程得到了专业行业机构的认可。

新闻学研究系本科主要开设"新闻学研究"课程。该课程致力于让学生了解新闻学的多个方面,包括报纸、广播、电视、杂志和网络。"新闻学研究"课程不但为学生提供卓越的专业知识和技能培养,又能让学生充分理解当代新闻学的相关研究课题。本科的入学要求是完成A-level课程并获得至少ABB的成绩,或者谢菲尔德大学国际学院本科预科成绩合格。研究生共开设"印刷新闻学""杂志新闻学""广播新闻学""网络新闻学""新闻学研究:广播或网络""国际政治与传播""全球新闻学""科学传播"等课程。研究生课程的入学要求是:广播新闻研究专业的雅思要求是7.5分,且单项不能低于7.5分。印刷品与杂志新闻专业的雅思要求是7.5分,且单项不低于7.0分。网络新闻、新闻研究与政治交流专业的雅思要求是7.0分,且单项不能低于7.0分。

新闻学研究系共有15名成员,除此之外,还有8名访问学者和8名技术人员。新闻学研究系的研究重点一直是新闻理论和实践、新闻制作和政治传播。系里的很多学者都有各种不同的学术背景,如政治学、社会学、文化研究和历史学等,这使得学者们能够在多学科协作中进行研究。

拉尔夫·倪格林(Ralph Negrine)是新闻学研究系的系主任、教授。他的研究领域集中于政治传播、国内和欧洲的媒体政策和政治传播的专业化。近几年,他还致力于法国、希腊和土耳其对土耳其加入欧盟的新闻报道研究。欧洲政治传播也是他研究的核心领域。他现在从事两个项目研究:一个是2009年英国电视报道的"开支丑闻",另一个是对1949—1957年从以色列迁往阿拉伯的犹太移民的研究。

拉尔夫·倪格林近年的著作有《欧洲媒介》(2011年)、《传播政策、理论和话题》(2010年)、《政治传播的转型》(2008年)、《政治传播读本》(2007年)、《欧洲政治传播的专业化》(2006年)、《电视和新闻》(1999年)等。

谢菲尔德大学位于英格兰的第四大中心城市谢菲尔德市,紧邻国家公园,为典型的城市型大学。谢菲尔德市位于环境优美且历史悠久的南约克夏郡,地处英国中心地带,距离伦敦170英里(车程约2小时40分钟)。谢菲尔德市内有50多座公园,城里的林地面积大于英国其他任何城市,美丽的草坪绿地将谢菲尔德装扮得生意盎然。

网址:http://www.sheffield.ac.uk/journalism/index

电话:(+44)1142222500

邮箱:journalism@sheffield.ac.uk

● 卡迪夫大学新闻、媒介与文化研究学院

卡迪夫大学(Cardiff University)新闻、媒介与文化研究学院是世界一流的媒介学习和研究学院。在大学专业排行榜中,卡迪夫大学的新闻专业长期在英国高校中排名前五。从1970年开始,学院就一直是新闻教育方面的先驱,在新闻研究的各方面都获得殊荣,最近还被列为最受亚洲学生欢迎的世界十大新闻院校之一。

卡迪夫大学新闻、媒介与文化研究学院的研究领域主要包括新闻学、国际传播、媒介冲突、科学与媒介、健康与媒介、新闻法、国际关系、儿童与媒体、性别和性研究等。新闻、媒介与文化研究学院开设的本科专业有新闻、媒介与文化研究,硕士专业有新闻、媒介与传播、国际新闻、国际公共关系与全球传播管理、政治传播、科技、媒介与传播、媒介管理。

新闻、媒介与文化研究学院现有41名教学人员,除此之外,还有13名技术支持人员、2 名研究人员、15 名荣誉会员、17 名访问学者和上百名学生。西蒙·科特（Simon Cottle）是新闻、媒介与文化研究学院的知名教授，他的最新研究包括全球危机报告特别是气候变化、反恐战争、新的战争、重大灾难和人道主义危机，全球化，人道主义非政府组织和不断变化的援助媒介领域，不断变化的不同媒体政治，各种形式的当代媒介化仪式等。他现在教授"媒介冲突：政治冲突报告""全球危机报告""国际传播与新闻"等课程。西蒙·科特的著作有《灾难与媒介》（2011 年）、《全球危机报告：在全球化时代的新闻》（2009 年）、《媒介冲突：媒介与冲突研究的发展》（2006 年）、《媒介组织与生产》（2003 年）、《新闻、公共关系和权力》（2003 年）等。

卡迪夫大学的主校园位于宏伟的卡迪夫市中心，卡迪夫是威尔士的首府，是欧洲最活跃、繁荣和安全的城市之一。卡迪夫海湾是欧洲滨海发展项目之一。雄伟的市中心由壮观的石头建筑和林荫大道构成，大学就坐落于市中心。

网址：http://www.cardiff.ac.uk/jomec/

电话：+44（0）2920874156

邮箱：jomec-ba@cardiff.ac.uk

- 华威大学文化政策研究中心

华威大学（The University of Warwick）文化政策研究中心在文化政策与管理、全球媒介和创意产业研究方面有着较高的声望。在研究方面，该中心的独特方法是将文化和传媒产业的实践与当下研究的理论问题相结合。学生可以在文化研究中心进行实践工作，同时也可以在理论上了解当代文化所处的环境。中心还从事文化领域的顾问工作，并生产自己的系列出版物。

华威大学文化政策研究中心的研究重点领域是文化政策和管理、全球媒介和创意产业。具体研究方面包括：影响研究、隐性文化政策、比较性文化政策研究、传媒政策、文化重建、博物馆研究、城市文化政策、公共艺术、文化消费、参与式艺术、视觉传播。文化政策研究中心向研究生提供学习的机会。学生可以注册一个研究型学位，获得文化政策研究或者创意产业研究专业的博士学位。授课式硕士课程共开设"创意和媒体管理""全球媒体与传播""国际文化政策与管理"三门课程，博士生开设"文化政策研究"课程。

文化政策研究中心共有 15 名成员,包括教授和助理研究员。除此之外,还有 1 名客座教授、1 名图书管理员和 2 名行政人员。该中心目前拥有约 80 名硕士研究生和 8 名博士研究生。克里斯·比尔顿(Chris Bilton)博士是文化政策研究中心的主任,也是创意和媒体企业的创始人,从 1999 年成立以来,直到 2011 年 9 月一直担任课程主任。克里斯·比尔顿博士在韩国、荷兰、英国及中国台湾的创意产业会议上广泛发表论文。克里斯·比尔顿近年的著作有《创意策略:重新连接业务和创新》(2010 年)、《管理创意产业:从内容到文本》(2010 年)等。

华威大学的校园占地约 300 公顷,既有现代化的教学楼与基础设施,还有景色宜人的湖区与森林。校址位于距英格兰中部城市考文垂市中心西南部约 4 公里的边境地区,距沃里克市中心 11 公里。学校有巴士直通考文垂及莱明顿温泉镇;乘坐火车约 59 分钟到达伦敦。

网址:http://www2.warwick.ac.uk/fac/arts/theatre_s/cp/about/

电话:+44(0)2476528424/23020

邮箱:culturalpolicy@warwick.ac.uk

- 伦敦大学金史密斯学院媒介与传播系

伦敦大学金史密斯学院(Goldsmiths,University of London)是英国首屈一指的以艺术与设计、文化及社会科学见长的学府,其中新闻传播、戏剧电影等专业蜚声海外。

媒介和传播系(Department of Media and Communications)是英国在媒介理论和实践领域中处于领先地位的院系之一。其研究项目主要有:性别、女性主义与当代文化、媒体与民主、媒体的未来、视觉文化及媒体艺术。在 2008 年的科研水平评估中,媒介与传播系 80%的研究内容被认为是"世界领先或国际优秀"。

媒介和传播系本科共设置 6 门课程,包括"人类学与媒介""新闻学""媒介和传播""媒介和英语""媒介和社会学""媒介与传播"。研究生共设置 17 门课程,包括"品牌传播与文化""品牌传播与文化:媒介宣传途径""创新和文化创意产业""数字新闻学""数字媒介""电影制作""性别与文化""全球媒介与跨国传播""摄影:图片和电子艺术""新闻学""媒介和传播""政治传播学""广播""影视研究""电视纪录片""编剧""电视新闻"。

媒介和传播系共有成员 62 名。娜塔利·芬顿（Natalie Fenton）是媒介与传播系的系主任、教授。她的研究领域集中于媒体在民主形成过程中发挥的作用以及人们改变世界以求得社会进步的原因及方法。娜塔利·芬顿特别关注新媒体、网络媒体和新政治学，并希望重新反思过去对公共领域、公共文化、民主的理解。同时，她也对以下几个方面很感兴趣：资本全球化的象征性论争；媒体和文化产业的政治经济及技术变化的影响；主流媒体和非主流媒体组织之间的差异和各类文化产品的生产；志愿机构、民间社会和媒体。娜塔利·芬顿近年的著作有《新媒体，旧新闻：新闻与数字时代的民主》（2009 年）、《托拉斯和民间社会》（2000 年）、《调解社会科学》（1998 年）。

网址：http://www.gold.ac.uk/media-communications/

电话：+44（0）2079197698/7639（undergraduate）

+44（0）2079197405（undergraduate exams）

+44（0）2079197615（MA）

+44（0）2070785330（MRes，MPhil/PhD）

邮箱：media-comms@gold.ac.uk

● 伦敦国王学院文化、传媒和创意系

伦敦国王学院艺术与人文学院（King's College London）的文化、传媒和创意系（Culture、Media and Creative Industries）在文化创意产业学术研究方面享有盛誉。该系的研究领域涉及社会学、社会心理学、地理、电影研究、媒体和通信研究、管理、音乐和博物馆研究等跨学科研究。不同于传统媒体和通讯的研究，文化、传媒和创意系的研究主要集中在文化产品、文化机构和文化消费上，有强烈的兴趣关注历史文化政策。

文化、传媒和创意系现有文化创意产业、数字文化与社会（与数字人文）和创意城市（与地理）3 个研究生专业。目前，共有 11 位教学人员，其中包含来访的博士后学者、来访的国际工作人员以及 2 名博士后研究生助教。他们来自十几个不同的国家，包括经济和社会研究委员会、泰国朱拉隆功大学、伦敦大学国王学院的艺术与人文学院等。他们的研究主题（其中有许多国际范围的主题）主要包括：文化外交、创意产业、后现代女性主义和性别研究、艺术节、古罗马史学、嘻哈音乐、身体的研究、艺术批评史、英国电影业等等。

伦敦国王学院艺术与人文学院位于伦敦市中心,其4所校园均位于景色迷人的泰晤士河畔,伦敦市中心各大著名景点都在步行距离之内。伦敦作为世界及欧洲经济、文化和贸易中心,为广大学生提供了无限机遇。

网址:http://www.kcl.ac.uk/artshums/depts/cmci/contact/index.aspx

电话:+44(0)2078481067

邮箱:cmci@kcl.ac.uk

- 诺丁汉·特伦特大学广播与新闻中心

诺丁汉·特伦特大学(Nottingham Trent University)广播与新闻中心是英国新闻学教育公认的领导者。中心开设的报纸与新闻学课程(本科课程和研究生课程)都是由广播新闻培训委员会或全国委员会认可的,该课程荣获2010年全国记者培训委员会最认可的课程奖项。

诺丁汉·特伦特大学广播与新闻中心的研究领域主要是印刷新闻学(包括报纸和杂志)、广播新闻学。中心为本科生开设的课程是"广播新闻学""印刷新闻学",为研究生开设的课程是"广播新闻学""报纸新闻学""杂志新闻学"。

广播新闻中心共有24名讲师,他们在广播新闻学和印刷新闻学方面都有丰富的经验,很多讲师还在不同的媒体工作过。他们常常会把自己的实践经验融入理论讲授中,和学生一起交流。卡罗尔·弗莱明(Carole Fleming)是广播新闻中心的系主任,是一名在BBC工作过的记者,在印刷新闻和广播新闻方面有丰富的经验,她的研究兴趣主要是英国的网络新闻和广播,以及媒介与女性。她在中心也主要教授广播新闻技能、印刷技能和网络技能等方面的课程。卡罗尔·弗莱明的专著主要有《无线电手册第二版》(2003年)、《媒介与女性》(2005年)、《广播学概论》(2007年)、《无线电手册第三版》(2010年)等。

诺丁汉·特伦特大学位于诺丁汉市,该校有两大校区,一个位于市中心,另一个位于距市中心大约五公里的绿化带里。诺丁汉是世界公认的英国最优秀、最具活力的大学城之一。

电话:+44(0)1158485806

邮箱:cbj@ntu.ac.uk

网址：http://www.ntu.ac.uk/hum/centres/broadcast_journalism/index.html
- 拉夫堡大学传播研究中心

拉夫堡大学（Loughborough University）是英国最负盛名的传媒类院校之一，传播研究中心（Communications Research Centre）成立于1991年。中心研究范围广泛，在欧洲传播研究领域有很好的声望。

拉夫堡大学传播研究中心的本科课程设置主要是帮助学生对大众传媒系统建立一个广泛的理解，在此基础上，研究大众传媒是如何在经济、政治、社会、创新和生活方面发挥作用的。课程包含了历史和当代发展中多个媒介行业，包括纸媒、广播、电视、电影、广告和数字媒介等。

传媒研究中心接受来自ESRC基金的研究项目，包括：大众媒介和民主、人头税的媒介覆盖、大众媒介和社会科学、半官方机构和媒介关系。另外，来自其他基金的项目有：慈善和媒介、关于志愿部门正在改变的信息环境、国际救援机构的报告。该中心还有很多学生从事这一领域的研究，其中很多人来自海外。

传媒研究中心共有成员96名，包括教授、副教授、讲师和学生，另外还有8名管理人员。迈克尔·比利格（Michael Billig）是中心的社会学教授，他还是费城大学、加利福尼亚大学和罗马大学的访问学者。其研究方向主要是国家主义、修辞学、心理分析理论和流行音乐，尤其是对意识形态的研究形成了一套批评心理学方法。迈克尔·比利格教授的课程有社会心理学入门、专业课"群组关系"（Intergroup Relations）和"说服和修辞"（Persuasion and Rhetoric）。彼特·戈德林（Peter Golding）是社会学教授、系主任，主要研究方向是大众传媒，特别是民主进程中媒体所扮演的角色，以及媒介在社会和公共政策中作为信息和影像的传承者的角色。彼特·戈德林（Peter Golding）教授对大众媒介的经济和政治结构也很感兴趣，与格兰姆·默多克（Graham Murdock，拉夫堡大学传媒研究中心教授）合作，做了大量的研究工作。他最近的工作是新传播技术对社会的影响。

拉夫堡大学位于英格兰中部，自成一体的拉夫堡大学校园有大量的开阔地带，其中坐落着花园、运动区、教学楼和能容纳5000多名学生的宿舍楼。学生可在学校现代化的图书馆使用超过60万册的印刷品资料和其他电子图书资源。

网址：http://www.lboro.ac.uk/departments/socialsciences/research/centres/crc/

电话:+44(0)1509223368

邮箱:ssenquiries@lboro.ac.uk

- 东英吉利大学政治、社会和国际研究学院

东英吉利大学(University of East Anglia)政治、社会和国际研究学院传媒专业位列全英第四,拥有较好的国际声誉。该校媒体专业发展历史悠久,有着先进的教学理念与教学设备,与国内外多家传媒机构一直保持着密切的合作关系,为该校媒体专业的毕业生提供了良好的实习就业机会,吸引了大量来自世界各国的学生。

政治、社会和国际研究学院传媒专业的研究领域主要包括媒介的理论与实践,媒体、文化和政治之间的关系,媒介与经济,媒介与社会,媒介与国际发展等方面。开设的本科课程是"媒介与政治""社会、文化与媒介",硕士课程有:"广播新闻:理论与实践""媒体与文化政治""媒体、文化与社会""媒体经济学""媒体与国际发展"。

政治、社会和国际研究学院共有30余名教职员工。乔布·泰特尔(Job Title)是该学院的讲师,主讲媒介与文化、新媒体与社会、媒介与身份认同等方面的课程,其研究领域主要是身份认同和全球化、话语理论、媒体活动和日常生活。他善于从"媒体事件"的角度分析伦敦奥运会等新闻事件。乔布·泰特尔讲师的专著有《国家归属感和日常生活:不定世界里的民族重要性》(2011年)。

东英吉利大学位于诺里奇市,诺里奇市处于东英吉利地区最美丽的乡村中心,是一座友好而安全的城市,也是一座"大学城"。校园距离诺里奇市中心仅4公里,有多班公共汽车往返于大学校园和市中心。

网址:http://www.uea.ac.uk/politics-international-media

电话:+44(0)1603591709

邮箱:pgr.enquiries.admiss@uea.ac.uk

- 威斯敏斯特大学中国传媒中心

威斯敏斯特大学(University of Westminster)中国传媒中心是欧洲唯一一所致力于中国媒体研究的学术机构。中心成立于2005年6月17日,前身为威斯敏斯特大学传媒学院中国传媒行动工程。该工程由前任中国广播电影电视部部长田聪明先生于2000年7月访问该大学时倡议发起。

中国传媒中心的研究领域包括媒介政策与监管、杂志发行、电视戏剧内容分析等。在研究方面，作为专业信息的智囊和顾问，中心与中英两国的媒体和政府机构保持着密切的联系。戴雨果教授和科林斯帕克斯教授领导的研究小组在中国媒体政策、媒体管理专业化、新媒体、电视节目开发和报刊出版等领域颇有建树。该中心与中国国务院、英国外交与联邦事务部（公共外交挑战基金）、国际传媒援助（丹麦政府）以及诸多英国媒介创意产业的顾问公司合作，对上海传媒集团及湖南卫视等开展培训。

中国传媒中心有 2 名教授、7 名博士生及来自合作科研机构的 13 名访问学者。戴雨果先生（Hugo de Burgh）是英国威斯敏斯特大学媒体、艺术与设计学院新闻学教授，中国传媒中心主任。此中心由昆汀·霍格（Quintin Hogg）基金会提供资助，专门研究中国传媒这个世界上最大的媒体系统。戴雨果教授近年的著作有《调查性新闻》（2000 年）、《中国记者》（2003 年）、《投票还是不投票——媒体是否应该负责？》（2004 年）、《记者的制造》（2005 年）、《中国和英国：中国发展的潜在影响》（2005 年）、《中国：是敌是友》（2006 年）、《永远的荣耀？——变化的世界与英国大学的未来》（2007 年）、《英国议会中国专题听证会报告》（2007 年）。

目前，中国传媒中心开设了欧洲第一个以"中国媒体"为主题的一门研究生课程《新世界秩序下的中国媒体》，并正在积极筹备专门为西方学生开设的中国媒体与文化的硕士学位课程。为本科生开展的以中文授课的"新闻学"也正在筹办中。同时，中心也积极与中国传媒机构合作，为其提供相关培训和咨询。

威斯敏斯特大学位于世界上最国际化的大都市伦敦的中心地带，校园离伦敦的标志性建筑，如国会议院、大笨钟、BBC、伦敦眼和英国图书馆都很近。

网址：http://www.westminster.ac.uk/research/a-z/china-media-centre

电话：0044（0）2083577354

邮箱：cmc@wmin.ac.uk

四、管理·规制

● 英国通讯办公室

英国通讯办公室成立于2003年年底,它基本取代了所有广播电视和电信监管部门的工作。对于广播和电视来说,这意味着之前负责商营电视台监管工作的部门——独立电视委员会(ITC)、广播标准委员会(BSC)和广播管理当局——已合并为一个组织,这个组织负责管理包括广播频谱和电信在内的所有英国通信行业。

新系统下,英国通讯办公室掌握着对英国广播公司的部分调控。2003年《通信法案》生效以来,英国通讯办公室沿用了广播标准委员会(负责确保相关机构满足品味、礼仪标准)和公平贸易办公室(负责评估英国广播公司是否满足独立生产配额)的分级制度。正如之前一样,英国通讯办公室与政府保持距离并独立于政府。然而,英国通讯办公室仍受议会委员会的管理。

英国通讯办公室理事会由两名执行成员组成,即首席执行官,以及包括一名主席在内的六名非执行成员。

英国通讯办公室的职权范围涵盖了整个通信产业,从频谱管理、媒体所有权,到行业内容监管收费问题。英国通讯办公室权力之大,几乎覆盖到电视规制的方方面面,包括广播电视公司的内容和配额,这些都在公共服务职权和欧洲法规的合同中有所体现。它同时也负责促进竞争、鼓励英国电视市场的投资、保护未成年人、提高媒介素养、确保公营广播电视系统的健康发展。

● 其他英国通讯办公室理事会

英国通讯办公室另有一些其他的理事会,它们为主要理事会做补充工作。在这些独立理事会中,比较重要的两个是:内容理事会以及消费者理事会。除此之外,还有为老年人和残疾人服务的咨询理事会。另外一个独立的国家咨询委员会由主要理事会任命,任命之前通常会有公示阶段。除此之外,一个监管评审委员会也正在筹划之中。

内容理事会。内容理事会是负责广播及电视行业内容事宜的分委员会。该委员会独立于英国通讯办公室,负责协助主要理事会完成咨询工作,由11名非执行成员以及两名执行成员组成。英国通讯办公室负责任命内容理事会所有成员,其中四名成员来自当地。英国通讯办公室理事会副主席主持这一工作。内容理事会旨在更好地理解并促进监管层面的公共利益。它有责任向主要理事会提出建议和意见,主要通过提交年度报告的形式,以覆盖其开展的各项活动。

消费者理事会。消费者理事会同样独立于英国通讯办公室,它主要负责处理内容理事会范围之外的"消费者以及相关通信部门关注的问题",因此其职权范围可以补充内容理事会的工作。消费者理事会关注农村社区、残疾人士和弱势群体的利益问题,由 11 名成员组成,均由英国通讯办公室委任,下设一名主席和一名副主席,并设有独立秘书处。该理事会的组成成员有的代表地区和国家,有的代表上述群体利益。该理事会的主要职责是就消费者问题向英国通讯办公室提出建议和意见。

后　记

呈现在读者面前的这本《欧洲传媒概览：产业·规制·教育》，是中国传媒大学"欧洲传媒研究数据库建设"课题研究的结项成果。

欧洲是世界传媒发达地区之一，无论其传统业态还是新兴媒体产业，均呈现出与北美不同的发展特点。虽然我国对欧洲传媒的研究正在逐渐增多，但与对北美的相关研究成果相比，仍显薄弱和零散。

"欧洲传媒研究数据库建设"这一课题的初衷，正是为对欧洲传媒有兴趣的学术同仁、业界人士和新闻传播学专业的学生，勾画出一幅欧洲传媒地图，并提供找寻学术信息的线索与途径，以期为更加系统而全面的深入研究打下基础。

为此，本课题组以欧盟成员国为主要研究对象，辐射欧洲其他国家，既重点观照英、法、德等传媒发达国家，也顾及中东欧的欠发达国家和地区，从传媒的产业、规制、教育和研究四个维度对相关数据进行归纳、整理。

本书从方便阅读的角度出发结构文字，按国别体的记述方式，对欧洲35个国家的传媒情况进行介绍，既有总体性概述，又有对各重要知识点的详细介绍，同时，还提供了延展阅读的链接，力求图书全面、条理清晰、易读。同时，为增强图书的实用性，课题组还为图书设计了与之配套的数据库，并不断更新和完善，以期更好地实现其数据支撑功能。

中国传媒大学传播研究院对科研及其经费的大力支持，保证了这项课题的成功完成。

在本课题研究及本书编写过程中，中国传媒大学师生孟伟、龙小农、何瑶、魏渲、郭晓歌、陈阅、黄媛媛、李瑶、董明锐、郁琼源、赵静姝、赵晨、沈乃驰、包雪琳、黄媛媛、易茜、焦洋、胡婧、王文岩、南玉洁、田玉政、武薇、董彬、郭彦刚、杨冰清、钟威、何欣蕾、赵欢、邵蔚、倪晓晶、胡真真等，为第一手信息的采集或翻译作出过贡献，在此一并致谢。

本书的顺利出版，得到了中国传媒大学出版社社长蔡翔教授的热情帮助和媒体管理编辑部主任暨本书责任编辑张旭女士的悉心指点，在此，亦谨向二位表示由衷的谢意。

图书在版编目(CIP)数据

欧洲传媒概览:产业·规制·教育/刘昶,甘露主编.—北京:中国传媒大学出版社,2015.1
(欧洲新闻与传播研究文丛)

ISBN 978-7-5657-1081-0

Ⅰ.①欧… Ⅱ.①刘… ②甘… Ⅲ.①传播媒介—概况—欧洲 Ⅳ.①G219.5

中国版本图书馆CIP数据核字(2014)第152877号

欧洲传媒概览:产业·规制·教育

主　　编	刘　昶　甘　露
策　　划	冬　妮
责任编辑	张　旭　唐　颖
封面制作	郭　琳
责任印制	阳金洲
出版人	蔡　翔
出版发行	中国传媒大学出版社(原北京广播学院出版社)
社　　址	北京市朝阳区定福庄东街1号　邮编:100024
电　　话	86-10-65450532 或 65450528　传真:010-65779405
网　　址	http://www.cucp.com.cn
经　　销	全国新华书店
印　　刷	北京中科印刷有限公司
开　　本	710 mm×1000 mm　1/16
印　　张	16.5
版　　次	2015年1月第1版　2015年1月第1次印刷
书　　号	978-7-5657-1081-0/G·1081　定价 59.00元

版权所有　翻印必究　印装错误　负责调换